よくわかる！
教職エクササイズ

森田健宏・田爪宏二●監修

1

教育原理

島田和幸・髙宮正貴●編著

ミネルヴァ書房

監修者のことば

　今、学校を取り巻く状況が大きく変化し続けています。たとえば、「グローバル化」という言葉がよく聞かれますが、確かに、世界中のさまざまな国の人々が、ビジネスや観光で日本を訪れるようになり、日常生活の中で外国の人々と関わる機会が増えています。

　また、世界のさまざまな国で活躍する日本人も増えてきています。そのため、比較的世界で多く使用されている英語を中心に、小学校3年生から外国語活動の授業が行われるようになり、小学校5年生からは教科「外国語」が導入されるようになりました。もちろん、言葉だけでなく、文化や風習についても世界のさまざまな国の人々が、お互いに理解し合えることが大切です。他方で、日本に移住しても日本語を十分に理解できない子どもたちも多く、学校ではそのような子どもたちをどのように指導すればよいか、さまざまな試みが行われています。

　このように、新たな時代に教職を目指すみなさんには、これまで学校教育の世界を支えてきた先生方の教育活動に学びつつ、新しい時代の教育ニーズに応えるべく、自ら考え、開拓していく力が求められています。

　これからの時代の教育を担う教師に大切な教育課題は、たくさんあります。たとえば、これまで、わが国で進められてきた「知識を多く獲得することを重視した教育」だけでなく、「知識や技能を活用する能力」や、「読解力」、「課題を解決する能力」、さらには社会性、意欲、自己調整能力といった社会の中で適応的に生きていくための情緒面の力を育むことにも積極的に取り組むことが求められています。そのため、「主体的・対話的で深い学び」を促進する教育実践力を身につける必要があります。また、電子黒板やタブレット端末など、ICT の効果的な活用、小学生からのプログラミング教育などへの対応も求められています。

　すなわち、教職につく前の学生時代から教師となった後もなお、常に新たな知見を習得しながら、生涯、「教師として学び続ける」姿勢が求められているのだと思ってください。

　この「教職エクササイズシリーズ」では、新しい時代のニーズに対応し、学びながら教師としての資質を育むとともに、教師になる夢を実現し、さらに教師になっても、常に振り返りながら新たな知見を生み出し、自身の能力として加えていけるよう、さまざまな工夫を取り入れています。たとえば、教育場面の事例を題材に「ディスカッション課題」を多く取り入れ、実際の教育現場を想定したアクティブラーニング形式の学習が行いやすいように配慮しています。また、教育実践に関わる最新の知見や資料を豊富に掲載し、初学者から現職教員まで参考にできる内容構成にしました。さらに、MEMO 欄やノートテイキングページを用意し、先生の発言や板書、自分の気づきなどを十分に書き込めるようにしています。そして、各講の復習問題には、実際に出題された各都道府県等の教員採用試験の過去問題を掲載し、教師になる夢を叶える準備ができるようにしています。

　これらを積極的に活用し、「教師として一生涯使えるテキスト」となることを願って、みなさんにお届けしたいと思います。

監修者　森田健宏（関西外国語大学）

田爪宏二（京都教育大学）

はじめに

　グローバル化、技術革新等が急速に進行する中、新しい知識・技術・情報が、私たちのあらゆる活動領域の基礎として飛躍的に重要性を増す「知識基盤社会」が到来しています。2005年の中央教育審議会答申（「我が国の高等教育の将来像」）で指摘されたように、私たちは、今後、性別、年齢を問わず幅広い知識、より柔軟な思考に基づく判断やパラダイムの転換をこれまで以上に求められることになるでしょう。では、このような変化の激しい時代に必要な教育とは、どのようなものなのでしょうか。

　2020年度から全面実施される新学習指導要領では、新しい時代に不可欠な「資質・能力」の育成、「カリキュラム・マネジメント」、「主体的・対話的で深い学び」の3点を中核に、学校と社会との連携・協働を重視する「社会に開かれた教育課程」が、打ち出されました。これまでの「何を教えるか」という教師中心の考え方は、「何ができるようになるか」という子どもの「資質・能力」育成を中心にした発想へと転換を求められています。これは、各学校での教育課程のPDCA（計画・実施・評価・改善）サイクルを質的に改善させる「カリキュラム・マネジメント」や「主体的・対話的で深い学び」（＝「アクティブ・ラーニング」の視点）を通して、学校改善や授業改善にもつながるものです。

　さて、国語科指導の大家、大村はま先生の『教えるということ』の中に「仏様の指」という次の様な話が紹介されています。荷物をいっぱい積んだある男の荷車が雨上がりのぬかるみに車輪をとられ動かなくなりました。汗びっしょりになって押したり引いたりしながら何とか抜け出そうとしている男の様子をしばらくご覧になっていた仏様は、男が渾身の力を振り絞って車を引いた時、そっと荷車に手を添えられたのです。その瞬間、車はぬかるみから抜け出すことができました。男は「仏様の指」に助けられたことを全く知らず、自分の力で困難を克服できたと思いながら帰って行ったというお話です。

　教職コースで学ぶ皆さんには、これから介護等体験、インターンシップ、教育実習、学校ボランティアなどの現場体験や大学での授業を通して、将来、子ども達への色々な指導場面で「仏様の指」が使える教師をめざしてほしいものです。「よくわかる！教職エクサイズシリーズ」第1巻の本書は、そのための基礎づくりに必要な最高レベルの内容を提供するため工夫された内容となっています。また、大学の授業での活用に際しては、アクティブ・ラーニングを前提にしたディスカッションや演習の課題、ノートテイキングページ、MEMO欄の活用、重要語句やプラスワン等を参考に「自ら作り上げるテキスト」として、教師になるためのバックボーン形成に役立てていただければ幸いです。

　2018年8月

編者　島田和幸（四天王寺大学）

髙宮正貴（大阪体育大学）

CONTENTS

はじめに………………………………………………………………………………1

第1講
オリエンテーション
子どもの発達と教育の目的………………………………6
1 共同体社会の教育………………………………………………6
2 近代以降の教育…………………………………………………9
3 デュルケームによる「方法的社会化」としての教育………11
【知っておくと役立つ話】教育学と教育科学………………………15

第2講
教育とは何か………………………………………………18
1 人間とは何か……………………………………………………18
2 人間に固有の営みとしての教育………………………………19
3 教育、形成、教化………………………………………………24
【知っておくと役立つ話】教育と教授／形式陶冶と実質陶冶………26

第3講
教育の歴史①
学校の歴史…………………………………………………28
1 学校の歴史………………………………………………………28
2 公教育の思想……………………………………………………33
【知っておくと役立つ話】一望監視施設と近代の規律権力………37

第4講
教育の歴史②
海外の教育史（古代ギリシアの教育思想）……………40
1 古代ギリシアにおける教育文化………………………………40
2 古代ギリシアの哲学者たち……………………………………43
3 ソフィスト的弁論術と教養観の拡大…………………………48
【知っておくと役立つ話】アカデメイアとリュケイオン…………50

第5講

教育の歴史③
海外の教育史（近代の教育思想）·······52
1 コメニウス·······52
2 ロック·······54
3 ルソー·······55
4 カント·······58
5 なぜ教育思想を学ぶのか·······60
【知っておくと役立つ話】家庭教師を務めていた教育思想家たち·······61

第6講

教育の歴史④
海外の教育史（近代教育学の成立〜新教育運動）·······64
1 近代教育学の夜明け──実践のための理論／理論のための実践·······64
2 子どもたちが育つ場所という構想と実践·······67
3 学問としての教育学の成立·······69
4 教育実践を再構成するために·······72
【知っておくと役立つ話】ブルーナーと「系統主義」の教育思想·······75

第7講

教育の歴史⑤
日本の教育史·······78
1 近世の文字文化と民衆·······78
2 近代学校の出発·······79
3 公教育の普及·······82
4 ヘルバルト学派への批判と「新教育」の展開·······84
5 戦中戦後の学校教育と本講のまとめ·······86
【知っておくと役立つ話】成城小学校·······87

第8講

「教える」という仕事①
教育課程と授業の計画 ——————————————— 90

1　教育課程とカリキュラム ——————————————— 90
2　カリキュラムの類型 ————————————————— 91
3　学習指導要領とその変遷 —————————————— 94
4　教育関係法令と学習指導要領の「基準性」————————— 96
5　授業計画 —————————————————————— 98
【知っておくと役立つ話】カリキュラム編成・開発と教科書 ———— 101

第9講

「教える」という仕事②
教育課程と授業の実践 —————————————— 104

1　授業を計画する ——————————————————— 104
2　授業を実践する ——————————————————— 108
3　授業を振り返る——よりよい授業への改善 ——————— 113
【知っておくと役立つ話】授業をつくる——授業の実際（「導入」「展開」
「終末」）と教材研究 ————————————————— 114

第10講

「教える」という仕事③
教育評価 ————————————————————— 116

1　教育評価を考える前に ———————————————— 116
2　教育評価の目的 ——————————————————— 116
3　教育評価の時期 ——————————————————— 117
4　評価の主体 ————————————————————— 119
5　評価の方法 ————————————————————— 119
6　これからの教育評価 ————————————————— 123
7　カリキュラム・マネジメント ————————————— 124
8　教育評価の課題 ——————————————————— 125
【知っておくと役立つ話】評価（evaluation）とアセスメント（assessment）
————————————————————————————— 127

第11講

「教える」という仕事④
学校・学級の経営 ———————————————— 130

1　学校経営 —————————————————————— 130
2　学級経営 —————————————————————— 136
【知っておくと役立つ話】「学級開き」の当日、担任の思いをシンボルで語る
————————————————————————————— 140

第12講

学び続ける教師となるために 142

 1 学び続ける教師とは 142
 2 教師が学び続ける資質・能力を確立していく過程について 144
 3 伸び続ける志のある教師に 151
 【知っておくと役立つ話】「求められる教師像」「学び続ける教師像」の今昔
 152

第13講

社会教育と生涯学習 154

 1 社会教育 154
 2 生涯学習 156
 3 社会教育、生涯学習の取り組みと課題 157
 4 社会教育の施設と職員 158
 5 公民館 160
 6 学校教育との連携、協働に向けて 162
 【知っておくと役立つ話】学校と社会をつなぐ学社連携 166

第14講

地域社会と学校 168

 1 地域と学校の連携 168
 2 地域と学校の連携のための制度 170
 3 地方創生と学校 172
 【知っておくと役立つ話】地域社会の範囲は？ 177

第15講

現代日本の教育問題 180

 1 いじめ・不登校問題と子どもの貧困問題 180
 2 国際化・情報化とこれからの教育 184
 【知っておくと役立つ話】論理的思考力を育む「プログラミング教育」 189

 復習問題の解答 192
 索引 197

第1講

オリエンテーション
子どもの発達と教育の目的

理解のポイント

本講では、近代以前と近代以降の社会で、教育の目的がどのように変わってきたかを見ていきます。近代以降は発達の助成ということが教育の目的になりました。発達をめぐっては、「内から引きだす」のか、「外から与える」のかという2つの考え方があることを押さえましょう。「外から与える」ことを強調した理論として、デュルケームの「社会化」という考え方を理解しておきましょう。

1 共同体社会の教育

1 近代以前と近代以降の教育

　教育の目的は何でしょうか。つまり、何のために人を教育するのでしょうか。この問いについて考えるとき、近代*という時代を迎える前と迎えたあとでは、教育の姿が大きく異なっていることを理解しておく必要があります。

　近代以前の共同体社会の教育と近代以降の教育を比較すると、おおよそ次のようにいうことができます。近代以前の社会では、無意図的な人間形成作用を意味する「形成」（→第2講参照）と、村や町といった共同体を担う一員をつくりあげるための「共同体のための教育」が融合していました。それに対して、近代以降は、「発達」という概念が登場し、発達への助成的介入、つまり、発達を援助するために個人に介入することが教育だとみなされるようになります。もちろん、近代以降も、共同体のための教育という側面がなくなるわけではありません。しかし、近代になると、共同体自体が、自立した個人である市民によって形成される「市民社会*」に変化します。したがって、近代以降の教育は、個人の発達を援助することを通じて、市民社会という新しい共同体を形成する人間を育成することが目指されます。

2 共同体社会の教育目的

　まず、近代以前の共同体社会の教育についてみていきましょう。日本では、共同体社会における教育の目的は「一人前」になることでした。現代では、20歳が成人年齢とされながらも、結婚できるのは男性が18歳以上、女性は16歳以上というように、いつから大人であるのかがはっきりしな

重要語句

近代

→近代とは古代、中世と区別される時代である。近代とそれ以前を明確に区分することは難しいが、経済的には中世の封建制と区別される資本主義の時代を指し、思想的には、個人主義、合理主義、世俗化、自由主義などを特徴とすることが多い。

ディスカッションしてみよう！

近代以前の共同体教育と近代社会の教育は、具体的にどんなことが行われていたのでしょうか？　上記を読んで、イメージできたことを各自でまとめ、話し合ってみましょう。

たとえば・・・

重要語句

市民社会
→市民という言葉自体は古代ギリシアのポリスや中世都市にもあったが、市民社会という言葉は、近代の市民で構成される社会を表す。近代の市民とは、基本的人権を保障されて、自由で平等な立場で互いに関係し合い、主権の担い手として国政に参加するような、独立した個人のことである。

共同体社会の教育目的は「一人前」になることだったのですね。

くなってきました。また、大学を卒業して「社会人」になるときに、大人になるのだという感覚をもっている人もいるでしょう。しかし、共同体社会では、いつから大人になるのかがはっきりしていました。また、一人前であるとはどんなことなのかという大人像もはっきりしていたのです。

ただし、共同体社会の教育は、習俗（それぞれの時代の社会の習わし）をとおして、生活のなかで行われていました。つまり、現代の学校教育のように、教育という営みをほかの生活から切り離して、それだけで行うことはありませんでした。習俗は、現代の学校教育のように、文字や記号を媒介として教えられるのではなく、主に非文字文化として成立していました。習俗を伝えるには、ことわざや口伝（いいつたえ）といったものが重要な役割を演じていました。

ちなみに、教育という言葉は、明治時代にeducationの翻訳語として使用されるようになりました。今でいう教育に近い言葉として養生という言葉はありましたが、一般的に使われていたわけではありませんでした。一般民衆が今の教育に近い言葉として使っていたものとしては、「しつける」があります。ここでは「しつける」の意味の変化を追ってみましょう。

① もともと「仕付ける」は、裁縫で縫い目や折り目を正しく整えることや、田畑に作物を正しく植え付けることを意味しました。

② その一方で、習慣性を意味する仏語「習気」が一般化する過程で、語形が「しつける」に変化し、動詞「仕付ける」の連用形名詞と混同されるようになりました。

③「仕付け」と区別するためか、武家礼式の用語として「躾」と表記されるようになり、「しつける」対象は礼儀作法に限られるようになりました。

④「躾」は戦国時代から江戸時代初期に武家礼式が普及するとともに一般化し、「躾がよい」「親の躾」などの用法が生まれました。

民俗学者の柳田國男は、しつけについて、「今ある学校の教育とは反対に、あたりまえのことは少しも教えずに、あたりまえで無いことを言い、又は行ったときに、戒め又はさとすのはシツケの法則だった」（「教育の原始性」

重要語句

通過儀礼

→ドイツ生まれのオランダ系の民俗学者ファン・ヘネップ（1873〜1957）が用いて以来、人類学、民俗学、政治学などで注目されるようになった。通過儀礼は、人間の個人の成長過程に行われる人生儀礼の側面をもつだけでなく、その人が属する文化に固有の価値観や行動様式を獲得し、社会の一員としての所属感や連帯感を再確認し補強する機能をもつ。

プラスワン

さまざまな通過儀礼

たとえば、東部オーストラリアのウィラジュリ人の成人式では、男たちは子どもを死の森に連れ去り、母親たちは木の枝や毛布で身体を覆い、息子たちを見ることが許されない。また、成人式ではないが、三重県の答志島で現在まで続いている「若衆宿」の風習も、一人前になるための通過儀礼の名残といわれており、この風習では、中学校を卒業した男子はすべて「若衆宿」に入り、結婚して独立するまでの間、他の若者たちと「寝屋」で共同生活を送る。また、若者たちが結婚相手を見つけるために「娘遊び」という風習があり、寝屋から皆で年ごろの娘のいる家に出むき、娘たちと交流する。

『定本柳田國男集第29巻』（柳田國男、筑摩書房、1970年））という興味深い指摘をしています。つまり、しつけとは、人々が自分の目と耳を使って自力で学ばなければならない当たり前の習慣なのですが、もしその当たり前に反したことをいったり、行ったりしたときには、叱られることだったのです。ですので、そうした当たり前の習慣をわざわざ教えられることはなくても、子どもたちは生活のなかでその習慣を身につけなければならなかったのです。こうしたしつけは、大人が先頭に立って子どもを引っ張っていくという現代の教育観とは大きく異なっています。

■3 通過儀礼と共同体社会の人間形成システム

日本では、伝統的な共同体社会の教育目的は一人前になることだとすでに述べました。では、人々はいつから一人前になったのでしょうか。江戸時代まで、人々が一人前になるのは15歳でした。そして、15歳までの時期は、7歳までの、まだ神（祖霊神）の世界に属する存在であるとされた時期と、7歳から15歳までの時期とに分けられていました。また、それぞれの時期の間には、人生の節目節目で、子どもの成長を確認するためのさまざまな儀礼が用意されていました（図表1-1）。

そうした儀礼のうちでも重要な儀礼が成人式という通過儀礼*（イニシエーション）でした。子どもたちは、一人前になるためには必ず成人式を経なければなりませんでした。現代では、成人式という儀礼は形骸化してしまっていますが、もともと成人式は、人の〈死と再生〉を表す象徴的な儀礼でした。つまり、成人式とは、個人あるいは家族共同体の一員としての若者は死に、部族共同体の一員として生まれ変わるための儀礼だったのです。したがって、成人式とは、若者がかつて生きていた世界から切り離されることを意味します。この分離はしばしば劇的な形をとります。

図表1-1　人間の生死過程

時代	段階	（通例）	時代	段階	（通例）
	懐妊		子ども時代	氏子入り	（7歳）
	帯祝	（5か月）		成人式	（15歳）
	臨月祝	（予定月）		結婚式	
		（出産）	一人前時代 （若者・大人・ 年寄）	年祝	（出産）
	産立式	（1日）			（1日）
	着初め	（3日）			（3日）
	名付祝	（7日）		国替え	（死）
	出初め	（20日）		（葬式）	
	宮まいり	（30日）		個霊	（49日、
	初節供				50日）
	食初め	（100日）		祖霊	（17年、
	初誕生祝	（1歳）			33年、
	紐落とし	（3歳）			50年）
前子ども時代	はかま着	（5歳）		神霊	（氏神祭り）

木村元・小玉重夫・船橋一男『教育学をつかむ』有斐閣、2009年、15頁より

4 近代社会における青年期の成立

すでに述べたように、伝統的な共同体社会では、成人式という通過儀礼によって、子ども時代と大人時代ははっきりと区別されていました。しかし、社会が近代化していくなかで、子ども時代と大人時代の間に青年期という時期が成立します。身分制の崩壊や資本主義の発展によって、伝統的な共同体社会が解体していくなかで、通過儀礼の機能が弱まるとともに、一人前の基準があいまいになっていきます。人々は共同体から自由になり、理想の大人像を自分で見つけださなければならなくなったのです。こうして、大人になるための試行錯誤の期間として、子ども時代と大人時代の間に青年期が成立してきます。

エリクソン*によれば、青年期とは、アイデンティティの混乱を経て、明確なアイデンティティが最終的に確立される時期です。アイデンティティとは、かつての自分、現在そうなりつつある自分、自分が思う自分、社会が認めかつ期待する自分などを統合する、自我同一性の感覚のことです。また、エリクソンは青年期を、「支払い猶予期間」を意味する金融の用語から転用してモラトリアムと名づけました。モラトリアムとは、社会的な責任を一時的に猶予されることによって、試行錯誤しながらアイデンティティを確立していく期間です。近代以降の青年がアイデンティティを確立して大人になっていくためには、モラトリアムという時間が必要なのです。

このように、青年期は社会の変化のなかで成立してきました。現代では、公教育制度が発達し、人々が学校教育を受ける期間が長期化するにつれて、青年期も長期化しているといえます。

2 近代以降の教育

1 近代以降の教育目的

近代以前の教育の目的が「一人前」になることであったとすれば、近代以降の教育の目的は、個人の心身の調和的な発達です。そして、そうした個人の心身の調和的発達を援助するために介入することが教育だとみなされます。つまり、教育とは発達への助成的介入とみなされます。

また、近代科学の発展を背景として、発達を合法則的にとらえる発想、つまり発達には一定の法則があるという発想が生まれてきます。こうして、発達には決まった段階があるのだという発達段階という考え方が登場するのです。

では、近代になって、共同体のための教育という側面は消えてしまったのでしょうか。そうではありません。近代になると、共同体自体が市民社会へと変化していきます。市民社会とは、共同体を飛び出して個として生きることを価値とする社会です。そこでは教育は、個人の発達を援助することを通じて、市民社会という新しい共同体の形成者を育成することを目

エリク・エリクソン
1902〜1994
アメリカの心理学者。1950年に出版された『幼児期と社会』で名声を得る。そこでは、人格発達の理論をライフサイクル論として展開した。青年期の発達課題としてアイデンティティの獲得をあげた。アイデンティティという言葉は、今では精神分析に限らず、社会で広く用いられている。

第1講 オリエンテーション 子どもの発達と教育の目的

プラスワン

モラトリアム人間、ピーターパン症候群
精神科医の小此木啓吾によれば、現代人は、モラトリアムを引き延ばし、大人になろうとしない「モラトリアム人間」の傾向が強い。また、アメリカの心理学者ダン・カイリーは、成熟することを拒否し、いつまでも子どものままでいたいと願う現代男性の心理学的傾向を「ピーターパン症候群」と名づけた。
小此木啓吾『モラトリアム人間の時代』中公文庫、2010年
ダン・カイリー『ピーターパン・シンドローム』北星堂書店、1994年

指します。

2 成長と発達

これまで発達という言葉を自明のものとして使ってきましたが、そもそも発達とはどういう意味なのでしょうか。発達と似た言葉に成長があります。**成長**(growth)は、生物としての遺伝子にコントロールされた成熟(maturation)の過程を前提とした連続的・量的変化のことを指します。たとえば、身長、体重の増加などについては成長といいます。一方、**発達**は、心身の諸機能の段階性をもった構造的・質的変化のことをいいます。たとえば、子どもは、ある日突然、目の前にはない何かを頭のなかにイメージする表象能力や、目の前に存在しない何かを記号によって表す象徴機能を獲得します。このように、発達とは単なる量的な変化ではなく、それまでできなかったことが突然できるようになるような構造的・質的な変化を指します。

発達をもたらす要因としては、以下の3つがあります。もともと遺伝的に備わっているものが発現すること、経験によって能力や知識を獲得すること（**学習**）、そして、自分では直接経験していなくても、他の人が学習した能力や知識を**文化**として蓄積し、その文化を伝達することです。

ただし、発達という日本語はもともと英語のdevelopmentから翻訳された言葉で、「velop（包む）」に打ち消しの接頭語〈de〉を加えて、「包まれていたものをほどく」ことを意味しています。ちなみに、developmentは、「開発」、「現像」とも訳されます。開発とは、潜在している力を引き出すという意味です。現像は、フィルムに目に見えない形で刻まれている映像を、触媒の力で目に見えるようにすることを意味します。このように、developは、内部に包まれていたものが引きだされることを意味しています。したがって、語源的な意味からすれば、発達の助成とは、内部に包み込まれていた潜在的な可能性を引きだすことです。

とはいえ、先述したように、遺伝的に備わっていないものを後天的に学習したり、子どもに文化を伝達したりすることによって、発達を促すという側面があるのも確かです。こうして、発達とはもともと遺伝として備わっているものを内部から「引きだす」ことなのか、それとも後天的に外から「与える」ことなのかという、成熟説と学習説の論争が繰り広げられてきたのです。

プラスワン

成熟説と学習説
発達を規定する要因は成熟か学習かという問題は、遺伝か環境かという問題としても論じられてきた。遺伝要因と環境要因を切り離すために、双生児研究が行われてきた。一卵性双生児は遺伝的には同一の個体であるため、一卵性双生児のペアの間に違いがあれば、それは環境の違いによるものだということになる。

図表1-2　成長と発達

成長の例：体重の増加

発達の例：言葉の獲得

3 デュルケームによる「方法的社会化」としての教育

1 方法的社会化としての教育

デュルケーム*が唱えた社会化という考え方は、外から与えるものとしての教育を強調しています。それは、デュルケームが教育の目的を次のように考えているからです。教育は個人の利益を主な目的にしているのではなく、社会がその存立条件を更新するための手段だというのです。たとえば、ある国の国民が共通の規則を守らなければ、その国は国としてのまとまりを失ってしまい、いずれは滅んでしまうでしょう。その意味で、若い人にこうした規則を教えることは、その人の利益のためというよりも社会を存続させるためなのです。また、ある国の国民が理科を学ぶのは、それが学んだ人の利益になるからというよりも、理科を学んだ人が科学技術を用いて新しい製品をつくりだし、国の発展に貢献するためという側面があるでしょう。社会の存続という観点からすると、個人がもともともっている素質を引きだすことだけでは、社会を維持するために必要な人間が育つとは限らないのです。したがって、個人がもともともっている素質を引きだすことを意味する自然的発達だけに任せておくわけにはいかず、意図的・組織的に社会化を行う必要があるということになります。

社会化とは、子どもがもともと備えている「個人的存在」(パーソナリティ)に加えて、子どものなかに「社会的存在」をつくりだすことを意味します。つまり、社会化とは、集団がもっている観念、感情、慣習の体系を身につけさせることです。たとえば、その国で信じられている宗教や道徳を身につけさせることです。ただし、若い人々が知らないうちに礼儀作法を身につけることがあるように、社会化は意図的に行われるとは限りません。そこで、デュルケームは、意図的・組織的な社会化を「方法的社会化」とよびます。デュルケームは、方法的社会化としての教育を次のように定義しています。

> 教育とは、成人の世代がまだ社会生活に習熟していない世代に対して及ぼす作用である。その目的は、全体としての政治社会と子どもが特に方向づけられている個別の環境とが子どもに要求する一定の身体的、知的、道徳的状態を子どもの中に生じさせて発達させることにある。

教育とは、国が子どもに要求する一定の状態、また、個々の子どもが将来就くと予想される職業などが要求する一定の状態を意図的に生じさせることだといわれています。このように、デュルケームは、先天的な子どもの素質よりも後天的に付加されるものを重視しています。

2 特定の時代や社会に応じた教育目的

デュルケームは、人間がもともともっている素質よりも、社会によって

エミール・
デュルケーム
1858~1917
フランスの社会学者であり、教育社会学の創始者といえる。また、フランス革命後の混乱期に公教育としての学校教育の確立に努めた人物でもある。著作は『社会分業論』、『自殺論』、『教育と社会学』、『道徳教育論』など。

第1講 オリエンテーション 子どもの発達と教育の目的

イマヌエル・カント
1724〜1804
ドイツの哲学者。ドイツ観念論の起点となった哲学者。
→第5講参照

ジョン・スチュアート・ミル
1806〜1873
イギリスの思想家、経済学者。
→第3講参照

ヨハン・フリードリヒ・ヘルバルト
1776〜1841
ドイツの哲学者、教育学者、心理学者。
→第6講参照

ハーバート・スペンサー
1820〜1903
イギリスの哲学者。進化論の立場にたち、社会学的には社会有機体説を提唱したことで有名。『教育論(知育・徳育・体育論)』を著し、完全な生活への準備という教育目的をたてて、実学主義にたつカリキュラム編成論を唱えた。

後天的に付け加えられる人間の性質を重視しました。このことから、カント*、ミル*、ヘルバルト*、スペンサー*などの近代の教育学者が、教育の目的を、個人の生得的属性を可能な限り完成させるという、どの時代や社会でも変わらない普遍的なものとみなしたことを批判しました。

　どの時代にもどの社会にも普遍的に当てはまる教育目的は存在しないというこのような主張は、デュルケームが、教育を理想として語るのではなく、社会的な事実として客観的かつ実証的に研究する「教育科学」を提唱したことと結び付いています。教育科学は、教育のあるべき姿を論じる当為*の理論としての教育学とは異なり、実際に社会で行われている教育のありのままの姿を記述し、分析する学問です。教育科学は、第1に、教育体系の発生、つまり各国の教育体系がどのように生まれてきたかを研究します。第2に、教育科学は、教育を社会に対する機能*の観点から分析します。たとえば、現代における学校の社会に対する機能の一つは、社会に対して労働力を提供するために選抜を行うことです。

　では、このような教育科学は、教育学とどのような関係にあるのでしょうか。教育を社会的な事実として客観的に分析する教育科学は、当為の理論である教育学に対しては、教育実践について省察するための材料を提供します。教育科学の助けを借りることによって、事実に根差した教育の未来展望が可能になるのです。

　こうしてデュルケームは、教育の理想を語るには、社会に対する機能の観点から教育を分析しなければならないと考えました。では、デュルケームが生きた当時の社会はどんな社会だったのでしょうか。そのことを考えるためには、社会はどんなふうに進化してきたのかを理解する必要があります。

　デュルケームによれば、社会は機械的連帯から有機的連帯へと進化してきました。機械的連帯とは人々の類似に基づいた連帯です。それに対して、有機的連帯とは分業を通じた相互に異質な個々人の連帯です。機械的連帯の社会では、人々はあまり個性がなく、みなが同じことをしています。たとえば、男性は畑仕事をしたり、狩りをしたり、ときには戦争に行ったりします。女性は、畑仕事をしたり、家事をしたりしています。また、機械的連帯においては、その社会の人々はみな同じ宗教を信じています。それに対して、有機的連帯の社会では、分業によって、農業を専門に行う人と戦争を専門に行う人が分かれるようになります。また、商業を例にすると、機械的連帯では商品を生産する人が同時にお店で販売しているのに対して、有機的連帯では生産する人と販売する人が分かれていきます。そして、生産する人のなかでも、部品をつくる部門、デザインする部門、営業、経理、財務、広告、販売、などといったようにいろいろな専門的な部門に分かれていきました。このように分業は、それぞれの人々が互いに異なることをしながらも、社会全体としては有機的につながることを可能にするのです。また、分業によって専門化がすすむことは、人々の能力が多方面に開花することを可能にし、個性の発達を促します。

　こうして、分業がすすんだ近代社会では、人々はますます限定された仕

事に従事するようになります。そうなると、個人の人間性の完成、個人の調和的発達という考えは、専門化が求められる近代社会には適合しないことになります。デュルケームは、こうした点からも、教育の目的を社会の現実に合わせて変更する必要性を主張するのです。

ディスカッションしてみよう！

どの時代にもどの社会にも当てはまる普遍的な教育目的はあるでしょうか。また、あるとしたら、どんな目的でしょうか。話し合ってみましょう。

たとえば・・・

3 分業によるアノミーを克服するための道徳教育

しかし、分業は人々を有機的に結び付ける一方で、資本家と労働者の対立、科学の細分化といったアノミー*（無規制状態）を生みだします。そうなると、教育には以下のことが求められます。有機的連帯を実現するためには、まず、異質な人々同士が協力し合えるように、専門化のための教育を行う必要があります。ただし、その一方で、アノミーを克服するには、人々のエゴイズムを抑える必要があります。そのため、教育によって人々に全体社会のなかでの自分の役割を知らせ、協同の精神と愛他志向を育成する必要があるのです。こうしてデュルケームは学校教育のなかで、規律の精神、集団への愛着、意志の自律を育成するための道徳教育を行うべきだと主張しました。このなかでも興味深いのが最後の意志の自律です。意志の自律とは、個人が道徳規則の存在理由や根拠を自分の知性で考えてその道徳規則に従うことです。宗教的道徳が存在しない近代社会では、宗教的な権威によって強制されるから道徳規則に従うのではなく、みなが自分の知性で考えて道徳規則に従う必要があります。したがって、知性的に考えて道徳規則を受け入れられない場合には、道徳規則を修正することもあり得るのです。

これまでみてきたように、デュルケームは、教育の目的として、個人の社会化を重視しました。しかし、その一方で、個人の調和的発達という教育の目的も今なお重要だといえます。教育の目的をめぐっては、両者のせめぎ合いが続いてきたといえるでしょう。

重要語句

当為

→哲学で、なすべきこと、を意味する。あること（存在）、あらざるを得ないこと（自然必然性）と反対の意味である。

機能

→全体を構成する個々の部分が果たしている固有の役割。

アノミー

→人間の欲求が社会的に規制されないまま見境なく増大すること。デュルケームは『社会分業論』で、分業がすすみ、それぞれの機関が規制されずに社会全体との有機的連帯が崩れることを「アノミー的分業」とよんだ。また、『自殺論』では、社会の秩序が揺らぎ再編成が生じるときに、欲求への規制が失われることで生じる自殺を「アノミー的自殺」とよんだ。

第1講 オリエンテーション 子どもの発達と教育の目的

教育の目的をめぐっては、個人の調和的発達と社会化という2つの極があるのですね。

13

★本巻「教育原理」で学ぶ内容について

・教育の本質を理解する（第2講）

　最初に、教育は他の生物にはみられない人間という種に特有の営みであることについて、人間と他の生物の違いからみていきましょう。

・教育の歴史を理解する（第3講～第7講）

　今なされている教育がなぜそうなっているのか、これからの教育はどうあるべきかを考えるためには、教育の歴史を知っておく必要があります。教育の歴史を、学校の歴史（第3講）、西洋の教育史（第4講～第6講）、日本の教育史（第7講）の順に学んでいきましょう。

・「教える」という仕事を理解する（第8講～第11講）

　「教える」という仕事は広い範囲にわたっています。まず、教えるためには、学校でどんな教育を実施するのかを計画しなければなりません。こうした教育計画を教育課程やカリキュラムといいます（第8講）。次に、どうやって授業づくりをすればよいのか（第9講）、行った教育をどうやって評価すればよいのか（第10講）、を理解しましょう。しかし、「教える」仕事は、授業づくりに限られるわけではありません。そこで、学校や学級の「経営」がどのように行われるべきなのかを知っておきましょう（第11講）。

・教師として生涯学び続けるための仕組みを知る（第12講）

　教師の学びは教師になって終わりではありません。むしろ、教師になってから本格的な学びが始まるといっても間違いではありません。そこで、教師になってからの学びのあり方やそのための支援の仕組みを知っておきましょう。

・学校外での教育、学校と地域の連携について理解する（第13・14講）

　教育という営みは、学校のなかだけで完結するものではありません。教育は学校の外でもなされています（社会教育）。また、教育や学習は学校教育の期間で終わるわけではなく、生涯を通じてなされるものです（生涯学習）。さらに、学校教育がうまくいくためには、学校と地域社会が連携する必要があります。そこで、ここでは学校外の学びと学校教育の関係について理解していきましょう。

・これからの教育について考える（第15講）

　最後に、ここまでの学習を踏まえて、現代社会が抱えている教育問題（いじめ、不登校、子どもの貧困）や、これからの教育のあり方（国際理解教育、教育の情報化、新しい学習指導要領）について考えましょう。

知っておくと役立つ話

復習や発展的な理解のために

教育学と教育科学

本文でも述べたように、デュルケームは、それまでの教育学とは別に、教育科学をたちあげることを提唱しました。教育科学は、各国の教育体系の発生と機能を記述あるいは説明することを目指します。教育科学は、その知識を何かの目的に役立たせるために研究するのではなく、ただ知るために研究するのです。

では、もう一方の教育学は何をするのでしょうか。デュルケームによれば、教育学は、教育科学のように単に事実を知ることを目的としているのではありません。教育学の目的は、教育のあるべき姿を決定し、教育実践を導くことなのです。とはいえ、どのようにしてこうしたあるべき姿にたどり着けばよいのでしょうか。それは、教育という技術を反省することによってです。デュルケームは、この教育という技術に対する反省を教育学とよびます。

確かに、教育技術を反省する教育学が存在しなくても、教師は教育実践をするなかで経験によって教育技術を習得し、熟練した教師になることができるでしょう。しかし、「どうしてそうした教育方法を採用するのか？」と問われたら、その教師はうまく答えられないかもしれません。ということは、教育技術は教育の反省なしに成立し得るのです。それに対して、教育学は、教育実践を反省することによって、なぜそうした教育方法を採用することがよいのか、ほかにもっとよい教育方法はないかといったことを考えます。とはいえ、こうしたことを考える教育学者は、教師としての熟練には欠けるかもしれません。たとえば、デュルケームは、ルソーには学級をまかせられないとか、ペスタロッチは教育者として不完全な教育技術しかもっていなかった、などといっています（ルソーについては第 5 講、ペスタロッチについては第 6 講を参照のこと）。しかし、理論家と実践家の役割は異なっているのだとデュルケームはいいます。

では、なぜ単なる教育技術のほかに教育学が必要なのでしょうか。その理由を、デュルケームは、本文で述べた社会の進化の点から説明しています。機械的連帯の社会では子どもたちに個性がないので、教師が画一的な教育方法で指導しても問題ありません。しかし、有機的連帯の社会では子どもたちに個性が生じてくるので、教育方法も多様化する必要があるというのです。

しかし、教育科学が登場すると、教育実践の反省である教育学の存在価値はもはやなくなってしまうのではないでしょうか。デュルケームはこうした主張に対して、やはり教育学は必要なのだといいます。というのは、教育科学は今後つくられるべき科学であり、社会学も心理学もまだほとんど進歩していないからです。デュルケームがこう述べたのは約 100 年前のことですが、教育科学と教育学の関係は今なお論争中の問題だといえます。

ちゃんとわかったかな？

復習問題にチャレンジ

類題（茨城県　2016 年）

①次の各人物の説明として適するものを下の選択肢からそれぞれ選び、記号で答えなさい。

(1) エリクソン　(2) ペスタロッチ　(3) モレノ　(4) イタール　(5) フレーベル

ア　ルーマニアのブカレストに生まれ、1925 年にアメリカに移住した。サイコドラマ（心理劇）や
　　ソシオメトリー（社会測定法）の創始者である。
イ　ドイツの教育者で、世界最初の幼稚園を創設し、「恩物」を考案した。1826 年『人間の教育』を著す。
ウ　フランスの医師で、幼い頃から養育者の世話や教育を受けずに育ったと考えられる野生児（「アヴェ
　　ロンの野生児」）に関する教育、研究に関わった。
エ　1902 年ドイツで生まれた。個人の発達をライフサイクルとして捉え、発達段階を 8 つに分けた。
　　それぞれの段階ごとに克服すべき心理社会的課題（危機）があるとし、発達理論に社会的・歴史
　　的視点を重視した。
オ　スイスの教育家で「聖教」と呼ばれた。ルソーの影響を受け、社会改革と民衆の救済を決意。献
　　身的な教育を実践し、世界に大きな影響を与えた。代表作に『隠者の夕暮れ』がある。

類題（青森県　2016 年）

②次の記述について、最も関係の深い人物を①〜④から 1 つ選びなさい。

　フランスの社会学者。社会事象を個人の次元を超え、逆に個人を拘束する客観的な事実として物を
扱うように分析することを主張し、科学的な社会学体系化への道を開いた。この方法を教育学に適用し、
従来の、理念としての教育や教育技術を求める教育学から、社会的事実として存在する教育を、科学
的に明らかにする教育科学確立への展望を与え、教育社会学に学的基礎を置いた。主著に「教育と社
会学」がある。

①キルパトリック　②デューイ　③デュルケーム　④ナトルプ

類題（東京都　2014 年）

③西洋教育史に関する記述として適切なものは、次の 1 〜 5 のうちのどれか。

1　デュルケームは、『教育論』で、教育の目的は、個人の完全な生活を準備することにあると主張した。
2　キルパトリックは、『教育と社会学』で、教育とは、成熟した諸世代によって、未だ社会生活に馴
　　れない諸世代の上に行われる作用であると主張した。
3　ナトルプは、『社会的教育学』で、人間の自意識は、自意識と自意識との交互関係によって発展す
　　ることを説いて「人は人間の社会を通じてのみ人となる」ことを強調した。
4　スペンサーは、従来の学校組織から生徒を解放し、学校を社会化することによって、生徒自らが実
　　験者となり得るように、学校を社会的実験室にすることを提唱する「ドルトン・プラン」を実施した。
5　パーカストは、生徒自身が企画・立案し実行するひとまとまりの活動を通して問題解決型の学習を
　　行わせる「プロジェクト・メソッド」を考案した。

理解できたことをまとめておこう！

ノートテイキングページ

近代以前の教育と近代以降の教育の違いについて、わかったことをまとめてみましょう。

第1講 オリエンテーション　子どもの発達と教育の目的

第2講

教育とは何か

理解のポイント

前講では時代によって変わる教育の目的についてみてきましたが、本講では、そもそも人間とは何かを考えることによって教育とは何かを考えます。人間は他の動物とどう異なるのかを考えることによって、教育という行為が人間にとって必要不可欠な営みであることを理解しましょう。また、教育という概念を「形成」や「教化」といった類似した概念と比較することによって、教育とは何かを考えます。

1 人間とは何か

人間の本質からみたとき、教育とはいったいどのような営みなのでしょうか。以下の課題について皆で考えてみましょう。

ディスカッションしてみよう！

人間の定義を考えてみましょう。そのうえで、その定義からみるとき、教育の本質とは何かを考えてみましょう。

> たとえば・・・

人間の定義にはいろいろなものがあるのですね。

プラスワン

ホモルーデンス
オランダの歴史学者ヨハン・ホイジンガ（1872〜1945）は人間活動の本質的機能を遊ぶことにみた。ホイジンガは、遊びを日常生活からの離脱と虚構性の意識、楽しさを本質とする自由で自己目的的な活動、没利害性、限定された時間空間と独自の規則性といった点から規定した。また、人間の文化が遊びとして発生、展開してきたことを示した。

はじめに、「教育とは何か」という問いは、「人間とは何か」という問いと密接に関わっています。そこで、まず、人間とは何かを考えてみましょう。

人間とは何かという問いに対する答えとしては、**ホモサピエンス**（知恵のあるものとしてのヒト）、**ホモファーベル**（ものをつくるものとしてのヒト）、**ホモルーデンス**（遊ぶものとしてのヒト）などといった定義があります。特に、ホモサピエンスという定義は、ヒトという動物の学名になっていることで有名です。このように人間の定義はさまざまであり、いずれか一つが正しいというわけではありません。しかし、人間をどう定義するかによって、教育の本質をどう考えるかが変わってくることに注目してみ

ましょう。

　たとえば、人間をホモファーベルと定義した場合、教育の本質はどのように考えられるでしょうか。ホモファーベルとは、フランスの哲学者ベルクソン*が人間を定義するために考え出した言葉です。ホモファーベルは、ものをつくるものとしてのヒトという意味ですが、「工作人」とも訳されています。では、ホモファーベルとしての人間と他の動物との違いは、どこにあるのでしょうか。単にものや道具を使うだけなら、人間以外の動物にもできます。しかし、次のことは人間にしかできません。第1に、道具をつくるための道具をつくることです。第2に、そうしてつくりだした道具を、もともとの目的とは異なる目的のために利用ができることです。携帯電話とスマートフォンを例に、このことを考えてみましょう。

　もともと、携帯電話というのは家の外でも移動しながら電話をするためにつくられたものです。しかし、スマートフォンの場合は、電話をするという特定の目的のためにつくられたわけではなく、携帯電話とインターネットの機能を組み合わせたら新しいことができるのではないか、という一種の好奇心からつくられたのです。つまり、スマートフォンは、何か特定の目的を達成するためにつくられたというよりも、「スマートフォンがあったら何ができるだろう？」というように、目的はあとからつくられたといえるでしょう。他の例でいうと、紙は本来、文字を書くためにつくられましたが、紙ヒコーキにして飛ばすこともできます。このように、人間は、ある特定の目的を達成するために道具をつくるだけでなく、一度できた道具を加工して新しい道具をつくりだせる知性をもっているのです。

　では、こうしたホモファーベルという人間観からすると、教育の本質としてどんなことが求められるでしょうか。さまざまな道具を使える能力を養うとともに、新しい道具をつくりだせる能力を育むことが教育だということになるでしょう。このように、人間をどう定義するかということは、教育の本質を考えるうえでとても重要です。

2　人間に固有の営みとしての教育

1　ポルトマンの「生理的早産」説

　人間と他の動物との違いから教育の本質を考えるとき、ポルトマン*が唱えた「生理的早産」説は重要な視点を与えてくれます。

　ポルトマンは、人間の特殊性を主張するために、人間と他の哺乳動物を比較しています。ポルトマンによれば、哺乳動物は大きく2つに分けられます（図表2-1）。一方は、妊娠期間が短く、一度に生まれる子どもの数が多く、生まれた時点では一人では何もできない就巣性の動物です。就巣性の動物には、モグラなどの食虫類、ネズミなどの齧歯類、ウサギなどがいます。他方は、妊娠期間が長く、一度に生まれる子どもの数が少なく、生まれた時点ではるかに発育をとげ、親とほとんど似たような姿になる離

アンリ・ベルクソン
1859～1941
フランスの哲学者。ノーベル文学賞を受賞。本来の時間は空間化されたものではなく持続であるという直観から出発し、独自の進化論的な生の哲学を打ち立てた。20世紀の西洋哲学の展開に重要な役割を果たした。

アドルフ・ポルトマン
1897～1982
スイスの動物学者・人類学者。比較形態学、比較発生学を研究した。また、生物学を基礎とした人間論、教育論、芸術論を展開したほか、ゲーテの研究家としても有名。

巣性の動物です。離巣性の動物には、馬などの有蹄類、アザラシ、鯨、サルなどがいます。離巣性の動物の新生児は、全身に対する頭の割合が親に比べて少し大きいことを除けば、親の姿をそのまま小さくした縮図であり、親と同じような行動をし、大人と同じコミュニケーションの手段をもっています。

では、人間はどちらの動物に分類されるのでしょうか。人間は、妊娠期間が長く、生まれた時点で発育がかなりすすんでいるといった点で、離巣

図表2-1　就巣性と離巣性の特徴

	就巣性	離巣性
妊娠期間	非常に短い (たとえば20〜30日)	長い (50日以上)
1回に生まれる子の数	多い (たとえば5〜20匹)	たいてい1〜2匹 (まれに4匹)
例	多くの食虫類 (モグラ、ハリネズミなど) 齧歯類 (ネズミ、リスなど) イタチ、キツネなどの小型肉食獣	有蹄類 (馬、猪など) アザラシ、ゾウ、鯨 霊長類 (サルの仲間)

鎌原雅彦・竹綱誠一郎『やさしい教育心理学』有斐閣、2015年、191頁を一部改変

プラスワン

人間と他の高等哺乳類の発達

右図のように、ゴリラの腕や脚は母親の胎内にいるときからすでに形成され、その胴体に対する長さの割合は大人のゴリラに近い(図表2-2)。一方、人間の新生児の身体の割合は成人とは大きく異なっている(図表2-3)。このことから、人間は他の高等哺乳類に比べはるかに未発達な状態で生まれてくるとポルトマンは考えた。
(ポルトマン『人間はどこまで動物か』岩波新書、1961年)

図表2-2　高等哺乳類の胎児(左)と新生児(右)

図表2-3　人間の身体各部の比率の発達

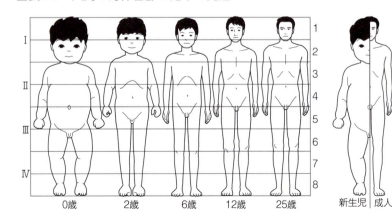

20

性の動物に属します。しかし、他の離巣性の動物に比べると、人間ははるかに「能なし」の状態で生まれ、一人では何もできないのです。たとえば、離巣性の動物である馬は、生後すぐに立ち上がるというように、親と同じ行動ができます。それに対して、人間は、直立姿勢、言語を話す能力など、大人と同じ能力を獲得するのに約1年かかります。したがって、人間が、他の哺乳類が生まれてくるときと同じくらいの状態まで発達するには、妊娠期間が約1年延びる必要があります。つまり、人間は他の哺乳類に比べて未発達の状態で生まれてくるので、生理的に早産なのだというわけです。このことは、類人猿と人間の体重の増加を比較したグラフからも明らかです（図表2-4）。人間は、類人猿の場合には母の胎内でなされる発達を、生まれたあとに経なければならないのです。

　この生理的早産は、人間の発達や教育に何をもたらすのでしょうか。第1に、人間は、本能的な行動様式がわずかしか発達していないということがあります。その結果、人間には特定の生活環境が割り当てられていないということが起こります。人間は、他の動物と違い、草原、森林、河川、高原地帯など、どこにでも住むことができます。このことから、さまざまな生活環境に適応するために道具をつくりだす必要性が生じてきたといえるでしょう。また、人間は本能的な行動様式が十分に発達していないため、生存していくために役立たないような環境も含めて、あらゆる環境に興味・関心をもつことができます。人間は、特定の環境に反応するだけでなく、それまで無意味と思われていた環境にも反応します。つまり人間は、無意味なものに意味を与える能力をもっているのです。これについてポルトマンは、動物の本能的な行動は環境に制約されているのに対して、人間の行動は世界に開かれているといいます。人間の行動は環境に制約されていないので、人間は狼に育てられると狼のようになってしまう適応性をもっているのです。

　生理的早産の結果としてもう一ついえることは、他の哺乳類の場合には

人間の特徴は、他の哺乳類に比べて早く生まれてきてしまうことなのですね。

図表2-4　類人猿と人間の体重増加曲線

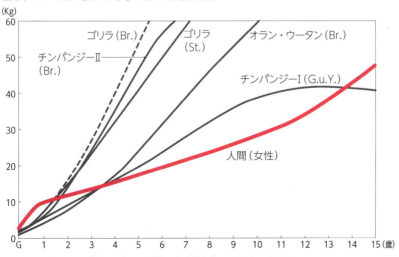

アドルフ・ポルトマン『人間はどこまで動物か』岩波書店、1961年、63頁より

母の胎内でなされる自然な発育を、人間は子宮外で行わなければならないということです。その結果、種に特有の発達過程のほかに、その子どもが生まれてから経験する出来事が発達に影響することになります。この出来事は、子ども一人ひとりによって異なる一回起的な出来事です。このことから、人間の発達は生物学的な法則に従っているだけでなく、歴史的な法則の影響を受けることになります。言い換えれば、子どもが生まれてから社会のなかで経験することが発達に大きく影響するのです。

　このことは、実はとても危険なことでもあります。人間は、他の哺乳類に比べて未熟な状態で生まれてくるので、生きていくために必要な能力を生まれたあとに身につけなければなりません。しかし、生まれてからの発達は、社会的な影響を受けるので、自然な発達が損なわれる危険性にさらされているのです。

2 進化と進歩

　ポルトマンは、動物の行動は環境に制約されているのに対して、人間の行動は世界に開かれているといいます。この違いからすると、人間と動物では環境に対する適応のしかたはどう変わってくるでしょうか。環境が大きく変化した場合、動物は身体器官の能力・機能や形態を変えることによって環境に順応します。これを進化*とよびます。それに対して、人間は、環境が変化したとしても、身体器官の能力・機能や形態を変えることなく、道具や文化をつくりだすことによって、環境のほうをつくり変えて生き延びることができます。これを進化と区別して進歩とよびます。たとえば、マンモスは長い毛で身体を覆うことによって寒い環境に適応しています。それに対して、人間は、服を着たり、火を燃やしたり、寒さを防ぐための住居をつくったりすることによって、自らの身体を変えるのではなく、環境のほうをつくり変えることができます。

　こうした点からみると、教育の役割の一つは、すでにできあがっている道具や文化を、そしてその道具や文化の使用方法を次の世代に伝えることです。それとともに、どんな環境の変化にも対応できるように、新しい道具や文化をつくりだせる能力を育てることが、教育の大きな役割であるといえます。

3 世代交代の3つのシステム

　先ほど、人間は道具や文化をつくることによって環境に適応し、その道具や文化を次の世代に引き継いでいくと述べました。ただし、厳密にいうと、人間以外の高等な哺乳類も、本能的な行動様式にも生態学的環境にも還元されないある種の文化をもち、それを次の世代に引き継いでいます。

　図表2-5は、4つの場所に住むチンパンジーがどの木の種を割って食べるのかを表しています。たとえば、ボッソウという場所には、クーラやパンダの木はなく、アブラヤシの木しかありません。したがって、ボッソウのチンパンジーがアブラヤシの種だけを割ることは環境によって決められています。しかし、セリンバラのチンパンジーは、そこにアブラヤシの

重要語句

進化

→長い時間経過にともない生物が変化していくこと。その変化とは、生物の形質（形態・生理・行動など）が生息する環境に、より適合したものになること、新しい種は既存の種から形成されること、単純な原始生命から多種多様なものへと変化することなどを含む。

図表2-5　近隣のコミュニティーにおける種割り行動の文化的相違

	アブラヤシ	クーラ	パンダ
ボッソウ	割る	割らない	割らない
セリンバラ（ニンバ）	割らない※	割らない	割らない
イヤレ（ニンバ）	割る	割る	割らない※
ディエケ	割らない	割る	割る

割らない※：樹木も種もそこにあるが、種割りをしない
松沢哲郎『進化の隣人　ヒトとチンパンジー』岩波書店、2002年

木があるにもかかわらず、アブラヤシの木の種を割りません。同じように、イヤレのチンパンジーは、そこにはアブラヤシ、クーラ、パンダの3つの木の種がすべてあるにもかかわらず、なぜかパンダの木の種だけ割らないのです。こうしたセリンバラとイヤレのチンパンジーの行動は、生態学的環境によって決められているわけではありませんし、同じチンパンジーという種の行動なので、本能で決まっているわけでもありません。となると、こうした行動は、本能や生態学的環境とは別の要因によって後天的に獲得されたものだと考えられます。そして、一度獲得された種割り行動は、個体から個体へ、世代から世代へと伝達されていく点で、ある種の文化的伝統だといえます。

しかし、こうした行動が年長者のチンパンジーから別の若いチンパンジーに伝達されるとき、年長者が自発的・積極的に教えることはありません。ある種の文化の伝達は、模倣によってなされるのです。チンパンジーのような高等な哺乳類にあっても、他のチンパンジーに対して何かを積極的に教示 (instruction) するという行動はみられません。したがって、他者に積極的に教示するという意味での教育は、人間だけにみられる行動だといえます。

こうしてみると、地球上の生物が世代交代するときには、3通りのシステムがあることがわかります。

① **遺伝子のみに依拠する世代交代システム**
生存に必要な情報はすべて遺伝子のなかに含まれており、新しい世代が生まれたあとに獲得すべきものはありません。

② **遺伝子＋学習能力に依拠する世代交代システム**
遺伝子に含まれている情報以外に、遺伝子に含まれていない情報が後天的に学習され、これを次の世代に伝達します。ただし、その伝達は次の世代による模倣によってなされます。また、この伝達は個体から個体へ直接伝達されるにすぎません。個体から個体へ直接伝達されるということの意味は、次の3つ目のシステムと比較するとはっきりするでしょう。

③ **遺伝子＋学習能力＋教える能力に依拠する世代交代システム**
学習は、模倣によってなされるだけでなく、年長者が手本を見せたり、説明したり、成功したら褒め、失敗したら注意するといった、積極的な教示行動によって行われます。

なお、人類がこの教える能力を獲得したことは、頭で考えた思考内容や情報を文字やシンボルという形で身体の外に客観化したこと、つまり、個

他の動物も学習はしますが、人間だけが教えることができるのですね。

体と個体の間に文化という「身体外遺伝系」をつくりだしたことと密接に関わっています。

先に述べた第2のシステムは個体から個体へ直接伝達されることを前提としていましたが、第3のシステムでは、文化を外部化することができるので、個体から個体へと直接伝達するだけでなく、間接的に伝達することもできます。たとえば、道路標識、電化製品の取扱説明書、芸術作品、インターネットの情報などは、個々の人間から独立していますが、人間に情報を伝達します。

文化というものは、もともとは人間がつくりだしたものですが、いったんできあがると個々人の身体や頭の外で自律した世界をつくりだします。たとえば、能や歌舞伎といった伝統芸能、野球やサッカーといったスポーツなどは、もともとは人間がつくりだしたものですが、個々の人間の意図を超えて存続していきます。能や歌舞伎の型、野球やサッカーのルールは、個々人の努力によってまったく変えられないものではありませんが、いったんできあがると簡単には変えられません。文化は個々人の人生を豊かにするものでもありますが、その一方で、硬直した文化が個々人の個性を圧迫することもあります。教育という観点からは、個々人の人生を豊かにするような文化を選んで伝達していくことが大切だといえるでしょう。

3 教育、形成、教化

今述べてきたような、積極的・自発的な教育を狭義の教育とよぶとすれば、そうした意図的な教育以外に、無意図的な人間形成というものがあります。無意図的な人間形成は**形成** (forming) と呼ばれ、意図的な文化伝達である狭義の教育と区別されます。形成は、生活と一体化し、生活のなかに埋め込まれた人間形成の作用であり、主に経験や模倣によってなされます。形成の例としては、アルバイトやサークル活動を通じて人間関係構築力や社交性を身につけるといったことがあげられます。

それとは別に、意図的な人間形成のなかでも、政治的あるいは宗教的な権威のもとで大衆を教え導き感化することを、教育と区別して**教化** (edification, indoctrination) といいます。教化は、社会集団の維持や強化を目指して、既存の価値や行動様式の内面化を図ろうとすることを意味します。つまり、一人ひとりの人間が主体的に生きていけるようにするための働きかけというよりは、共同体の存続や維持を目的とした意図的な人間形成を教化とよんでいるのです。

教育、形成、教化を区別しておきましょうね。

ディスカッションしてみよう！

意図的な教育とは別に、無意図的な人間形成がなされている事例を
あげてみましょう。また、教化の事例をあげてみましょう。

たとえば・・・

第2講

教育とは何か

復習や発展的な理解のために

知っておくと役立つ話

教育と教授

　この講では、教育、形成、教化という教育的行為の分類について説明しましたが、それ以外に教育と教授という分け方もあります。教育と教授を分ける場合、教育は道徳性などの人格性に関わる意味を指すのに対して、教授は知識や技能の伝達を指します。実際、外国の言語をみると、教育と教授はそれぞれ、英語ではeducationとinstruction、ドイツ語ではErziehungとUnterrichtというように、別々の用語を割り当てられてきました。

　教育と教授というこうした区分は、単なる用語上の区別にとどまらず、公教育の任務をどう考えるかという実践的な主張にも関わってきました。たとえば、フランス革命時には、ジロンド派のコンドルセは公教育の任務を教授中心であるべきだと考えましたが、ジャコバン派のルペルチエは公教育の任務を道徳性の育成、つまり教育中心であるべきだと考えました。

　しかし、19世紀ドイツの教育学者ヘルバルトは、教授のない教育も、教育のない教授も認めないとして、「教育的教授」という考え方を提唱し、教育と教授が統合されるべきだと主張しました（第6講を参照のこと）。つまり、一方で、道徳的な行為をするには、人間や社会に対する知識を必要とするので教授が不可欠です。たとえば、生物の命を大切にするためには、その生態に関する知識を必要とします。他方で、知識をその道徳的な意味を考えずに教えることは、社会に対して犯罪などの悪影響を及ぼすでしょう。たとえば、原子力についての知識を教えることは、その利用が人間にどんな影響を与えるのかを考えさせることとセットでなければなりません。こうした「教育的教授」の考え方は、道徳教育は、道徳科の授業だけでなく、各教科等の学校の教育活動全体を通じて行われるものだという、現在の日本の道徳教育の考え方にも影響しています。

形式陶冶と実質陶冶

　教育とほぼ同じ意味を表す言葉として陶冶（ドイツ語でBildung）があります。土をこねて器をつくる意味の陶と、金属を溶かして加工する意味の冶が組み合わさった言葉で、人間形成を意味します。

　この陶冶という言葉を用いて、形式陶冶と実質陶冶という区別をすることがあります。実質陶冶は学習する内容や教材そのものに価値を置きます。それに対して、形式陶冶は学習する内容や教材そのものを重視するのではなく、それを通じて養われる推理力・記憶力・判断力などの心的能力を伸ばすことを重視します。たとえば、実質陶冶の立場では、家庭科などで料理の調理方法を学ぶことなど、生活で直接役立つ実学を学ぶことが重視されます。一方、形式陶冶の立場では、たとえ数学で覚える公式を将来使うことがないとしても、数学をとおして推理力を鍛えることが重視されるのです。というのは、形式陶冶の立場からすると、数学等の教科で養われた心的能力は他の教科にも転移され得るので、実学的な教科を学ぶこと以上に大きな意味があるからです。しかし、形式陶冶という考え方が、生活には直接役立たない古典語の教育を正当化することに利用されてきた面もあります。

ちゃんとわかったかな?

復習問題にチャレンジ

（筆者作成）

ポルトマンの唱えた「生理的早産説」に関する、以下の記述の正誤を判断しなさい。

1　人間は他の哺乳類に比べて成熟した状態で生まれてくる。
2　人間は離巣性の動物に分類される。
3　人間の行動は環境に制約されていると考えられる。
4　乳児期の特徴を「子宮外胎児期」と呼んだ。

第2講　教育とは何か

理解できたことをまとめておこう!

ノートテイキングページ

人間と他の動物の違いについてまとめ、なぜ人間には教育が必要なのか、考えてみましょう。

第3講 教育の歴史① 学校の歴史

理解のポイント

本講では、最初になぜ学校が生まれたのかを考えたあと、すべての子どもたちが学校に通うようになった要因を探っていきます。すべての子どもが学校に通う近代公教育制度の成立にとっては、思想的な要因も重要です。そこで、コンドルセ、ホーレス・マン、ミルという3人の思想家による公教育の思想をみることによって、公教育の理念を理解していきましょう。

1 学校の歴史

1 なぜ学校が必要となったのか

ディスカッションしてみよう！

なぜ学校というものが誕生したのでしょうか？ それは、いつの時代からあったと思いますか？ 想像して話し合ってみましょう。

たとえば・・・

　なぜ学校は生まれたのでしょうか。それは、狩猟採集社会から、農耕社会へと転換したことが大きく関わっています。狩猟採集社会では、社会で生きていくために必要な力量は、主に経験や模倣によって生活のなかで身についていました。したがって、学校は必要なかったのです。また、知識や文化は社会の成員すべてに共有され、社会の成員の地位は平等でした。

　また、農耕社会と狩猟採集社会のもう1つの違いとして、狩猟採集社会においては、自然の恵みに対して受動的に対応しなければならないのに対して、農耕社会においては、自然に対して人為的に働きかけていくことができるという点があげられます。つまり、農耕によって生きていくための必要な食物を計画的に生産することができるようになったのです。農耕

は、狩猟採集に比べて、はるかに高度で複雑な知識を必要とします。

ただし、農耕の知識や技術を学ぶということだけなら、まだ学校は必要にはなりません。学校が生まれるにはもう1つの条件が必要です。農耕経済によって、余剰の生産物を生み出せるようになり、この余剰の生産物を専有する支配階級と富をもたない被支配階級に分かれます。そして、古代国家が成立するのですが、そのときに支配階級は文字を使うようになります。たとえば、文字は、さまざまな社会的出来事、租税や契約について記録するために必要になります。また、祭政一致*の政治にあっては、神意や戒律を表現するためにも文字が必要になります。しかし、文字の学習は生活のなかでは効率的になし得ません。そこで、学校は文字の伝達の場として成立するのです。ただし、文字を学ぶ必要があったのは支配階級のみでした。したがって、学校は最初、基本的には官僚養成機関だったのです。一般民衆が全員学校に通うようになるのは近代社会になってからです。

2　徒弟方式と学校方式

学校が普及する以前はどのような教育が行われていたのでしょうか。一般民衆が受けていたのは、徒弟方式とよべるような教育でした。徒弟方式とは、職人の世界にみられるように、弟子が師匠に弟子入りし、見よう見まねで学んでいくやり方です。

徒弟方式と学校方式を比較してみましょう。ここでは寿司職人を例にして考えてみます。第1に、師匠は寿司の握り方を弟子に意図的に教えることはありません。弟子は師匠の技術を盗むのです。したがって、徒弟方式において、教育は無意図的に行われます。一方、学校にあっては、教育は意図的に行われます。第2に、寿司職人の師匠と弟子の関係は1対1の関係であり、個人と個人の関係のなかで教育が行われるので、師匠が何を教え、弟子が何を学ぶかはその2人の関係で決まってきます。一方、学校の教師と子どもは学校という組織のなかで教育的な関係を結んでいます。学校の教師は、自分だけの判断で好き勝手に教育することはできません。第3に、寿司職人の師匠が教える技術や知識は、いわば師匠が「身体で覚えている」属身的なものであり、それを誰にでもわかるような形で客観的に説明することは難しいといえます。それに対して、学校で教えられる知識は、一般的で科学的な知識です。最後に、学校で教えられる知識は体系化されています。それに対して、寿司職人の師匠は、その都度必要に応じて弟子に知識を伝えるのであり、知識が体系化されているわけではありません。

現代でも、一部の職業では徒弟方式で知識や技術の伝達が行われていますが、多くの職業的な訓練は学校方式で行われるようになりました。現代は、学校の方式による知識や技術の伝達が主流になった時代なのです。

図表3-1　徒弟方式と学校方式の相違

徒弟方式	無意図的	個人的	属身的な知識	非体系的知識
学校方式	意図的	組織的	科学的な知識	体系的知識

第3講　教育の歴史①　学校の歴史

語句説明

祭政一致

祭（まつり）、つまり祭祀と政治（まつりごと）が一致していること。宗教的指導者が政治権力を保持していることを指す。古代の日本では、神を祀ることが政治の根本だったので、政治を「まつりごと」という。

学校は文字を教える必要から生まれたのですね。でも、最初から全員が通ったわけではないのですね。

徒弟方式と学校方式のそれぞれのよいところを探してみましょう。

ディスカッションしてみよう！

徒弟方式と学校方式について学んできましたが、いろいろな事を教えたり学んだりするとき、どんな内容がそれぞれの方式に適しているでしょうか？　例を挙げて話し合ってみましょう。

たとえば・・・

3　近代学校の成立

すでに述べたように、近代以前の社会では、学校に行くのは支配階級などの非常に限られた人々でした。では、なぜすべての子どもが学校に通うようになったのでしょうか。国ごとにそれぞれに歴史的な事情が異なるのはもちろんですが、どの国でもほぼ共通する要因について考えていきましょう。

ディスカッションしてみよう！

なぜすべての子どもが学校に通うようになったのでしょうか。考えてみましょう。

たとえば・・・

学校が普及する要因にはいろいろなものがあるのですね。

　まず、国が義務教育の導入を決定したことがあげられるでしょう。しかし、単に国が決定しただけで、すべての民衆が学校に通うようになるわけではありません。実際、義務教育が導入されたあとの明治時代の日本では、就学率が伸び悩んだために、国は就学を督促しなければなりませんでした（→第7講参照）。したがって、国が法律で決めただけで国民全員が学校に通うようになるわけではなく、国民の側に学校に通うニーズがなければなりません。

　では、すべての子どもが学校に通うようになるための条件は何でしょうか。第1に、グーテンベルクによって発明された活版印刷が、大量のテキストの共有を可能にしたことです。それまでは、本を読みたければ、図

書館に行って読むか、筆写してもち帰るしかなかったのです。しかし、活版印刷の発明によって教科書を配布することが可能になりました。こうした活版印刷の技術は、新しい教授法の構想につながりました。教授学の祖といわれる**コメニウス***は、教育を印刷術にたとえました。子どもの精神を白紙にたとえ、そこに知識という文字を書き込んでいくことを**教授印刷術**と表現したのです。こうして、学校は、大量の子どもに知識を刷り込んでいく場所ととらえられ、資本主義の展開とも結びつき、従順で良質な労働力を大量に養成する機関として普及していきました。

当時の初等教育の学校は**読み書き算**（**3 R's**）を教えることを主要な目的としていました。たくさんの子どもに読み書き算を効率よく教えるために、新しい教授法が確立されていきました。たとえば、18世紀末のイギリスでは、**助教制（モニトリアルシステム*****）**という教授法が考案され、それまでの個別指導に取って代わりました。助教制とは、学力の高い子どもから選ばれる助教が他の子どもたちに教えるシステムです。助教は約10人の生徒を相手に教えます。また、ジェネラルモニターとよばれる助教の監督者が、子どもたちがきちんと勉強しているかを見張るのです（図表3-2）。

図表3-2 助教制の学校

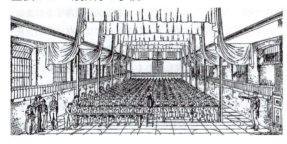

Monroe, Paul (1913), A Cyclopedia of Education, 4, New York : The Macmillan Company. より

しかし、その後、助教制は批判されました。たとえば、学校に 3 R's 以外の地理、歴史、自然哲学、音楽、体育、宗教、道徳などの教科が導入されるにつれて、助教では教えることが難しい教科がでてきました。また、助教制では同じ教室内で多くのグループが同時進行で授業をするので、騒音で授業の進行が難しくなってきました。このように助教制の限界が指摘

図表3-3 ギャラリー方式の授業

Wilderspin, Samuel (1840), A System for the Education of the Young, London : J. S. Hodson. より

ヨハネス・アモス・コメニウス
1592～1670
チェコ共和国モラヴィア生まれの教育思想家。
→第5講参照

重要語句

助教制（助教法、モニトリアルシステム）

→生徒を少人数のグループに分け、それぞれのグループを優秀な生徒から採用した助教に指導させる方法。イギリスのアンドリュー・ベル（1753～1832）とジョセフ・ランカスター（1778～1838）が創案したもので、ベル＝ランカスター法ともよばれる。

された結果、生徒が教師の方に顔を向けるようにギャラリー（階段教室）に座り、黒板などを使って授業をするギャラリー方式という一斉教授の方法が登場しました。この方式では、教師は一度に多数の子どもたちに目を配ることができるとともに、子どももまた他の子どもを意識しながら勉強できるのです（図表3-3）。

　ここまで活版印刷の発明がもたらした影響についてみてきました。しかし、教科書が容易に手に入るからといって、それだけで子どもたちが学校に通う理由にはなりません。そこで、学校が普及していく2つ目の要因を考える必要があります。その要因とは、産業革命です。まず、産業革命によって登場した近代的な工場では、記録の保持や経理のために、また注文伝票や明細書を書くために、従業員には3 R's の能力が必要になりました。そこで、そうした3 R's を身につけるために学校が普及したのです。しかし、産業社会に適応するためだけに学校が必要だったわけではありません。産業革命の負の側面を学校教育によって是正しようという主張もあったのです。まず、産業革命で機械が導入されることによって、労働は細分化・単純化され、手の労働のもっていた全体性が失われていきました。それまでの農業や職人の仕事に比べると、工場のベルトコンベアーでの単純作業では、人間の思考力や想像力を働かせる必要がありませんし、努力する習慣すら必要とされません。しかし、人間の能力は使われなければ発達しないのです。そこで、こうした産業社会の非教育的環境に対する危機感から、学校制度の整備が要請されてきました。スミス*はこうした理由から、国が公教育制度について配慮すべきだといいました。

　また、工業化によって可能になった単純労働のせいで、子どもが工場で長時間働かされるようになりました。しかし、こうした長時間の児童労働の非人間性や長時間労働による健康破壊は批判を受けました。この批判は、子どもが労働の場から切り離され、学校で教育を受けるべきだという主張につながりました。オウエン*は、工場法（1802）の制定に尽力しました。そのなかの「教育条項」は、工場主に対して雇用する児童の就学を義務づけることによって、労働児童の健康や教育に対する国家の責任を明確にしたのです。

　さらに、工業化の進展によって人々が地域共同体から切り離されることで地域共同体が崩壊し、共同体のもっていた人間形成力が弱体化したことによって、子どもを学校で教育する必要性が生じてきたという面もあります。

　すべての子どもが学校に通うようになる3つ目の理由は、すべての人の教育を受ける権利を人権として保障するためには、公教育制度の成立が不可欠だという主張です。こうした人権思想の発展とコインの表裏の関係にあったのが、国家の主導による公教育制度の整備です。国家は、国民が最低限必要な知識を身につけられるよう、道徳教育によって社会秩序に適応できるようにするために、公教育制度を整備したという側面もあるのです。

アダム・スミス
1723〜1790
イギリスの経済学者・哲学者。主著は『道徳感情論』『国富論』。『道徳感情論』では、道徳の根拠として、個々人の心のなかにある「公平な観察者」の概念を提示した。また『国富論』では、個々人の利己心に基づく自由な経済活動が、分業や交換関係を通じて、社会全体の富裕を実現する過程を明らかにした。「経済学の父」とよばれる。

ロバート・オウエン
1771〜1858
イギリスの社会主義者、社会運動家として知られるが、教育改革者でもある。子どもたちを取り巻く社会の性格が彼らの性格形成に決定的な影響を及ぼすという環境決定論を主張した。この考えに基づき、自らが経営するニュー・ラナークの工場のなかに「性格形成学院」をつくった。

2 公教育の思想

1 コンドルセ

すべての人の教育を受ける権利を保障しようという主張をした代表的な人物に、コンドルセ*がいます。コンドルセの教育思想は、近代公教育の理念として現代まで受け継がれています。以下では、コンドルセの教育理念をみていきましょう。

まず、コンドルセによれば、公教育の目的は、法によって認められた政治的平等を現実のものにすることです。というのは、単に権利が平等に与えられても、人々の無知のためにそれを用いる能力が不平等であれば、有名無実にすぎないからです。そこで、権利を自分で行使できるだけの能力を各人が教育によって身につけることが必要になります。こうして、国民の教育は公権力にとっての義務だとされるのです。

ただし、公教育の目的はこうした政治的平等の実現にとどまりません。コンドルセは、第1に、公教育によって各世代の肉体的・知的・道徳的能力を培うことによって、人類の漸進的な完成に貢献すること、第2に、教育を通じて知の絶え間ない進歩を可能にすることを目指します。こうした主張にはコンドルセの進歩主義が前提にあります。そのため、公教育は、個人の権利の実現という観点からだけでなく、社会の共通の利益、人類の利益の点から公権力に課せられた義務だというのです。

コンドルセが掲げる公教育の理念として重要なのが、教育の中立性の主張です。コンドルセは、あらゆる教育の第一条件は真理のみを教えることにあるといいます。このことから、公教育機関は、あらゆる政治的権威から可能な限り独立していなければなりません。しかし、誰かが教育について決定しなければならない限り、この独立は絶対的ではあり得ないので、議会にのみ従属しなければならないといいます。

こうした教育の政治的中立性の主張は、日本の教育基本法第14条にも影響しています。教育基本法第14条第2項には、「法律に定める学校は、特定の政党を支持し、又はこれに反対するための政治教育その他政治的活動をしてはならない」とあります。このように、教育基本法では、公教育が特定の政治勢力から独立すべきだとされているのです。

教育の中立性には政治的中立性以外に、宗教的中立性も含まれます。コンドルセは、公教育においてはいかなる宗教的信仰の教育も認めないといいます。学校で教えられる道徳は、自然的感情と理性に基づく万人の共通の原理であるべきで、特定の宗教の原理から切り離されなければならないといいます（世俗教育）。

こうした宗教的中立性の主張も、日本の教育基本法に影響しています。教育基本法第15条第2項には、「国及び地方公共団体が設置する学校は、特定の宗教のための宗教教育その他宗教的活動をしてはならない」とあります。なお、政治教育の場合と違って、私立学校で特定の宗教のための宗

第3講 教育の歴史① 学校の歴史

M. J. A. ニコラ・ド・コンドルセ
1743〜1794
フランス革命期の数学者、哲学者、政治家。「公教育の父」とも称される。ジロンド派としてフランス革命に参加し、1791年に『公教育に関する五つの覚え書き』を発表する。翌92年には公教育委員会の委員としていわゆる『公教育の全般的組織に関する報告および法案』（コンドルセ案）を作成し議会に報告した。しかし、コンドルセ案は審議されずに終わった。その後、モンターニュ派の台頭による恐怖政治に際して、追放ののち、逮捕令、死刑宣告を受ける。1794年、逮捕、投獄され、獄死。

プラスワン

自然的感情
自然的感情は、超自然的な感情と対立する。超自然的感情とは自然界の法則では説明できない神秘的な感情のこと。

教教育を行うことは認められています。

　コンドルセのもう一つの重要な主張は、全公立学校の無償制です。コンドルセは、公立学校を無償にすべき理由を次の4つの点から説明しています。

　①大多数を占める貧しい階級の子どもに才能を伸ばす可能性を与えるためです。つまり、すべての人が、どの階級に生まれようとも、その能力を伸ばす機会をもつべきだということです（教育の機会均等）。

　②教育によって財産の不平等を緩和させ、諸階級を融合するためです。つまり、貧しい階級の子どもも、教育を受けた結果富裕になれば、階級間の不平等が緩和されると予想されるからです。

　③授業料が有料であれば、生徒がたくさん集まる学校にはたくさんお金が集まり、よりよい教材を買い、教室を整備し、優れた教師を雇うことができます。反対に、生徒が集まらない学校では教育の質が低下するでしょう。こうした不平等を防ぐため、国が授業料を負担する必要があります。

　④授業料が有料で、生徒数に応じて収入が変われば、学校間の競争が生まれます。学校間の競争は一見するとよいことかもしれません。しかし、授業料をたくさん得ようとして、教師は目立つことばかりを求めるとともに、人気を得るために、世間の人々の意見に従属してしまうことになるでしょう。しかし、むしろ、教育は世間の人々を導き、世間の人々の意見を形成しなければならないのです。

　近代公教育の3原則として、義務制、無償制、世俗教育といわれることがありますが、上記の通り、コンドルセはそれらの3原則を先駆的に主張したのです。

　コンドルセの提案はすぐには実現しませんでした。しかし、フランスではその後、1881年に初等教育の無償制、1882年に初等教育の義務制と非宗教性、1886年に小学校の教員を非聖職者に限定する宗教的中立性が確立していきました。

2　マン

　アメリカは、1776年の独立宣言によって共和制国家の建設に取り組むことになりました。建国期に公教育制度を構想した代表的な人物としてジェファーソン*がいます。

　ジェファーソンの公教育制度構想は、ヴァージニアの知事時代に提出した「知識の一般的普及に関する法案」（1779）にみられます。その特徴は以下の4点です。

　①学務委員の公選制により、住民の意思を地域の教育行政に反映させること。

　②自由民に限定されてはいますが、貧富の差なく、すべての子どもに無償制の初等教育を提供すること。

　③単線型*の学校体系。

　④公的給費による能力主義的な人材養成・選抜のシステムを構築する

コンドルセは、近代公教育の3原則を先駆的に主張したのですね。

トマス・ジェファーソン
1743～1826
独立宣言の起草者の一人であり、第3代大統領。アメリカ民主主義の父とよばれている。1803年のルイジアナ購入、教育振興などの功績を残した。政界引退後はヴァージニア大学を創立して教育史にも足跡を残した。

重要語句

単線型
→指導層の学校と大衆の学校を分離並列させず、これらを統一した学校体系を単線型学校体系という。複線型に対立する。近代の学校は複線型から単線型の方向に発達した。

こと。

しかし、この法案は当時の私立学校の経営者や宗教関係者の反対にあって、実現しませんでした。

アメリカにおいて実際に、すべての子どもが無償で公教育を受けられる制度を構築しようとする動きが本格化するのは19世紀前半でした。そのときにマサチューセッツ州で活躍したのがマン*です。

マンは、教育への権利は、すべての人間が生来もっている絶対的な自然権であるといいました。そこから、非宗派（ただし、キリスト教教育自体は否定しません）、無償制、義務制に基づく、州のすべての子どもが共通に通う公営の公立学校(common school)を構想しました。

しかし、公立学校の制度化に対しては、住民の支持を得にくい状況にありました。その理由は以下の4点です。

① 工場化による低賃金の児童労働への需要。

② 無償制の公立学校は貧しい家庭の子どもを対象とした慈善学校のイメージがあったこと。

③ 公立学校では宗教教育が十分実施できないと不満を抱く親がいたこと。

④ 無償制の公立学校を運営するための課税に反対する人々がいたこと。

特に4点目については、公費で学校を運営するための課税は、子どものいない人、自分の子どもに学校教育を受けさせられなかった人にとっては財産権の侵害であり、すでに自分の子どもを養育し終えた人にとっては、他人の子どものための教育費を支払わせられるので二重課税だと批判されたのです。したがって、マンは、公費で学校を運営するための課税は財産権の侵害ではないことを、州の住民に説得する必要がありました。

マンは次のように説得を試みました。第1に、誰も天気や栄養といった自然の恵みなしに、自分の力だけで富を獲得することはできません。第2に、人間が獲得できる富の大部分は、先行する世代の労働によって得られた科学、技術、発見、発明のおかげであり、自分の力だけで得たものではありません。したがって、個人が私有財産に対する絶対的所有権を主張することは誤りなのです。また、人間は無人島において一人で生きる孤独な存在でない限り、他の人々と社会的関係を結んでいるので、同時代の人たちやその子孫の利益を無視できません。それゆえ、公教育とは後続する世代に対する義務なのだとマンはいうのです。

それ以外に、マンは、学校を出た人のほうが生産性が高いことを実業家との文通によって明らかにしたほか、公立学校が犯罪の防止に役立つことを強調しました。

こうして、アメリカでは、マンなどの粘り強い説得と運動によって、公立学校は急速に普及していきました。

3 ミル

この講の最後にみていくミル*の教育思想は、国家が関与する公教育制度のよい面だけでなく、悪い面にも気づかせてくれます。

ホーレス・マン
1796〜1859
アメリカの教育行政家。アメリカにおける公教育成立の立役者。マサチューセッツ州の初代の教育長に就任。その後、1852年に義務教育法が制定されることによって公教育が成立した。「アメリカ公教育の父」と称される。

ジョン・スチュアート・ミル
1806〜1873
イギリスの思想家・経済学者。父の厳格な教育を受けて育ち、10代から哲学的急進派の論客として活躍。ベンサムの功利主義を一種の理想主義によって修正したほか、演繹法と帰納法を組み合わせた社会科学の方法論を確立した。経済学では、生産と分配を切り離し、前者は自然法則に従うが、後者は人間の共同意志で変えられるとした。『自由論』『女性の隷従』『自伝』でも有名。

ミルは、国家が教育に配慮すること自体は必要だといいます。まずはミルがそう考えた理由をみていきましょう。

子どもは親の一部ではありません。したがって、親が子どもに、肉体だけでなく精神に対する訓練と教育を与えないことは、本人と社会に対する犯罪なのです。だとすれば、国家は教育を強制すべきで、学費を払えない人には授業料の補助を与えるべきだということになります（ただし、無償制を主張しているのではありません）。

しかし、国家が教育を強制すべきだということと、国家が一律的な教育を与えることは異なるとミルはいいます。教育の要求と供給を区別すべきだというのです。つまり、政府が直接学校を運営する必要はなく、政府は一定の教育水準の獲得を強制するのみでよいのだということです。政府が直接学校を運営する必要がないのは、国民の個性を尊重するためには多種多様な教育が許されるべきだからです。

しかし、多種多様な教育があることと、一定の教育水準を全員に獲得させることをどう両立させればよいのでしょうか。ミルが提案するのは、国民全員が受けなければいけない共通の試験という方法です。教育の出口で共通の試験を課すという方法によって、全員に一定の教育水準を保障できます。同時に、この方法は、それぞれの学校の多種多様な教育内容や教育方法を許容できるのです。ちなみに、ミルは、試験で問われることは実証的な知識に限られるべきであり、宗教や政治などの論争的な問題に関する意見は問われてはならないといいます。ここでミルは教育の中立性を主張しているのです。

このように、ミルは国家が教育を強制すべきだということには同意しました。しかし、同時に、国家が教育に介入すべき範囲を制限しようとしました。現代の私たちも、国家が教育に関わることのよい面と悪い面の両方を考えていかなければならないといえるでしょう。

> 国家と教育の関わりにはポジティブな面とネガティブな面があるのですね。

図表3-4 ミルにおける学校と試験の関係

復習や発展的な理解のために
知っておくと役立つ話

一望監視施設と近代の規律権力

　助教制については本文で説明しましたが、功利主義を唱えた哲学者ベンサム (1748～1832) は、この助教制と一望監視施設（パノプティコン）という仕組みを用いたクレストメイシア学校を構想しました。功利主義は「最大多数の最大幸福」を標語としています。ベンサムは、近代市民社会においては、「最大多数の最大幸福」が実現されるべきだと考えました。そのためには、個々人の自由な幸福追求を認めながら、なおかつそれが社会全体の幸福に反しないことが必要です。というのは、個人の自由の結果として他人に害が及ぶならば、社会全体の幸福量が減ってしまうからです。

　ベンサムの理想とする社会を実現するためには、教育によって、個人の能力を最大限伸ばし、自分自身と社会の幸福に貢献させるとともに、他人に害悪を及ぼす不正な行為をしない習慣を身につけさせなければなりません。そのためにベンサムが注目したのが、一つには当時のイギリスで普及しつつあった助教制でした。そして、もう一つはベンサム自身が考案した一望監視施設（パノプティコン）でした。ベンサムは監獄を例に一望監視施設について説明しますが、軍隊や工場や病院、さらには学校にもこれを適用できるといいます。

　一望監視施設では、中心に塔があり、その周辺には、いくつもの独房に区切られた円環状の建物が配置されています。塔にある監視室からは、独房に備えられた窓をとおして独房の様子が見えますが、独房からは監視室が覗けない仕組みになっています。この仕組みによって、1人の監視者が多数の収容者を見張ることができるとともに、実際に見張る労力を節約することができます。一方、独房にいる人は、監視室から実際には見られていなくても、見張られているかもしれないという不安に常にさらされることになります。フランスの哲学者フーコー (1926～1984) は、近代的な規律権力のモデルとして、この一望監視施設の仕組みに注目しました。近代社会では、特定の人物によって権力が行使されるのではなく、権力をもった人がいなくても、監視者の視線を内面化することによって、人々は自分から規律に服従するようになるというのです。

　学校は、こうした規律権力を利用している面があります。時間割によって、教師がいちいち指示をしなくても、子どもは決められた時間通りに動くようになります。また、試験は最初教師から強制されるものであっても、子どもはしだいに試験に向けて自発的に勉強するようになります。教師から成績をつけられることによって、しだいに教師の視線を内面化します。こうした規律権力がすべて否定されるべきだということではありません。正当な理由のために規律権力が必要なこともあるでしょう。しかし、教師は、自分の教育的行為が規律権力に支えられていることに自覚的でなければならず、常に自分の教育的行為を見つめ直す必要があるといえます。

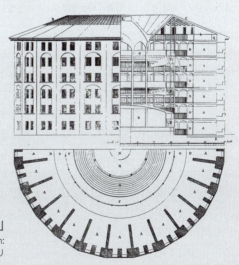

ベンサム作「一望監視施設の設計図」
The Works of Jeremy Bentham, 4, Edinburgh: William Tait, 1838-1843. より

第3講 教育の歴史① 学校の歴史

ちゃんとわかったかな?

復習問題にチャレンジ

類題（青森県　2016 年）

①次の記述について、最も関係の深い人物を①～④から 1 つ選びなさい。

　フランスの思想家、数学者。1792 年、公教育委員会の委員長として議会に提出した教育改革案において、教育を全ての市民の権利とみなし、教育は国家のためのものではなく個人のためのものと位置付けた。すなわち、国家・社会は個人の集合体であり、公教育は、国家の国民への義務であるとした。その特徴は、教える自由と学ぶ自由の尊重、政治権力と宗教からの教育の独立、教育の機会均等などがある。

①コメニウス　②モンテッソーリ　③コンドルセ　④ホーレス・マン

類題（宮崎県　2015 年）

②次の各人物の説明として適するものを下の選択肢からそれぞれ選び、記号で答えなさい。

（1）デューイ　（2）ピアジェ　（3）ペスタロッチ

ア　ドイツの宗教家。当時の宗教改革運動の中心人物の一人としてプロテスタント教会の源流を創った。近代公教育思想の確立に先がけて、義務教育の理念を提唱した人物として知られている。
イ　スイスのジュネーブに生まれ、フランスで活躍した啓蒙思想家。当時の身分制社会を否定し、「人間は教育によってつくられる」と説き、近代教育史上ひとつの画期をなす教育書『エミール』を著わした。
ウ　スイスの教育家。生涯を民衆教育に捧げたことから、「民衆教育の父」と呼ばれている。教育の目的を、知識、技術、道徳の 3 つの基礎的陶冶による人間の調和的育成に求め、その方法として、「直観」、「自発活動」、「労作と学習の結合」を重視した。
エ　アメリカの哲学者、教育学者。アメリカ進歩主義教育の主導者。学校教育は子どもの生活や経験を中心に組織されるべきだと主張し、学校教育を通じた社会の民主主義的改革を目指した。
オ　スイスの心理学者。臨床面接と呼ばれる手法で、子どもの世界観、因果関係認識、道徳判断等の構造を調べ、子どもの思考の特質が自己中心性にあることを明らかにした。

理解できたことをまとめておこう！

ノートテイキングページ

すべての子どもが教育を受ける権利を国が保障することの意義と問題点をまとめてみましょう。

第**4**講

教育の歴史②
海外の教育史（古代ギリシアの教育思想）

理解のポイント

西洋文化のルーツである古代ギリシアの教育を学ぶことには、単なる一時代・一地域を対象とした思想・文化の学習という意味をはるかに超えた重要な意義があります。第4講では古代ギリシアの文化についてのおおまかな紹介とともに、ソフィストたちの弁論術やソクラテス・プラトン・アリストテレスら知の巨人たちの思想の基礎的な確認をとおし、西洋教育思想の源流にふれることで、ぜひ現在の私たちの教育観を逆照射して考えてみてほしいと思います。

1 古代ギリシアにおける教育文化

1 古代ギリシアの教育思想を学ぶということ

　日本で教職課程のカリキュラムを学ぶみなさんにとって、いったいなぜ「古代ギリシアの思想」がここで特別に一つの項目に掲げられるほど重要なものとなってくるのでしょうか。じつは古代ギリシアの思想・文化は、キリスト教とともに近代西洋社会のものの考え方の原型をつくりあげてきたものの一つであり、今なおけっして無視できない重みがそこには存在しているのです。

　たとえば世界中で使われているアルファベット。その語源がギリシア文字の1つ目（アルファ α）と2つ目（ベータ β）をつなげたものであることに示唆されている通り、このアルファベットはフェニキアの古代文字を集約的に発展させたギリシア文字に確かなルーツをもっています。さらには左から右に向かって文章を書くといった一般規則も、当時のギリシア文字の表記法に由来するものです。また音楽や詩、絵画や彫刻など、さまざまな芸術の祖形も同時代の産物といえるでしょう。とくに吟遊詩人ホメロスによる長編叙事詩『イリアス』と『オデュッセイア』は世界で最も古い文学作品の一つですが、宗教的なギリシア神話の物語とともに、当時これらに通暁していることはギリシアの市民たちにとって必須の教養とされていました。

　そのほかにも幾何学や物理学、天文学などの自然科学もこの時代当地で興ったものです。また体育競技も同様です。4年に一度開かれる近代オリンピック大会は古代ギリシア・オリンピアでの体育大会に遠いルーツをもつものであるということについて、あるいはみなさんもどこかで聞いたこ

プラスワン

ホメロス
（紀元前8世紀?）
この盲目の詩人がはたして本当に実在していたのかどうか、あるいは複数の「ホメロス」がいたのではないかといった論点については、長く専門的な議論が交わされている。

とがあるかもしれません。

そして古代ギリシアが注目される何より大きな理由が、そこでほかならぬ「哲学」が誕生したという事実です。たとえば今日では当たり前とされている、すべてのものごとには理由があると見定めたうえでその「紀源」を探ろうとする知の運動性は、このギリシア時代に端を発するものでした。当時のギリシア市民たちはさまざまに、世界の根源がどのようなものとして理解可能か対話を交わしつつ考えをめぐらせました。あわせて、たとえばＡ＝Ｂ、Ｂ＝Ｃならば、すなわちＡ＝Ｃといったような論理的推論の作法やレトリック*・修辞的な技法も、そうした対話における重要な道具として学ぶべき教養*のうちに位置づけられていきました。

日本には主に明治維新後、古代ギリシアに源流をもった西洋思想が本格的に導入されることとなり、その後ずっと大きな影響をもたらし続けています。すこし大げさにいうならば、それはたとえば私たちが「人間とはなにか」ひいては「教育とは何か」について考える際に、一つの足場を与えてくれているようなものでさえあるかもしれません。本講ではこうした古代ギリシアの教育思想について確認を加えたいと思います。

2 古代ギリシアの教育風景

紀元前８世紀頃、現在でいうところのヨーロッパの南東、地中海にせり出したギリシア半島では、ポリスとよばれる都市国家が林立しました。それらのポリスは互いに勢力争いを繰り広げながら、それぞれ独自の教育方針を掲げ、次の世代の育成に努めていきます。共同体をともに担うことができる有用な人材を育成することは、時に激しい戦乱をともなった他のポリスとの抗争を生き抜くうえできわめて重要なものでした。

そうしたポリスのなかで特に有力であったのがアテナイとスパルタです。ライバル関係でもあったこの２つの都市は、まさに対照的な教育方針をもって共同体の維持・発展を目指していきました。

① スパルタ

今でも親や教師が子どもにビシバシ厳しく教え込む様子を「スパルタ教育」といったりしますが、そのイメージの通り、スパルタではまさに軍隊式の厳格な集団訓練教育が展開されました。スパルタ中興の祖である立法者リュクルゴスは、教育を含めたさまざまな分野で抜本的な改革を行い、その後の軍事都市スパルタの基盤を磐石なものとした人物として知られています。彼はポリス内の土地を均等に割って貧しい人たちにも配分し、また集団で一斉に同じ内容の食事をとる「共同食事」を取り入れるなど、それまではびこっていた貧富の差を一掃するべく制度改革に乗り出しました。また生まれてきた子どもをすべてポリスの所有物とみなし、７歳から過酷な集団生活を強いるとともに、女子も含めてレスリングや徒競走、槍投げや円盤投げなどの体育教育重視のカリキュラムを課しました。プルタルコス『英雄伝』の記述によれば、みな丸刈りで裸足、沐浴の禁止に徹底した粗食など、厳しい軍律のもとに完全な管理主義の生活学習が行われていたようです。闘争が奨励されるその教育風景は、あとに述べるアテナイのよ

重要語句

レトリック

→聞き手や読み手を説得するための技術的なしかけ。文章表現の修飾や強調、配列など。そのもともとの意味においては身振りや発声法なども含まれる。

教養（パイディア）

→教育係によって子どもが身につけさせられることを期待された、文化的・精神的・知的な人格および能力の総合。

プラスワン

古代ギリシア時代

さかのぼって広くみれば、古くは紀元前2600年頃から前1200年頃にかけて栄えたトロイア文明やミケーネ文明、クレタ文明などエーゲ海上の諸文明を数えることができるが、狭くは紀元前８世紀以降の都市国家群を中心とした文化的な時代を指すことが一般的である。

うな自由で文化的な都市国家における教養教育の様子とは対照的なものでした。

② アテナイ

スパルタに並ぶもう一つの代表的な都市国家アテナイでは、ペリクレスやテミストクレスなど優れた改革者による民主政治のもと、より文化的・精神的な学びが重視されました。市民の義務として7歳になると読み書きのほか体育と音楽、さらには詩の暗唱や幾何学の理解といった共通教養がパイダゴーゴスとよばれる私教師によって教授されました。また青年期になると体育場（ギムナジオン）や闘技場（パレストラ）での身体鍛錬が奨励されるとともに、ソフィスト*らによる弁論術のための私塾も大いに流行しました。ちなみに貴族的な軍事国家であったスパルタとは異なり、アテナイでは18歳以上のすべての市民が参加可能な民会を中心とした直接民主制が採用されていました。市民たちは月に4回アゴラとよばれる中央広場に集まり、闊達な討議と挙手による多数決をもって共同体の政治の方向性をその都度決定していったのです。さらに僭主とよばれる一部の権力者が幅を利かせてしまった僭主政治への反省を経た紀元前5世紀以降は、神々の神託のもとすべての成人男性市民からクジ引きで執政官をふくむ公職が選ばれることとなりました。女性や奴隷がそこに含まれていなかったという限界はありますが、これはある意味で徹底した民主主義の実現ともいえるのではないでしょうか。公職の抽選性は裏を返せば、読み書きや体育、音楽その他のギリシア人としての基礎教養が少なくとも表向きにはみなが一定の水準において備えもっていたとみなされていたことを意味しています。

3 ポリスの政治と市民

ポリスの数は細かなものを入れればじつに1,500を超え、それぞれに歴史も特徴も異なっているのですが、おしなべて上でみたアテナイにおいては典型的な古代ギリシアの教育のかたちが示されており、スパルタの極端な管理主義はむしろ例外的であったといえるでしょう。アテナイはデロス同盟とよばれる周辺諸ポリス連合の盟主として、政治的にも文化的にもギリシア文明を事実上リードする存在でした。この地で活躍したとされる人物には哲学者のソクラテスやプラトン、クセノフォン、歴史家のトゥキディデス*や劇作家のソフォクレス*、アイスキュロス*など、じつに錚々たる顔ぶれを数えることができます。

もっともいずれにしても、古代ギリシアの各都市においては市民以外の奴隷たちの労働によって共同体の生産性が保障されていたという一面の事実については注意が必要でしょう。市民らが一日中軍事教練に明け暮れたり、討議や体操、精神活動に連日ふけることができたのは、ひとえに市民権をもたない奴隷たちが農場や鉱山などで生産活動を行っていたことにより生み出された閑暇（スコレー）のおかげでした。もちろん奴隷たちには参政権が与えられておらず、教養としての市民教育が施されることもありませんでした。そしてもう一つ、古代ギリシアにおいては一般的に女子教育が軽視されて

重要語句

ソフィスト
→古代ギリシアにおいて活躍した、即時的・有用的な知を重視し、弁論術やレトリックの学びの必要性を説いた者たちの総称。

トゥキディデス
前460頃～前395頃
アテナイを代表する歴史家。ペロポネソス戦争を詳細に叙述。

ソフォクレス
前497～前406
ギリシア悲劇を発展させた。『オイディプス王』など。

アイスキュロス
前525～前456
ギリシア悲劇を確立。『オレステイア』3部作など。

いたという点も忘れるわけにはいきません。戦争に従軍する義務と合わせ含むかたちで参政権や「真意を率直に述べる権利（パレーシア）」を得ていた男性市民層とは異なり、女性はあくまで結婚して子どもを産むものという考えのもとに学校教育からも完全に締め出されてしまっていたのです。すでにみたスパルタの軍隊教育にしても、女子にはあくまで「陣痛に耐えられるように」といった個別の目的のもと厳しい体育訓練が課されていたにすぎませんでした。

こうしたいくつかの限界をもちながらも、しかしそこで政治の直接的な担い手となる教養市民の育成が重視されていたということはやはり重要なポイントです。すでにみた通り、大勢を占めていたアテナイ型のポリスではその共同体の運営において民主的な討議がどこまでも大切にされていました。そこでは民主的な討議に参加し得る市民がその必須の教養としてさまざまな力そして構えを身につけることが期待されていたのです。というのも当時のポリスはマケドニアやペルシャ、さらには他の都市国家といった外憂にたびたび悩まされており、有為な人材を育成して国の確かな方向づけを行っていけるかどうかは、共同体の存亡と直結していたからです。

さて次節ではソクラテス・プラトン・アリストテレスといった当時活躍した哲学者らの思想をとおして、もうすこし踏み込んで古代ギリシアにおける教養そして教育観について考えてみましょう。

2　古代ギリシアの哲学者たち

1　ソクラテスと哲学的対話

ギリシア半島にあって当時世界の中心と考えられていた、デルフォイのアポロン神殿。ギリシアの各ポリスではアポロン神殿の神託は特別な意味をもっていました。あるときソクラテス*の友人カイレフォンがデルフォイに赴き「ソクラテス以上の賢者はいるか」とうかがいをたてたところ、神殿の巫女は「ソクラテスは万人のなかで最も賢い」と答えたそうです。ソクラテスはこれを他の賢いとされる者たちと比べて「少なくとも、自ら知らぬことを知っているとは思っていない」という意味での相対的な賢さであると解釈しました。このエピソードには、一知半解の思い込みに縛られることなく「知らない」ということを知っているということ、すなわち無知の知への自覚をソクラテスが生涯大切にしていたという事実が示唆されています。

アテナイの職人の家に生まれたソクラテスは、自らの思索とともに、アゴラや体育場を徘徊して若者たちと哲学的な対話を行うことにその人生を捧げました。ソクラテスは同時代の市民らから、ともすると職業的弁論家たるソフィストの一人としてみなされもしましたが、しかし彼はその真理へのアプローチにおいて、またけっして対話の対価を受け取らなかったというスタイルにおいても、プロタゴラスやゴルギアスら職業教師とは明ら

ソクラテス
前469～前399
古代ギリシアの代表的哲学者。哲学の祖といわれる。

図表4-1　デルフォイのアポロン神殿跡

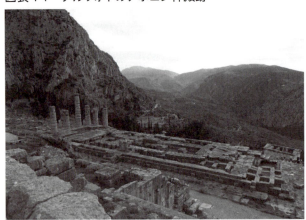

写真提供：pixta

かに異質な存在でした。

　具体的な実践の場を想定して弁論の技法を磨いたソフィストたちを横目にソクラテスはあくまでも真理の追究にこだわりました。すなわち徳*とは何であるのか、善く生きるとはどういったことかといった大きな問いに、具体的な現象のあらわれをもってその答えとしてしまうことをひたすらに拒み、ただ難問のまえで「わからない」ことに向き合い続けていったのです。具体的に彼は、勇気や節制、敬虔など徳を形づくるであろういくつもの要素について場所を変え相手を変え対話を展開してゆきます。たとえばあるとき将軍ラケスと「勇気とは何か」について問答を交わした際には、ラケスの「敵を恐れず逃げ出さないこと」とか「忍耐強さ」であるといった勇気の定義に納得せず、それが成り立たない実例（たとえば逃げながら戦う戦略の勇敢さもあるという提案など）をその都度にぶつけ、結局彼らは勇気を概念として把握できていない——徳そのものとの区別も含めて——ということが徐々に明らかになっていきます。

　なお、すでにして何かを知っていると思い込んでいる相手に対し、問いを共有しながら、それは本当かとしつこく疑問を投げかけていくそのスタイルは問答法*とよばれ、またまるで妊婦から子どもをとり上げる産婆のように相手の内側にある矛盾への気づきを外に引きだしていくことから産婆術*とも評されます。もっとも相手の思い込みの足場をひたすらに崩していくこの手法は結果としてソクラテスにとって多くの敵を生じさせることとなり、彼は国家の神々への不信心および若者を腐敗させたかどで裁判にかけられ、自らドクニンジンの杯をあおり命を落とすこととなりました。

2　プラトンによる真理へのアプローチ

　たとえば「徳とは〇〇だ」といったように、たとえ具体的な一場面に即してそれを端的に説明できたとしても、しかしその説明は結局のところ当の概念がもつ本質の普遍的な定義そのものではない、そうしたこだわりからソクラテスはむしろ一つひとつの概念に含まれている要素——たとえば徳における勇気、勇気における恐れなさ——をどこまでも集合的に抽象化

重要語句

徳（アレテー）

→社会における人間の道徳的な卓越性を示し得る諸要素。気概・勇気・節制・正義・気品など多岐にわたる徳目から成る。

重要語句

問答法・産婆術

→具体的な条件に対し抽象的な問いを重ねることによって対話者を隘路（アポリア）に誘いだし、その本質への「無知」を暴きだす手法。

してとらえようと試みました。こうしたソクラテスの傾向性は、のちに弟子のプラトン*によって発展的に継承されていきますが、これこそが有名なイデア論です。プラトンは、事象が具体的であるか抽象的であるかにかかわらず、すべては例外なく観念（イデア）としてその「プロトタイプ」のもとにひと括りにし得ると措定（そてい）したうえで、私たちが現実に目にしているのはそうした観念の個別具体的なあらわれにすぎないと仮定します。たとえば私たちはさまざまな角度・大きさの異なる三角形を複数見ても、一目でそれらが三角形であるとわかりますが、それは三角形の「イデア」たる抽象モデルをすでに認識しているからにほかならないという理屈です。

ところでソクラテスよりも40歳若いプラトンは、おそらくは意図的にいっさい著作を残さなかった師に代わり、主に「対話篇」のかたちでその哲学的な記録をテクストとして整理しました。文献学的にソクラテスの思想に忠実であると目されている初期の諸著作――たとえば『ゴルギアス』や『クリトン』、『ソクラテスの弁明』、『プロタゴラス』など――に比べて、中期以降の『国家』や『饗宴』、『パイドロス』や『テアイストス』などではプラトン自身の思考が部分的に反映されていきます。この初期の最後期に書かれた『メノン』および中期の『パイドン』で提案される想起説（アナムネーシス）は、先のイデア論の理解にも関連して重要なものです。知らないこと、そもそも認識の埒外にあることをどのように知り得るのかといったパラドクスに対して『メノン』では次のような回答がみられます。「魂は、あらゆるときにわたって、つねに学んでしまっている状態にあるのではないか？…いまたまたま君が知識をもっていないような事柄があったとしても…心をはげましてそれを探求し、想起するようにつとめるべきではないだろうか？」（プラトン（著）藤沢令夫（訳）『メノン』岩波書店、1994年、68-69頁）。プラトンは、未知の事象さらにはそのイデアを認識するということは、前世から連綿と受け継がれてきた魂の記憶を呼び覚ますことであり、それに向けて努力すべきなのだと主張するのです。

さて以上の前提を踏まえたうえで、ようやくはじめて彼の代表作『国家』の教育論を確認することができます。プラトンは同書で、徳によって国家を治めるべきすぐれた哲人王*は「善のイデア」を認識している必要があるとして、その具体的な説明に代えて太陽の比喩、線分の比喩、洞窟の比喩を提示するのですが、ここではとくに教育思想に関連が深い洞窟の比喩を取り上げて簡単に紹介しましょう。

図表4-2はオランダの版画家サーンレダムによる「洞窟の比喩」の描写です。洞窟の中心部には大きな衝立が設置されていて、その手前、陰になっているところに画面右側へと視線が固定されてしまっている囚人たちがいます。衝立の上には種々の像が行き交い、そしてそれを背面から吊るされたロウソクの光が照らし出しています。ここで囚人たちが目にすることができるのは、ただ動かされていく木像の影のみ。彼らは子どもの頃からずっとそこに縛られていて洞窟の外の光を直接見ることはかないません。像を動かす後ろの者たちはときどき声をあげたりもしますが、それらの音は洞窟内で反響してしまい、まるでその木像の影が声を出しているかのよ

プラトン
前427〜前347
ソクラテスの弟子。西洋社会に多大な影響を与えた哲学者。教育機関のアカデメイアを創設。『国家』『法律』など。

第4講　教育の歴史②　海外の教育史（古代ギリシアの教育思想）

語句説明

哲人王
プラトンが『国家』で提起した、理想国家の統治者、君主像のこと。

図表4-2　サーンレダム「プラトンの洞窟の比喩」(1604年)

うに錯覚をさせます。囚人たちには、ただ影の動きだけが世界そのものとして認識され続けるのです。この比喩は世界に生きる私たちがさまざまな「イデア」の表面的なあらわれだけに拘泥していることを批判的に象徴しています。

　ところで、もしここで彼らがその戒めから解かれてロウソクや外の太陽の光を見たときにいったい何を思うでしょうか。プラトンは、まずは眩しくて何も見えないし見ようとしないが、いざ慣れてくるともとの環境を呪うようになるのではないか、そしてこの太陽の光こそが「善」のイデアにほかならないのだと主張します。その際、ほかならぬ教育が普遍的な魂に内在された記憶への働きかけたり得るのだとプラトンが述べていることは強調しておく必要があるでしょう。「教育とは、まさにその器官を転向させることがどうすればいちばんやさしく、いちばん効果的に達成されるかを考える向け変えの技術にほかならないということになるだろう」（プラトン（著）藤沢令夫（訳）『国家（下）』岩波書店、1979年、116頁）。洞窟の外の事物に目を向け、ついには太陽の光そのものを見るための「魂の向け変え」のため、プラトンは幾何学や天文学、音階論などによる論理の数学的理解を入り口に、哲学的対話法・弁証論の大切さを具体的に説いています。これらはプラトンが創出した学園アカデメイアのカリキュラムのなかにも直接的に組み入れられました。

3　アリストテレスの政治教育の地平

　まずは図表4-3の絵画を見てください。これはルネサンス期の天才ラファエロによる「アテナイの学堂」と題された作品です。清潔で立派な学堂のなかで、たくさんの哲学者たちが日がな議論にふけっている様子が象徴的に描かれています。ちょうど真ん中の窓の手前、左にいるのがプラトン（よく見ると自らの著書『ティマイオス』をもっています）、そしてその隣、窓の手前右にいるのがその高弟であるアリストテレス*とされています。プラトンは右手で上方を指さし、かたやアリストテレスは右手を平らにして地面下側にかざしている様子が確認できるでしょうか。これはま

> **プラスワン**
>
> **魂の三区分説**
> プラトンは「魂（プシュケー）」を理知・気概・欲望の3区分から成るとし、理知をその上位に据えつつ内的調和の大切さを説いた。なお、この3区分は国家における支配者・守護者・生産者にそれぞれ対応するものとされ、その「自然的素質」に対応した教育と養育の重要性が強調されている。

アリストテレス
前384〜前322
プラトンの弟子。哲学や政治学に加えて自然諸科学でも大きな業績を残した。『形而上学』『ニコマコス倫理学』『自然学』など。

図表4-3　ラファエロ「アテナイの学堂」（1509〜10年）

さにプラトンとアリストテレスの思想を象徴している構図であり、天上のイデアを展望するプラトンに対し、目の前の実体的事象における「真の実在」に向き合おうとしたアリストテレスの姿勢が示されています。

　アリストテレスはプラトンのアカデメイアに学び「学園の知性」とよばれた俊英でした。けれども上述の通り、彼はプラトンに学びつつも師の思弁的な傾向に背を向けて経験的な実証主義へと歩をすすめます。主著『ニコマコス倫理学』の第1巻にてアリストテレスは、「『形相』（＝イデア）なるものを導入したのはわれわれの親しきひとびとである」が「真理の確立のためには、しかしながら親しきを滅することがむしろいい」とアカデメイアでの師や学友に向けた忸怩（じくじ）たる思いを吐露しながら、「すべてに共通なイデアはありえない」との信条を宣言しています（アリストテレス（著）高田三郎（訳）『ニコマコス倫理学（上）』岩波書店、1971年、24-25頁）。プラトン的な観念論と距離をとって具体的な個物の関係性をめぐり旺盛に展開されたアリストテレスの仕事は、狭い意味での哲学をはるかに超えてじつに多面的なものでした。自らが創設した学園リュケイオンを舞台に形而上学、霊魂・生命論、自然学、天体論、動物学、論理学、倫理学、詩学、芸術学、弁論術その他の各分野に膨大な講義の記録を残したアリストテレスは「万学の祖」とよばれるところとなりました。

　またアリストテレスは大著『政治学』において、善悪・正不正の区別を言語によって行う人間は「共同体を目指す自然の衝動」に導かれるという独自の自然観に基づいてわれわれ人間を「国家的（ポリス的）動物」とみなし、さらには公共的な教育の制度的な可能性をはじめて提起します。人間のすべての行動のうちには目的がありそしてその原因があるとアリストテレスは考えますが、そうした目的の知的な部分に根拠を与え、また慣習的な部分については中庸のバランスを見極める実践的な思慮（フロネーシス）を鍛え得るものとして、共同体主導の教育への期待が示されました。

第4講　教育の歴史②　海外の教育史（古代ギリシアの教育思想）

3 ソフィスト的弁論術と教養観の拡大

1 職業教師の誕生と弁論術

　ところですでにここまで幾度か出てきましたが、ここで改めてソクラテス・プラトンらに対して対抗的な立場をとった同時代のソフィストとよばれる人々についても確認を加えておきたいと思います。語のもともとの意味は端的に「知をもつ者」ですが、討議の内容というよりもむしろ形式に注目してその技を磨き、報酬をとって市民たちにその技法を教授した職業知識人たちの総称です。かみ砕いていうならば、中身よりもカタチを重視するといったところでしょうか。有名なところではソクラテスのライバルとも目されたプロタゴラス*やゴルギアス*、そしてアテナイにはじめて本格的な修辞学校をつくり人気を博したイソクラテス*などがいます。

　最初にソフィストを自称した一人、プロタゴラスは、実践知の指導をとおして「徳（アレテー）」を教授することができると主張しました。ポリスにはそれまでにも読み書きや音楽、詩や体育の教師はいましたが、専門的な職業教師として徳を教えること――すなわち「人間の教育」を標榜（ひょうぼう）したのは彼がはじめてであったといわれています。「ソフィストたち」という副題がつけられたプラトンの対話篇『プロタゴラス』においてソクラテスとプロタゴラスは、そもそも徳は教えられるのか、徳を知識の集積と見立てることはできるのかといった問いをめぐって論戦を繰り広げますが、徳という概念のあいまいさを個別例ごとのゆれから炙（あぶ）り出そうとねらうソクラテスに対して、プロタゴラスは一貫して徳を具体的に教授可能なものであるという前提にこだわり続けています。

　また同時代の弁論術の大家ゴルギアスも、この徳の理解に関連してソクラテスと問答を交わしています。ゴルギアスに対してソクラテスはその学識に一定の敬意を示しつつも、弁論術ははたして「技術（テクネー）」たり得るのか、じつのところそれは魂を善くするような「技術」ではなくて善悪や正不正とは切り離された経験的な「迎合」にすぎないのではないかと真正面から挑発し、居合わせた市民ら――とりわけのちにソクラテスの刑死にも深く関わるカルリクレス――から不興を買ってしまうこととなりました。いずれも、具体的かつ実践的な技術、つまりは弁論術や修辞法の習得を通して教養ないし徳を身につけ得ると説いたソフィストたちに対して、あくまでも一つの「真理」を追究する普遍主義の立場を遵守したソクラテス・プラトンがぶつかるといった構図です。これについては前節ですでに確認したところかと思います。

2 ソフィストへの評価とギリシア的教養

　こうしたソフィストらに対しては、上記のソクラテスの論難にも透けて見えるように、本質的な哲学の問いに背を向けて目先の有用な説得術の深化のみに関わったといったような、どちらかというとネガティブなイメー

プロタゴラス
前490頃〜前420ごろ
ソフィストの代表者。「人間は万物の尺度である」と主張し、徹底した相対主義を採用。

ゴルギアス
前490頃〜前385ごろ
いわゆるソフィストではなく弁論術の教師と自認。しかしレトリックに革新をもたらし「ソフィストの父」に。

イソクラテス
前436〜前338
ゴルギアスの弟子。独自の教養観のもとに、有力者の子弟を対象にした修辞学校をアテナイに設立。

ジで語られるケースがこれまで多くありました。たとえば19世紀ドイツの哲学史家シュベーグラーは定評あるテクストのなかで、ソフィストたちは詭弁を弄して金儲けに走っていたというじつに手厳しい評価とともに「かれらの徳の教授でさえ、ひとりよがりに文章の末に拘泥するか、からっぽな美辞を出なかった」（シュベーグラー（著）谷川徹三・村松一人（訳）『西洋哲学史（上）』岩波書店、1939年、80頁）として非常に辛らつな整理を行っています。場面即応的な技を重視したソフィストたちの姿勢を信念をもたない軽薄な相対主義＊に堕していると見立てる主張に対して、しかし20世紀以降、ソフィストの哲学の政治学的含意に係る再評価が他方で重ねられています。ソフィストの弁論術は民主主義社会に生きる政治的市民にとって必要な構えであるといった親和性が、ここにきて注目を浴びているのです。

さらにいえば、この弁論術にみられるレトリック的教養は古代ローマのキケロや中世キリスト教父のアウグスティヌスを介してその後のヨーロッパ文化のうちに温存されてゆくこととなりました。ソフィストたちの活躍によってギリシア人たちの教養観の内側にしかと食い込むこととなった文法学・論理学（弁証法）・修辞学は、すでに見たプラトン的な算数・幾何学・天文学・音楽の４つの内容科目と合わせて自由七科＊（artes liberales）とよばれ、教会からヨーロッパ中世の大学を経て、今日のわが国における学校カリキュラムのなかにまで時を超えてその影響を色濃くとどめています。

> **重要語句**
>
> **相対主義**
> →思考の前提として、いかなる条件にもよらず絶対的に正しいものや命題をいっさい認めないという立場。個別の状況や関係性を重視。
>
> **自由七科**
> →教養を身につけるうえでその基体となる素養。リベラル・アーツ。なおここでの自由とは「学問をとおして身につけた教養知により自由になるといった」意味における消極的自由のこと。

ソフィストら

ソクラテス・プラトンら

知っておくと役立つ話

復習や発展的な理解のために

アカデメイアとリュケイオン

　紀元前387年、プラトンは、アテナイの北西部アカデモスの森に学園を創設しました。もともと若者たちのための体育館・運動場（ギュムナシオン）が設けられていたこの土地の名前にちなんで、その学園はアカデメイアと名づけられました。これは現在のアカデミー（学術機関）の語源にもなっています。当地では国家を統治し得る哲人の理念をもとに、主に有力市民層の子弟を対象としたエリート教育が行われました。「素養」のある青少年を対象に、理想的な共同体のリーダーを育成すべく、『国家』でも強調されていた数学や幾何学、天文学や音階論が講じられ、また何より哲学的弁証論の訓練が重視されました。なおプラトンの死後、盛衰を経つつもその学統は受け継がれ、紀元529年に東ローマ帝国によって閉鎖されるまで約900年にもわたり教育機関としての役割を果たし続けました。

　抽象的な真理そして何より「徳」への志向性が強かったこのアカデメイアは、ソフィストの代表的な一人イソクラテスが紀元前392年にキオスに創設した修辞学校——そこでは名前の通り実践的な修辞学・レトリックの学習に重きが置かれていました——とはちょうどライバル的な関係にありました。とはいえ思弁的な「空理空論」をあくまで嫌って雄弁たる技法を磨くことで「徳」の形成を図ったイソクラテスのねらいにしても、ある意味では「真理のための言論」を目指していたわけであり（廣川洋一『ギリシア人の教育』岩波書店、1990年、第三部）、よくいわれるようにこれら2つの学校の教育原理がまるで水と油であったというわけでは必ずしもないかもしれません。

　アカデメイアの創設からすこし間を置いて、紀元前335年、アレキサンダー大王によってアテナイの東部リュケイオスの神域に新しい学園が建てられました。この地もまた、もともと体育場があり、青年たちが多く出入りしている場所でした。土地の名前からリュケイオンと名づけられたこの学園には教師としてアリストテレスが招聘され、総合的かつ体系的なエリート教育に力が入れられていきます。同校ではとくにその歩廊（ペリパトス）において歩きながら講義が行われることもあり、アリストテレスやその弟子たちはペリパトス学派ともよばれました。博物館・図書館としての先駆的な機能もあわせもったこの学園において、アリストテレスは実証的な経験主義に基づいた生物学と論理学を中心に広く講じ、多くの弟子が育成されました。政情不安にともなう亡命によりアリストテレスが学園を離れたあともリュケイオンは自然学の一大研究中心地として勢力を誇りましたが、紀元529年、やはりアカデメイアと同時期に、キリスト教にとって異教的であるという理由によって東ローマ帝国のコンスタンティヌス帝により閉鎖されることとなりました。

ちゃんとわかったかな？
復習問題にチャレンジ

類題（宮崎県　2015年）

> 次の記述にふさわしい人物の名前を答えなさい。

　古代ギリシアの哲学者。その著『国家』のなかで、理性、意思、欲望の3つの心をもつ人間は、統治者、防衛者、生産者の3つの階級に分かれるとし、教育の仕事はそれぞれの素質をもった人間を発見し選りわけ、訓練することだとした。

第4講　教育の歴史② 海外の教育史（古代ギリシアの教育思想）

理解できたことをまとめておこう！
ノートテイキングページ

ソクラテス、プラトン、アリストテレスの思考の系譜とソフィストたちのこだわりの違いについてまとめてみましょう。

第5講 教育の歴史③ 海外の教育史（近代の教育思想）

理解のポイント

本講では、現代の日本に生きる私たちが当たり前のものとして経験してきた、学校をはじめとした教育システムや、教育についての見方や考え方がどのような思想的背景のもとでつくられてきたのかを紹介していきます。

1 コメニウス

1 コメニウスの生きた時代

　近代の教育思想家として最初に取り上げるのはコメニウス*です。彼は近代的な教授学や教育学の祖とよばれている人物です。

　コメニウスが生きた17世紀のヨーロッパは、社会に大きな混乱や変革が訪れた時代でした。その要因の一つは、最大にして最後の宗教戦争といわれた三十年戦争（1618～1648）であり、コメニウスは青年期に祖国を去り、亡命生活を送ることを余儀なくされました。また、17世紀は「科学革命の時代」とよばれるように、それまで人々が信じていた天動説に対してガリレオが地動説を示し、新しい宇宙論が登場しました。さらに、大航海時代を経て、それまでの世界地図が大きく書き換えられ、人々の世界観にも大きな変化をもたらしました。

　もう一つコメニウスが生きた時代の特徴をあげるとすると、印刷術の発展があります。グーテンベルクによる活版印刷術の発明によって、聖書や古代の作品が一般の民衆の手にも行き渡るようになりました。さまざまな言語によって書かれた作品が世に広まった結果、それまで学問の世界での共通言語であったラテン語の地位が揺らぎはじめ、言語に関する教育のあり方についても見直しが必要になってきたのです。

　こうした激動の時代を生きたコメニウスは、どのような教育思想を展開し、そしてなぜ近代教育学の祖とよばれるようになったのか、次にみていきたいと思います。

2 コメニウスの教育思想――汎知学

　コメニウスの主著『大教授学』（1657）は、その副題に「すべての人にすべての事柄を教授する・普遍的な技法を提示する」と掲げられています。つまり、コメニウスはこの作品をとおして、人間に関するすべての事柄を体系化し、すべての人がわずかな労力で、楽しく、着実に学ぶことができ

ヨハネス・アモス・コメニウス
1592〜1670
チェコの思想家。コメニウスという名前はラテン語名で、チェコ語ではコメンスキーという。三十年戦争によって亡命した後は、ポーランドやイギリス、オランダなどに招かれて活動を続けた。

るような方法を示そうとしていたのです。

コメニウスが主張する「すべての事柄を教える」という理念は、汎知学*（パン・ソフィア）ともよばれます。ただ、「すべての事柄」といわれても、抽象的でわかりづらいかもしれません。そこで彼は、人間が知るべき重要な事柄として、「世界そのもの」「人間自身」そして「聖書」の3つをあげました。いずれにせよ、世界を正しく理解し、行動できる人間こそが、混乱した17世紀の社会を生き抜き、新しい社会をつくりだす者になれるとコメニウスは考えていました。

「すべての人にすべての事柄を教授する」という理念のうち、次に重要なのは、どのようにしてすべての人に教育を行うかという問題です。この問題は、言語教育のあり方につながっていきます。なぜなら、教育という営みを支えるのが文字の読み書きだからです。そこでコメニウスは、母国語とラテン語を同時に学ぶことができるように工夫された、語学教科書である『開かれた言語の扉』（1631）を著しました。ただ言語の語彙や文法を暗記させるのではなく、さまざまな事柄に結びつけて名詞を覚えさせることによって、言葉と事柄とのつながりを学習者に理解させようとしたのです。『開かれた言語の扉』は画期的な語学教科書として、数多くの言語に翻訳されて普及しました。

コメニウスによる教育方法の改革はさらに続きます。言葉の読み書きの初学者である子どもたちにとって、言葉をとおして世界のすべての事柄を理解するというのはやはり簡単ではありません。理想をいえば、言葉と実際の事物とを対応させて教えることが最も効果的でしょう。しかし、それができない場合もあります。そこでコメニウスは、図や絵という媒体を使って提示することが有効だと考え、『世界図絵』（1658）という作品を完成させました。150もの項目を取り上げた『世界図絵』は、はじめて言葉にふれる子どもたちのために、アルファベットの学習からスタートします。「カラスはアーアー（Aa）なきます」「羊はベェーエーエー（Bb）となきます」というように、それぞれの文字に似た鳴き声をもった動物の絵と一緒に楽しくアルファベットを学べるような工夫が施されているのです（図5-1）。この作品は、世界で初となる絵入りの教科書として世界に広く受け入れられることになりました。

重要語句

汎知学
→天文学や自然学、技術学、政治や宗教に至るまで、あらゆる学問を体系化して、子どもの成長に合わせて教科書に編むという考え方を指す。

プラスワン

コメニウスの教育思想と聖書
コメニウスはプロテスタントの一宗派であるチェコ兄弟教団の指導者でもあったため、彼の教育思想には宗教的な要素が取り入れられていることが読み取れる。

図5-1 『世界図絵』の挿絵

J. A. コメニウス（著）井ノ口淳三（訳）『世界図絵』平凡社、1995年、22頁より転載

ジョン・ロック
1632〜1704

イギリスの哲学者、政治家。主著『人間悟性論』をはじめ、『統治二論』で論じた社会契約説は、名誉革命に対する理論的な後ろ盾として大きな役割を担った。

プラスワン
イギリス経験論
経験論とは、人間の知識や観念がすべて五感をとおした経験によって成立するという考え方である。この考え方は主にイギリスで発展し、ロック以外の思想家ではベーコンやヒュームなどが有名。

タブラ・ラサ
→直訳をすると「何も書かれていない書板」である。ロックは、この板にさまざまな経験が書き込まれることによって知識や観念になると考えた。

2 ロック

1 市民革命の時代とロックの思想

　コメニウスの教育思想は瞬く間にヨーロッパ各地に広がり、彼の著作は各国語に翻訳されていきました。1641年、コメニウスは学校を設置するためにイギリスに出向いています。その当時、イギリスは清教徒革命や名誉革命といったいわゆる市民革命の時代を迎えていました。それまで社会を支配していた国王や貴族たちの特権を打ち破り、市民の自由と平等という理念が強調されることになりました。そして、そうした革命期の理論的な支柱として活躍したのが<u>ロック</u>*です。

　ロックの主著として有名なのは『人間悟性論』（1689）です。20年近くの構想を重ねて出版されたこの作品のなかで、ロックは人間の生得観念（生まれながらもっているものの見方や考え方）というものを否定しました。つまり、私たちがもっている観念というものが、すべて経験に由来するものであることを示そうとしたのです。こうした「経験論」の立場は、晩年に発表された『教育に関する考察』（1693）をはじめとした彼の教育思想にもはっきりと反映されることになります。ロックの思想は、政治や経済、宗教など、さまざまな領域にわたっていて、当時の人々にも広く受け入れられました。彼は絶対君主制にかわる新たな市民社会のあり方を模索し、そのなかで教育の制度や方法にも考えをめぐらせるようになりました。それでは、彼の教育思想の特徴をくわしくみていくことにしましょう。

2 ロックの教育思想──習慣の形成

　『教育に関する考察』は、ロックが友人のクラークに宛てた手紙がもとになっている作品です。ここでは、次なる時代のリーダーになるジェントルマン階級の子どもたちを勤勉な実務者に育て上げるための教育論が展開されています。ここでいうジェントルマンとは、爵位をもった貴族ではなく、大半が財産をもった地主であり、リーダーにふさわしい教養を身につけていることが条件でした。

　それでは、ジェントルマン教育とはいったいどのような内容のものなのでしょうか。教育は知育、徳育、体育というようなカテゴリーに分けることができますが、ロックが最も重視したのは徳の育成でした。しつけや身だしなみなど、『教育に関する考察』では子どもたちが身につけるべき徳に関する教育方法があげられています。そして、子どもたちが徳を身につけるために大切なこととして、<u>習慣の形成</u>の意義が強調されています。

　ロックは、子どもの心は何も書かれていない白紙（<u>タブラ・ラサ</u>*）の状態にあり、形を自由に変えられる蜜蝋のようなものだと考えていました。とはいえ、子どもたちはまったく無の状態で生まれてくるわけではなく、快楽や苦痛を感じる傾向性は備えています。こうした傾向性は、放っておけば過度で不自然な欲望や、暴力、非行、ぜいたく、わがままなどにつな

がりかねません。だからこそ、まわりの大人が適切な習慣づけをして、理性によって欲望をコントロールできるように育てることを重視したのです。

では、どうすれば欲望を抑えることができるのでしょうか。そこでロックが考えたのが、子どもたちによい習慣をつけさせることでした。習慣は、口頭で指示をされることによってではなく、子どもたちが実際に行動し、反復することによって形成されていきます。ですから、ロックが説く教育方法は、何か変わったことをするわけではありません。よい行動を褒め、悪い行動を叱るというように、ごく一般的な生活のなかで徐々に徳を形成していくことを目指したのです。

一つひとつの行動は独立していながらも、それが結び付き、重なり合うことによって習慣になる。こうした結び付きのことを観念連合と呼ぶことができます。ロックが人間の生得観念を否定したことは先にふれましたが、そうした考えがあったからこそ、教育では子どもたちによい習慣を形成させ、観念連合を生じさせることを提案したということができます。

ところで、ロックはジェントルマン教育を行う方法として、学校教育ではなく家庭教育を推奨しました。それというのも、当時の学校教育では鞭打ちなどの体罰が横行し、その内容も役にたたないものばかりだったのです。その点、父親や家庭教師が対応すれば、その子どもの性格に合わせた効果的な教育を行うことができるとロックは考えました。

それでは、ロックが学校という制度をまったく必要のないものと考えていたのかというと、そうではありません。彼は、貧民階級の子どものための「労働学校案」を提示して、勤勉な労働者を育成するための学校の整備を目指しました。貧民の教育は、ジェントルマン教育とは異なり、その身分にふさわしい教養を身につけることを目的としたものではありません。将来、貧民の子どもたちが労働力として従事し、国家の繁栄のために活躍することが求められていたため、そのために役だつ人材を育成することが目的だったのです。しかし、その教育の目的が異なっていたにせよ、労働学校案でロックが示したのは、子どもが勤勉になり労働に慣れるようにするための習慣形成の重要性でした。

子どもたちの習慣形成をとおしてふさわしい徳を身につけさせることが、ロックの教育思想の核心であるということができるでしょう。

3 ルソー

1 ルソーの生きた時代

次に取り上げるルソー*は、教育だけに限らず、哲学、政治、経済、文学、音楽とさまざまな領域に大きな影響を与えた人物です。なかでも小説『エミール』(1762)は、世界中の教育者に読まれ、今日に至っています。まずは彼の生涯について簡単に紹介していきます。

ルソーは、生まれてすぐに母を亡くし、16歳で祖国を出て放浪の旅に

第5講 教育の歴史③ 海外の教育史（近代の教育思想）

ジャン・ジャック＝ルソー
1712〜1778
ジュネーヴで生まれ、主にフランスで活躍した哲学者。『エミール』だけでなく、『社会契約論』や『人間不平等起源論』など数多くの作品を著した。

出ました。まとまった学校教育を受けず、独学で自らの思想を形成していったのです。その後30歳になってからパリに出て、多くの知識人たちと交流しました。そのときルソーは音楽家を目指しており、作曲もしていました。私たちがよく知っている童謡「むすんでひらいて」も、ルソーの作品です。

　そんなルソーが思想家として注目を集めるようになったのは、懸賞論文として応募した『学問芸術論』(1750) が賞を獲得したことがきっかけでした。当時、世間一般では、学問や芸術の進歩が人間を豊かにし、その道徳性も純化させているという理解がありました。それに対してルソーは、道徳性が堕落しているという立場から『学問芸術論』を書き上げたのです。その後のルソーは時の人となり、恋愛小説『新エロイーズ』(1761) はベストセラーにもなりました。しかし、学問芸術の腐敗を批判するルソーの手法は次第に周囲との食い違いを生むようになり、『社会契約論』(1762)や『エミール』(1762) を発表すると、彼の著作は発行禁止となり、逮捕命令も下され、亡命生活を強いられることになりました。

　その思想の斬新さゆえにさまざまな誤解を生み、反感を買ったルソーですが、『エミール』は今でもなお多くの教育者に読み継がれ、その普遍的な意義が認められています。そこで次に、『エミール』の詳細な内容を紹介していきます。

2　ルソーの教育思想──『エミール』を読み解く

　ルソーの教育思想を理解するうえで最も重要な作品が『エミール』です。エミールという男の子が生まれてから結婚するまでを一人の教師が導いていく物語が、全5篇にわたって描かれています。それぞれの篇の内容は、乳児期、幼児期、少年期、青年前期（思春期）、青年後期というように分けることができます。ルソーは前半の3篇を子どもの教育、後半の2篇を人間の教育という形で区分し、第4篇を「第二の誕生」とも呼んでいます。それでは、『エミール』の教育思想を幼少期から順に読み解いていくことにしましょう。

　『エミール』第1篇冒頭の一文は、ルソーの教育思想の性格を端的に表すものとして大変有名なので、ここで引用してみましょう。「万物を創る者の手を離れるときすべては善いものであるが、人間の手に移るとすべてが悪くなる」。ここでルソーが言おうとしているのは、大人が子どもに対してあれこれ積極的に教え込むことは、子どもたちにとってはかえってよくないということです。子どもには子どもなりの感じ方や考え方があり、それに合わせて子どもと関わり合うことを強調したのが『エミール』の特徴の一つです。端的にいえば消極教育と表すことのできるルソーの教育思想からすると、当時人々に広く知られていたロックの教育思想は批判されることになります。というのも、ロックは子どもたちに習慣を形成し、有徳になるように理性を育成することを説いたわけですが、ルソーにとって、それは終わりにあるものから始めるようなものでした。子どものときは理性ではなく感性で世界を把握するものであり、理性を早く教育すればする

💬 プラスワン

消極教育
子どもの発達に先んじた教育をするべきではないというルソーの考え方は、その後フレーベルの唱えた「受動的・追随的な教育」につながっていく。

ほど理性はだめになると考えたのです。

ルソーが消極教育の立場からエミールを育て上げようとした背景には、当時の文明社会に対するルソーの不信感がありました。文化や学問、芸術の進歩により、人々はより豊かになり、幸福になったように思われていました。しかし、ルソーの目には、人々が必要以上の欲望をもち、ぜいたくを求め、堕落しているように映ったのです。それに対して、ルソーが考える自然な状態の人間とは、自分に必要な欲望と、それを満たすに十分な力をもった、自足した存在でした。子どもは本来、自分に必要な欲望、たとえば空腹やのどの渇きといった、肉体的な欲望しかもつことはありません。それが文明化された社会から影響を受けることによって、必要のない欲望を抱くようになり、欲望と力とのバランスを崩すことになってしまうのです。

そこで『エミール』の第1篇から第2篇にかけては、余計な欲望を生みださないことと、子どもの力を強くすることを目指すことになります。子どもにとって本当に必要なものは与える代わりに、わがままは認めません。

ルソーはこんな例をだしています。子どもが誤って部屋のガラスを割ってしまいました。一般的な親であればすぐにガラスを修理するところかもしれませんが、それではいけません。一晩は割れたガラスをそのままにしておき、エミールに冷たい風が吹き込むのを体験させてやるのです。それによってエミールは自分の非力さを痛感し、今後同じような誤りをすることはないでしょう。このように、大人が言葉によって注意するのではなく、事物による教育を推奨するのもルソーの教育思想の特徴です。

感覚を鍛え、力をつけていくにつれて、子どもにはしだいに好奇心という欲求がわいてきます。『エミール』の第3篇では、この好奇心を適切に抑制するためのポイントが描かれています。そこでルソーは、「それは何の役にたつのか」という問いを子ども自身が考えることが重要だといいます。

一つの例をあげましょう。エミールは朝の散歩に出かけ、森のなかで迷ってしまいました。疲れと空腹でエミールは泣いてしまいます。そこで教師は、太陽がどこにあり、影がどの方向に伸びているかに注意を向けます。そうすると、エミールはどちらにすすめば森から出られるのかに気づき、さらに天文学がどのように役にたつのかを理解するようになるのです。子どもにとって何の役にたつのかわからないような知識は排除し、むやみに何でも知りたがる好奇心は抑えなければなりません。しかし同時に、自らの体験のなかでその有用性を理解できるような事柄を自ら学んでいくことが、少年期の子どもにとって大切なのです。

エミールが成長し、思春期になると、新たな欲求が増して子どもを惑わすようになります。この時期の欲求とは、つまり性的な欲求のことを指します。『エミール』の第4篇は、子どもから人間へと成長していく過程を扱っていますが、ここに至ってはじめて、エミールは直接的な経験以外のものから教育を受けることになります。少年期まではほとんど許されてい

なかった読書が推奨され、想像力を豊かにすることが重視されています。想像力は、人を愛することを学ぶために必要なことだとルソーは説いています。思春期は、感覚ではなく理性によって学ぶ時期だということができるでしょう。

最後に『エミール』第5編では、エミールの恋人となるソフィーが登場し、二人の恋愛、結婚、さらに子どもの誕生の様子が描かれています。しかし、二人の関係はけっして順風満帆ではなく、破局が訪れることになりました。その後については、『エミール』の続編である別の小説で取り上げられる予定でしたが、結局は完成することはありませんでした。

ディスカッションしてみよう!

コメニウスが主張した「すべての事柄を教える」という汎知学の考え方と、ルソーが少年期の教育をするうえでポイントにあげた「それは何の役に立つのか」という観点を参考にして、これからの学校教育で教えるべき内容としてふさわしいものにはどんなものがあるか、考えてみましょう。

たとえば・・・

イマヌエル・カント
1724〜1804
ドイツの哲学者。『純粋理性批判』『実践理性批判』『判断力批判』を中心とした批判哲学を完成させた一方、『永遠平和のために』など、今なお読み継がれている多数の著作を残した。

4 カント

1 カントの略歴と教育思想の形成

ドイツの哲学者カント*は、長い歴史のある哲学の領域で大変な功績をあげた人物です。私たちがものを認識するとはどういうことなのか、あるいは存在とは何かといった問題を扱った主著『純粋理性批判』（1781〜1787）をはじめ、倫理学や美学に関する大著を次々と発表したため、カントの哲学は「批判哲学」とよばれることもあります。カントはその思想を形成するうえでルソーから多大な影響を受けており、日課としていた散歩を忘れ、夢中になって『エミール』を読みふけっていたというような逸話も残されているほどです。

そんなカントが教育について論じるようになったのは、彼が教鞭をとっていた故郷のケーニヒスベルク大学で教育学の講義を担当したことがきっかけでした。当時は哲学部に所属する大学教員が持ち回りで教育学講義を担当することになっていて、カントは合計で4度ほど講義を行ったとい

う記録が残っています。現在私たちが目にすることのできるカントの教育思想の大部分は、この講義のためにカントが用意した講義ノートを彼の弟子が編集して完成させた作品である『教育学』（1803）に由来しています。それでは、『教育学』のなかでカントはどんな思想を展開しているのかみていくことにしましょう。

2　カントの教育思想——自律を目指して

『教育学』でカントは、「人間は教育によってだけ人間になることができる。人間は、教育が人間からつくりだしたものに他ならない」と語っています。この一節は教育学者のなかでも広く知られていますが、「人間が人間になる」というのはいったいどういうことなのでしょうか。

この問題を考えるには、当時のカントがもっていた問題意識に目を向けることが大切です。カントは『教育学』のなかで「私たちは訓練や教化、文明化の時代に生きているが、いまだ道徳化の時代には生きていない」といっていて、さまざまな教育の領域のなかでも特に道徳教育の不十分さを吐露しています。では、何をもってカントはその時代の道徳教育に問題があると考えていたのでしょうか。それは、カントの生きていた時代背景を考えれば明らかになります。

18世紀のドイツの政治体制は王政でした。民衆が自分の考えを自由に表明することは難しく、カント自身も、ある著作を出版する際に政府の検閲により発刊禁止の措置をとられたこともあったほどです。そうした状況では、人間は自分で考えることができなくなってしまうという危機感がカントにはありました。そして同時に、カントが道徳教育の目標としていたことが、一人ひとりの人間が自律*して考えることだったのです。

そこでカントは、教育の必要性はもとより、体系的に教育の技術をつくりあげることの重要性を感じることになります。実際のところ、カント自身は教育技術の開発といえるような業績をあげることはなく、それはカントのあとにケーニヒスベルク大学で教育学を担当することになったヘルバルトの登場を待たなければなりませんでした。ただ、少なくとも、カントの時代を経て、教育学は哲学者が片手間で論じられるようなものではなく、体系的に研究するべき学問だと理解されるようになりました。

さて、カントの教育思想に話を戻しましょう。系統立てて教育を実践することの必要性を訴えるカントは、教育という概念を細かく分類し、それぞれの特徴を明らかにしていきます。さまざまなカテゴリーの区分のなかで、特に注目したいのは、公教育と私教育という区分です。本来、子どもの教育は、その保護者である親によって私教育として行われるものでした。しかし、私教育だけでは限界があるとカントは指摘します。なぜなら、それぞれの親には教育に関する能力や意欲の面でばらつきがあり、一人ひとりの子どもに対する十分な教育の機会を与えることができないからです。そこでカントは、学校という施設のなかで教師が教育をする公教育という制度を、私教育の補完的な役割として位置づけました。

公教育が重要である理由は、何も教師によって教育が行われるからとい

第5講 教育の歴史③　海外の教育史（近代の教育思想）

✒️ 重要語句

自律

→カントは、他の人の意見にそのまま従ったり、まわりの空気に流されたりするような他律と、自分の理性に従って行動する自律とをはっきりと区別した。人が道徳的であるためには自律しなければならないというのがカントの考えである。

59

うだけではありません。カントは、学校という教育のための施設の意義を次のように説明しています。子どもは家庭のなかで、子どもであるという理由によって特別扱いを受けたり、甘やかされたりすることもあります。しかし、それを繰り返していれば、子どもが自律することは難しくなります。その一方で、学校は同年齢の子どもたちが同じ場に集まって生活をするわけですから、子どもだからという理由で特別視されることはありません。そして、そこではじめて子どもは自由であるということの本当の意味を学習することになります。自由とは、自分勝手に好きなことができるということではなく、時には自分自身を律して、お互いの自由を認め合いながら行動することなのです。

　カントは公教育と私教育という区分以外にも教育のカテゴリーをいくつもあげていますが、子どもが自律していくプロセスを描いている点は共通しています。一人の人間として自律して生きるようになることが、カントにとって教育の目的だったといえるでしょう。

5　なぜ教育思想を学ぶのか

　私たちが教育について考えるとき、その考えの拠りどころとなるのはそれぞれが経験してきた学校教育であることが多いかもしれません。就学年齢になれば学校に行き、教育を受けるということは、現在の日本で生活する私たちにとっては当たり前のことだといってもいいでしょう。しかし、今となっては当たり前のことであっても、歴史を振り返ってみれば、けっして当たり前ではないということは多々あります。

　本講で取り上げたように、学校という制度の思想的な背景や、教育に対する人々の考え方を転換した人物が、汎知学を説いたコメニウスであり、経験論から習慣の形成の重要性を主張したロックであり、『エミール』で消極教育の具体的なかたちを示したルソーであり、自律に向けた教育のプロセスを描いたカントなのです。彼らの思想そのものは「外国のもの」であり「過去のもの」ですから、現実の日本の教育のあり方を考えるうえで直接的に役にたつ機会は少ないかもしれません。それでも、今の日本の学校教育がさまざまな課題を抱えているなかで、教育思想家たちが主張したことをどのようにして生かせるかを考えることは無駄ではありません。ひょっとすると、私たちが抱えている教育に関する問題も、近代の思想家の主張に耳を傾けてみたら、そのヒントがみえてくるかもしれません。

> 復習や発展的な理解のために
>
> ## 知っておくと役立つ話

家庭教師を務めていた教育思想家たち

みなさんのなかには、家庭教師から教育を受けた経験のある人もいるのではないでしょうか。私たちが連想する「家庭教師」は、放課後に生徒の自宅を訪れ、学校の授業のフォローをしたり、受験勉強の指導をしたりするような先生だと思います。

じつは、本講で取り上げた教育思想家たちをはじめ、多くの哲学者たちは若かりしころにこの家庭教師というキャリアを積んでいました。しかし、その仕事内容は現在のものとはまったく異なっていたのです。

たとえばカントは、その生涯のうち約9年間を除いて、生まれ故郷であるケーニヒスベルクを離れて生活をしたことはなかったといわれています。その9年間に、カントは家庭教師として生計をたてていました。彼は貴族や富豪の家に住み込みで雇われ、その家の子どもたちと寝食をともにしながら、さまざまな学問を教えていたのです。

当時、貴族や富豪の家庭に生まれた子どもたちは、将来その身分にふさわしいような教養を身につけることが求められていました。そうはいっても、親である貴族や富豪が自らそういった教養をうまく教えられるとは限りません。そこで、家庭教師はいわば「教育のプロ」として、つきっきりで子どもたちの教育を引き受けていたのです。

家庭教師は、今では大学生のアルバイトの一つというイメージもあるかもしれませんが、その当時はれっきとした職業として認知されていました。そして、将来学者になることを目指す若き思想家が大学で職を得るために、教師としての腕を磨くステップのように位置づけられていたのです。

第5講　教育の歴史③　海外の教育史（近代の教育思想）

ちゃんとわかったかな？

復習問題にチャレンジ

類題（沖縄県　2015年）

①次の文の（1）〜（3）に最も適切な語句や人物をそれぞれ下記の選択肢①〜⑤の中から一つ選び、番号で答えなさい。

1　「近代教育学の祖」と呼ばれる（1）は、世界初の絵入り教科書『世界図絵』を著した。

（1）　①ルター　②モンテーニュ　③カント　④ペスタロッチ　⑤コメニウス

2　ルソーは著書『エミール』の中ですべての人間には自動的に正しく成長していく能力が、自然の法則として備わっていると論じ、人為的に子どもに働きかけ、知識などを教え込むことは、その自然の法則に基づく発達を妨げるとして排除した。このようなルソーの教育法は（2）といわれている。

（2）　①消極教育　②自由教育　③感性教育　④完成教育　⑤創造性教育

3　イタリアの教育学者モンテッソーリは、貧しい子どもたちを対象とした「子どもの家」でモンテッソーリ・メソッドという教育法を創造した。その教育法の特色として、感覚教育のために開発されたモンテッソーリ（3）があげられる。

（3）　①教科書　②遊具　③教具　④教材　⑤絵本

（岐阜県　2016年）

②西洋の思想家の教育観に関する説明として正しくないものを次の①〜⑤の中から一つ選べ。

①ソクラテスは、生涯を通して「善」を知っているつもりでいる人々のその無知に気づかせ、「善」を求めて生きることを説いた。彼は、対話を通じて相手の持つ考え方に疑問を投げかける問答法により哲学を展開した。

②プラトンは、現実の生成変化する物質界の背後には、永遠不変の純粋なイデアという理想的な雛形（性質）があり、イデアこそが真の実在であるとした。彼は、不完全である人間の感覚ではイデアをとらえることができず、理性によってのみとらえることができるとした。

③ルソーは、非物体的なイデア論に偏することなく、観念論と唯物論の間を思考しつつ研究をすすめた。彼は、人間の行いや営みにはそのすべてに目的があり、それらの最上位にそれ自身が目的とするところの「最高の善」があるとした。

④アウグスティヌスは、中世を代表する教育思想家の一人であり、「西洋の教師」または「教会の父」と呼ばれている。彼は、『教師論』で教師はいかにして教えることが可能なのか、本当に教えているのは誰なのか、などの問いと思考を大切にした。

⑤カントは、「人間は教育によってはじめて人間となることができる」と述べ、人間における教育の必要性と可能性を提唱した。彼は、人間を人間たらしめる道徳の次元から義務・命令としての強制が必要であるとした。

理解できたことをまとめておこう！

ノートテイキングページ

①コメニウス、ロック、ルソー、カントの思想の内容を自分なりに整理してみましょう。

②なぜ近代の教育思想を学ぶのか、自分の考えをまとめてみましょう。

第5講 教育の歴史③ 海外の教育史（近代の教育思想）

第6講 教育の歴史④ 海外の教育史（近代教育学の成立〜新教育運動）

理解のポイント

21世紀に生きる現代の私たちは、日ごろ、教育に関わるさまざまなことを当たり前のものごととして受け取っています。学校、教師と児童・生徒という関係、国語や算数・数学などの教科内容、教壇や教卓というしかけを含む教室という空間、年間計画などのカリキュラムやそれを細かく規定した時間割……。しかしながら、私たちにとっては当たり前のものとしてあるそれらも、たとえば日本であれば今から150年前の時点では、まだまだ制度としては整備されたものではありませんでした。では、それらはどこからやってきたのでしょう？ 本講では主に19世紀以降の西洋の歴史に目を向けてみます。

1 近代教育学の夜明け──実践のための理論／理論のための実践

1 ペスタロッチが生きた時代の思想潮流

　これまでの講で学んできたように、18世紀にいたるまで、さまざまな教育思想が生まれていました。しかしそれらは、構想はされても実践はされていなかったり、実践されたとしてもかなり限定された人々のために行われたりしたものであり、現代のように教育というものが広く開かれたものだったわけではありません。では、転換点はどこにあったのでしょうか。もうおわかりですね？ 本講ではそうした転換点の時代である19世紀から20世紀にかけて、現代的な教育のあり方が徐々に整備されていく過程の様子を、代表的な人物の思想と実践を取り上げるかたちで学んでいきます。

　まずはペスタロッチ*という人物の思想と実践を学びましょう。ただ、その前に彼が生きた時代背景についての知識をもっておくと理解が深まりますので、そちらから説明します。一般的に、18世紀の最後の四半世紀ごろから19世紀の最初の四半世紀ごろまでの50〜60年間は、ルソーやカントが活動していた時代とは思想潮流として区別される、次の時代に位置づけられます。この時代の初期は「疾風怒濤の時代」ともよばれ、まだ若いころのゲーテらが大人世代に対して感情や情熱を重視する文芸作品を発表したり、外的な政治的世界からは距離をとる内面性や個性を重んじる思想を展開したりしていました。

　ゲーテ世代の成熟とともに、また、新たな世代の登場とともに、こうした疾風怒濤の思想は発展的に解消していきます。合理的であった哲学の

ヨハン・ハインリヒ・ペスタロッチ
1746〜1827

スイスのチューリッヒ生まれ。若いころは社会改革を目指して活動。農業経営などを経て、教育事業に入る。ノイホーフやシュタンツ、ブルクドルフ、イヴェルドンなどで自らの信念と理論に基づいた教育実践を行う。主著は『隠者の夕暮』(1780)、『リーンハルトとゲルトルート』(1781〜87)など。

プラスワン

ゲーテ(1749〜1832)が生きた時代

以前の時代の西欧世界が理性という能力や知識の分類・体系化を志向したのに対して、この時代はそうした理性重視の合理主義に対する抵抗がさまざまなかたちで生まれることになった。

体系がそれ自体緻密に構築された建築物として、芸術的な価値をもつものと認識されたり、疾風怒濤の時代には個人を縛るものと考えられた共同体や道徳、法律などがむしろ個人に自由を与えるものとして再把握されたりと、合理的なものと非合理的なものが和解・調停されていくことになります。古代を理想化し古典に模範を求めたことから、古典主義の時代ともよばれます。その後、19世紀に入りゲーテ時代も後半になると再び初期の非合理的なものへの志向を強め、現実的なものを避け幻想的なもの（夜、夢、妖怪、魔法、奇跡など）を求めたり、社会のなかで行為するよりは未知の世界（未知の民族、言語、文学など）に憧憬を抱いたりするいわゆるロマン主義的な思潮が現れますが、総体的にみるとこの世紀転換期の数十年間は理性と感情などの対立的な要素をいかに調停させるかという、調和への関心が継続する時代であったといえるでしょう。

　教育思想においても、いかにして調和的な人間となるか、いかにして調和的な人間を形成するかということが問題になりました。教育学の最重要キーワードの一つ、「陶冶（人間形成）」（Bildung）という言葉もこの時代に独特な意味で使用されました。ただし、この言葉を用いて調和的な人間教育を主導するにしても、その教育の対象は論者によってまちまちでしたし、エリート層の教育にのみ限定し、身分的な階層性を維持しようとしたり、結果的に維持させることになる場合もありました。そのようななかで、民衆教育思想として下層の民衆にまで教育の対象を拡げ、まさに世界を全体として調和的に形成、再構成しようとしていた人物が、本節で学ぶペスタロッチです。

2　ペスタロッチの教育思想と教育実践

　失敗と成功を繰り返すのは世の常でしょうが、教育思想家のなかでは、ペスタロッチの人生ほど、挫折とその克服の人生だったと形容するにふさわしいものはみつかりません。無垢な存在が受難を経て救済されるという、キリスト教的な物語をなぞる人生としてもとらえられてきました。

　1746年にスイスのチューリッヒで生まれた彼の最初の教育的仕事は、ノイホーフという地で農業経営と並行して行われた貧者の教育でした。商業化する世界の批判を行っていた友人たちと共鳴しつつ、1764年以来青年運動に参加していましたが、友人たちが都市の内部で商業化批判を行っていたのとは異なり、彼はルソーの影響もあって、堕落した都市から離れた土地から始まる変革を志しました。彼が理想としていた共和制の拡大のため、地方における初期産業（具体的には織物産業）に着目した彼は、これを貧民教育と結び付け、都市が有利になる既存の構造を打破するとともに新たな政治的世界をつくりあげることを試みたわけです。

　しかしながら、経済的自由を教育的活動により拡げていこうとする1770年代の営みも、事業の失敗などの理由が重なり挫折します。1780年代の彼は著述家として有名で、代表作の一つ『隠者の夕暮』(1780) や、ルソーの『エミール』と並び称される教育小説『リーンハルトとゲルトルート』(1781～1787) はこの時期の作品です。その後、スイスではフランス

プラスワン

陶冶（人間形成）
Bildungの訳語。特定の職業や身分と結び付いた専門的な教育ではなく、全体的な能力がバランスよく鍛練された大人としての「人間」——それは、何者にでもなれる存在としての「人間」でもある——という理想的な人間像に向けて自己を律し高め続けるという意味での教育を指す。（→第2講「知っておくと役立つ話」参照）

プラスワン

ペスタロッチの人間観・社会観

啓蒙主義の文献を読み込むことで1780年代のペスタロッチは自然法や社会契約の思想を咀嚼し、人間は「政治的動物」という人間観から、そもそも人間は自然的（政治的以前）で利己的であり、契約を結ぶことで社会が成立しているとする人間観・社会観へと考えを変化させていく。国家が直接関与すべきも約束事や制度の側面のみとされ、道徳や宗教といった領域は個人の内面性の問題として限定され、ここに彼の教育思想の基礎的な枠組みもできあがってくる。ただし80年代の彼は、そもそも自然的な人間はまず法律や教育による指導により社会的にされる必要があるとも考えており、90年代になってドイツ観念論との接近の結果到達した"共和制は個々人の内面的な徳性の上に築かれる"という思想とはまだ距離があった。

語句説明

ヘルヴェチア共和国

ナポレオン1世の支配下において1798年から1803年にかけて生まれた中央集権的な共和国。ヘルヴェチアとは古代ローマ時代のアルプス地方の一つの地名であり、現在のスイスの西部および北部地方に当たる。

革命（1789）からの流れのなかで1798年にヘルヴェチア革命が起こり、ペスタロッチは新政府お抱えの新聞記者となり、政治的評論家としての地位を築いたり、シュタンツの孤児院の運営をまかされたり——このときの経験の報告が有名な『シュタンツ便り』（1799年執筆、1807年出版）です——しましたが、教育思想家としての彼を際立たせているのは19世紀に入ってすぐ、ブルクドルフの地で著した『ゲルトルートは子どもたちをどのように教えるか』（1801）という作品でしょう。この書物のなかで彼はのちの教育学の理論的な枠組みを実質的につくりあげ、後代に大きな影響を及ぼすことになります。

　ブルクドルフで彼は、何人かの協力者たちと「メトーデ」（Methode＝方法）とよばれる教授法を開発していましたが、この書はその理論書といえます。彼はここで人間の認識能力の合自然的な形成を説明しています。外界（子どもが出会う外の世界）は秩序だったものとして存在し、子どもの本性も秩序だって発達していくというように、認識の主体と客体の自然性を対応させ、そうした認識の基礎として「直観」というものが考えられます。彼は直観を「数」・「形」・「語」の3要素に分けていますが、これらは秩序ある外界の特徴でもあると同時に、子どもの側でもそれぞれに対応した認識能力が認められています。子どもは最初これらの3要素を認識し（これを「直観」とよびます）、そこから徐々に認識能力が発展・展開していくと説明したのです。

　こうした考えに従って、彼はブルクドルフで「メトーデ」を構想・開発し、公表していきました。ヘルヴェチア政府の国家的保護や宣伝、後押しもあって、彼の思想や方法は国を越えて普及していき、ペスタロッチの名は「メトーデ」とともに一気に有名になります。ヘルヴェチア共和国*の崩壊（1803）を期にブルクドルフでの活動が終焉したあとも、新たな地イヴェルドンで活動を展開していきます。子どもの発達に応じて知識や技能を単純化することで感覚的直観から、より高度な認識に至るまでを一定の順序に従って配列し教えていく教授法としての「メトーデ」は、未来の国民をどのように形成するか頭を悩ませていた同時代の各国の教育行政に関わる人々から大きな関心を呼びました。ペスタロッチの方法があれば国家的学校制度やそれを支える教員養成システムが可能になるのではないか、各国の教育行政家たちはそのように期待したのです。このいわば"メトーデ・ブーム"は、スイス政府の調査委員会からイヴェルドンの学園に対してその島国的な性格や教師の過重負担を指摘する、批判的な調査報告が1809年から10年にかけて出たり、ペスタロッチの協力者たちが学園を去ったりするまで、しばらくの間続くことになったのです。

　ただし、ペスタロッチ自身の教育思想は、方法的な側面の強調に終始するものではありませんでした。彼は人間形成を比喩的に「頭」・「手」・「心」の3領域に区分し、ブルクドルフでは「頭」の発達援助、すなわち「数」・「形」・「語」を認識するいわば知的能力の形成に重きを置く傾向がありましたが、イヴェルドン時代になると、描画や楽器演奏などの「手」の教育や道徳性の形成である「心」の教育を重視するようになり、あくまでもそ

れらを調和的に展開させることが基礎的な人間形成——「基礎陶冶」——であると考えるようになりました。ここに、ペスタロッチの教育思想が確立したといってよいでしょう。

2 子どもたちが育つ場所という構想と実践

1 フレーベル教育思想の前史

さて、第1節では比較的くわしく近代教育学の苗床としてのペスタロッチの教育思想をみてきましたが、ここからはそうした彼の思想と実践がそれ以後の時代にどのように影響を与え、現代の私たちにとって当たり前に思える教育のかたちをつくりあげていったのか、ということを学んでいきたいと思います。具体的には、フレーベル、ヘルバルト、デューイという3人の人物を順に取り上げていきます。

まずは<u>フレーベル</u>*です。一般的には、彼の名前は幼児教育の思想や「幼稚園」という幼児教育施設を確立した人物として知られています。なぜそのように位置づけられるかは次節で取り上げるとして、ここではまず、彼の思想や実践に到達するまでの歴史的な道のりを眺めてみましょう。

現代でも「子育て支援」などというように、「子育て」という言葉をわれわれはしばしば使います。小さな子どもを育てるという発想の歴史は長く、ルネサンス期や宗教改革期にも子育てに対する関心は、現代とは違ったかたちで存在していました。あるいは、18世紀の産業革命を準備する時期には、徐々に出現しつつあった貧しい子どもたちを保護しようとする、集団的保護・養育の営みが現れていましたが、これも——特に国家が幼児の保護や教育に関与すべきと考えられていた点では——現代の幼児教育の一つの条件といえるものの、その十分な姿ではありません。

フレーベルの貢献は、こうした過去の子育てや幼児の集団教育の営みを、第5講で学んだ近代の教育思想のもと統一的に意味づけ、近代的な幼児教育思想と実践として確立した点にあるといえます。思想的背景としては、17世紀のコメニウスの『母親学校指針』（1633）における、子ども同士の関係の重視や外部感覚の訓練の重視、公的集団保育施設の構想などがあり、公権力によって子どもの教育を保障していく発想は17世紀末のロックにもありました。また、18世紀にたとえば『エミール』（1762）で表現されたルソーの教育思想（→第5講参照）は、フレーベルにも多大な影響を与えています。『社会契約論』（1762）で描かれた、理想的な民主的政治体制を実現させることができる「市民」の形成、そのために現実の文明社会に対して批判的な視点を保持し変革の起点になり得るような「自然人」の形成を目指したものがルソーの思想でした。こうした自然人の教育を条件として人間形成を構想するしかた（いい換えれば、近代的な意味での「子ども」の教育があってはじめて人は「大人」になるという思想）は、ペスタロッチやフレーベルも共有するものです。

3人はどの部分でペスタロッチから影響を受けているのでしょうか？

第6講 教育の歴史④ 海外の教育史（近代教育学の成立～新教育運動）

フリードリヒ・W・A・フレーベル
1782〜1852
ドイツのテューリンゲン生まれ。幼稚園の創始者。ペスタロッチを訪ね影響を受けつつ、ゲッティンゲン大学、ベルリン大学にて幅広く知識を吸収し、独自の教育理論を築く。幼稚園の創始者としても有名。主著は『人間の教育』（1826）など。

💬 プラスワン

前近代における教育への関心

たとえば14世紀から15世紀にかけてのルネサンス期イタリアでは商売繁盛や家系の維持を期して、家庭における教育のあり方についての関心が強まった。しかしこれは自分たちの子どもをどのように育てるかという関心が主であり、現代の保育や幼児教育の考えとは異なる。また、16世紀の宗教改革の時代、宗教改革運動の一環として幼児の集団教育が試みられたこともあったが、これも宗教的な関心が先にくるものである。

プラスワン

19世紀前半の教育に関する運動

1820年代から30年代にかけてのフランスでは、託児所政策の展開とそれに応じるかたちでの託児所運動が起こっており、同時期のドイツでは、たとえばアウクスブルクのヴィルト（1807～1851）による託児所運動や、カイザースヴェルトのフリートナー（1800～1864）による幼児学校運動などが起こっていた。また、ドイツでは1824年に「一般学校新聞」紙上にロンドン幼児学校協会の創立趣意書の復刻が載せられたりと、国をまたぐ影響関係も多くみられた時代だった。

プラスワン

オウエンからウィルダースピンへ

オウエンの思想や実践はそれ以降、ウィルダースピン（1792～1866）によって運動レベルで推しすすめられたが、時間割の作成や「階段教室」（gallery）（→第3講参照）、「教授柱」（lesson-post）といった独自の教材、教具の考案など、オウエンに比べて知育への偏重も見受けられた。

実践レベルでは、フレーベルの前史としてどのようなものがあるでしょうか。幼児教育施設の源流としては、まず宗教改革期のドイツにおいて、再洗礼派の人々が幼児の健康と幸福に対する公の責任を説きつつ行った幼児教育実践や幼児教育施設が存在しましたし、産業革命期に貧児のための施設があったことは先にみた通りです。また、ペスタロッチが活躍していた19世紀の初頭以降、ちょうどフレーベルがさまざまな実践を模索する19世紀の前半には、まさに現代の幼稚園や保育所の先駆ともいえる施設が次々につくられ、実践が行われたり、それらを広める運動が起こったりしていました。

こうした動向のなか、アルザス地方のストラスブールに生まれた**オーベルラン**（1740～1826）は、地域改良の一環として1760年代より木綿工場の設営や紡績工場の誘致などを開始していましたが、1770年に今日であれば幼児保育所兼学童保育所ともよべる、3歳以上の子どもたちを対象にする「**編物学校**」という施設を設立し、フランス語の学習や観察や絵を通じた博物教育、縫い方や編み方など生活につながる知識の教授を行い、地域住民の福祉向上を図っていました。一方で19世紀のイギリスでは、スコットランドのニューラナークで労働者の福祉のための大工場を経営した社会改良運動家である**オウエン**（1771～1858）が、環境が人間を形成するとする「性格形成」の原理という自身の思想を応用した「**性格形成学院**」を1816年に創立しました。その一部門として構想・実践されたものが、以後普及することになる「**幼児学校**」（infant school）で、社会連帯の精神を身につけさせようとするものであることなど政治的な側面も無視はできませんが、幼児の教育として実物教授や遊びを組織化することなど、現代の幼稚園にもつながる幼児教育実践のための施設であったといえます。

このように、フレーベルに至るまでには長い道のりが必要だったわけです。これらを彼がどのように統合し、幼児教育を確立させていったのか。次節ではそれをみていきましょう。

■2 フレーベルの教育思想と教育実践

フレーベルは中部ドイツのテューリンゲン近郊で生まれ、生後9か月で母親を亡くし、兄たちや召使いに養育されました。青少年期には林業見習いを経験するなかで植物学に興味をもったり、森林局書記や測量技師などの仕事を転々としたりと遍歴時代が続きました。教育との関わりでいえば、1805年にフランクフルトで模範学校の校長をしていたグルーナー（1778～1844）という人物と出会い、フランクフルト模範学校の教師となります。これがはじめての教える経験でした。そして、このグルーナーが熱心なペスタロッチ信奉者であったこともあって、1805年8月にフレーベルはペスタロッチのイヴェルドンの学園を訪問します。その後いったん模範学校に戻り、庭仕事や徒歩旅行、手仕事や遊戯などを取り入れた教育実践を試みますが、1808年から10年にかけて、再度イヴェルドンの学園に長期滞在します。ただし、前節でみたようにこのころのイヴェルドンは下降と崩壊への道をたどっていた時期でもあり、計画半ばで帰国を余

図表6-1　フレーベルの教育実践の歴史

1816年	グリースハイムに「ドイツ一般教育施設」（Die Allgemeine Deutsche Erziehungsanstalt）を開設、最初の教育事業を開始
1817年	当学園がカイルハウに移される
1826年	主著『人間の教育』の公表
1830年代始め	数年間スイスに滞在し学園を開設
1836年	カイルハウに戻り幼児用の遊具製造施設を開設
1837年1月	カイルハウ近郊のバート・ブランケンブルクに移住しその地に子どもたちのための「養護・遊び・活動施設」を創設（1839年にはそこに子どもの指導者を養成する施設も併設）
1837〜1840年	週刊誌『同志に向けた日曜誌』を発行し、製作された教育遊具「恩物」（Gabe）を紹介するなど継続的に普及に努める
1840年6月28日（グーテンベルク印刷術発明400年記念祭）	上記の施設を「ドイツ一般幼稚園」（Allgemeine Deutsche Kindergarten）と命名（=いわゆる「幼稚園」誕生）

フレーベルの幼稚園の理念的特徴

① 就学年齢前の子どもたちに対して、託児所的な「養護」だけでなく、身体的、知的、道徳的な全面的発達をねらって、子どもたちの本質にふさわしい活動を与える——すなわち「教育」する場であること。

② 子どもの導き方や子どもとの取り組み方を教える場を内に含む施設であり、保育者養成と幼児教育が一体的に構想されていたこと。

③ 人間の本質——「作業衝動」や「陶冶衝動」——に基づいて、子どもの発達段階に相応する遊具や遊戯法の開発——教育手段・教育方法への視点——、さらには周知や普及を期した試みまでが行われていたこと（毛糸や木製の球や円柱や立方体などの遊具である彼考案の「恩物」も、これらの遊具に対して子どもが手と目を使って働きかけ身体的・精神的発達を遂げていくことが企図されてつくられ、用いられ、普及が図られていた）。

現代の幼稚園にもみられる特徴です。

第6講　教育の歴史④　海外の教育史（近代教育学の成立〜新教育運動）

儀なくされました。

さて、フレーベルの教育思想と実践とはどのようなものだったのでしょうか？　ここでは表のかたちでその要点をみていきたいと思います。まずは彼の実践の歴史を確認し、それから彼が創始者である「幼稚園」の特徴、意義についてまとめましょう（図表6-1）。

「幼稚園」が確立した後の彼の人生は不遇なものでした。ドイツ三月革命（1848）が起こり、混乱期を経てプロイセンを盟主とする旧ドイツ連邦への復古的反動体制が成立します。こうした状況のなか、社会主義と無神論を原理にしているかにみえる甥の著作が、彼の著作であると勘違いされたこともあり、幼稚園に対する禁止令が出されます。1860年に禁止令は撤廃されますが、彼の晩年も含め、何年もの間フレーベルの幼稚園は日の目をみなかったのです。フレーベル自身は失意のなか1852年に亡くなりますが、彼の意思に共鳴する教師や支援者は多く、フレーベル主義の幼稚園は19世紀後半のドイツ幼児教育界のなかで主流の位置を占めるに至ります。その影響が世界各地に現代に至るまで残っていることは、現在の日本の幼稚園の姿を確認するだけでもすぐに理解できるでしょう。

3　学問としての教育学の成立

1　ヘルバルト教育学の成立

これまでにみたペスタロッチとフレーベルは、教育思想を表現しそれを実践に移そうと試みたり、実践を反省することである種の理論を構築しようと試みたりしていた点で、まさに理論と実践が往還する領域である教育

プラスワン
フレーベルのペスタロッチ評価
フレーベルは2回の滞在経験から、自身も影響を受けたペスタロッチに対し現実的な評価をするようになる。たとえば「メトーデ」については、発想自体はすぐれたものと認めるものの、実際に行われている教育実践があまりにも形式的、要素主義的であること、早期段階で適用され過ぎていること、知的陶冶へ偏っていることなどを批判的に眺めるようになる。こうした批判的視点から、のちの彼独自の幼児教育思想とその実践が生まれたといってよい。

学の形成過程の真っただなかに生きていた人物だったといえます。しかしながら、大学で学んでいた経験があったとしても、彼らは基本的には独学で学んでいた「在野の教育学者」であり、アカデミックな世界に身を置いて他の学問との関連づけのなかで教育学の独自性を考察したり、教育という行為の特殊性について定式化したりしたわけではありません。そのような「学問としての教育学」の成立のためには、本節で扱うヘルバルト＊の登場を待たなければなりません。主著とされる著作として『一般教育学』（1806）や、『教育学講義綱要』（1835）があげられることからもわかる通り、一般的にも彼の最大の功績は教育学を体系化したことにあるといわれ、特に彼のあとに続く「ヘルバルト学派」とよばれる人々の活躍は、当時の世界の教育のあり方を一気に形づくっていくことになりました。では、その教育思想の中身とはいったいどのようなものだったのでしょうか？

　彼はまず、教育学の基礎づけを倫理学と心理学に求めました。教育の目的を実践哲学としての倫理学から、教育の方法を心理学から導き出そうとしたわけです。その教育の目的とは「強固な道徳的品性」であり、こうした徳性の涵養という最高目的に向けてどのような道筋をたどればよいかが考察されましたが、彼はその道筋（方法）を 3 つの軸で考えていました。「管理」、「訓練」、そして「教育的教授」がそれです。「管理」とは、教師が教授活動において提示するものごとに子どもたちが関心を向けるよう賞罰などで彼らの心に直接働きかけ、教育のありようを秩序づける（教育活動の外的障害を除去する）ことですが、これは本来の教育とは区別され、あくまでもその準備として位置づけられます。

　狭義の「教育」の方はというと、直接的な働きかけであるか間接的な働きかけであるかで 2 つに分けられています。子どもたちを道徳性に導こうとする教師の意志に基づく直接的な働きかけである「訓練」と、「多面的興味」の状態——陶冶された内的状態であり、強固な道徳的品性という目的として想定された理想状態が、いわば現実世界において可能性のレベルで現れている状態——に向けて教材などを工夫し子どもたちの意志の根源をつくりあげようとする間接的な働きかけとしての「教育的教授」の 2 つです。

　このとき、働きかける対象である子どもの心は、ヘルバルトの表象心理学によれば現実の世界で影響を与え合うことのできるもの（「実在」）なので、教師の働きかけにより、興味が一面的である状態から多面的である状態にまで導くことができると考えられました。教育目的を倫理学から、教育方法を心理学からそれぞれ導くとしても、その両者が対象にしているものはいわば理想と現実という次元の異なるものであり、簡単には橋渡しできないもので、その橋渡しのためのキーワードが「多面的興味」だったと考えられるのです。

2　ヘルバルト学派の教育思想の展開

　このように、学問的な基礎づけにより生まれたヘルバルトの教育学でしたが、彼が存命の間のそれは、顕著な影響を世界に与えたとは必ずしもい

ヨハン・フリードリヒ・ヘルバルト
1776〜1841
ドイツのオルデンブルク生まれ。1797年にイェナ大学を卒業したあと、1802年にゲッティンゲン大学講師、1808 年にケーニヒスベルク大学教授、1833 年にゲッティンゲン大学教授に就任。教育学を哲学的・心理学的に基礎づけ、体系化することを目指した。彼の教育思想や教育方法はヘルバルト学派の人々によって世界中に普及した。主著は『一般教育学』（1806）など。

プラスワン
哲学者、心理学者としてのヘルバルト
ヘルバルトは教育学だけで有名だったわけではなく、哲学者、心理学者でもあった。彼が教育について考えるときそれを哲学的・心理学的に基礎づけようとすることもそうした側面による。なお、1799年にはペスタロッチを訪問するためにブルクドルフを訪れており、その後数年はペスタロッチに関する著作も書いている。

えないものでした。その影響力は、19世紀も後半となり、世界各国が学校教育を中心とする一般民衆のための教育制度を広く整備しようとするにつれて、ますます大きくなりました。大量の教員に対する需要が教員養成システムへの需要に直結し、そこで教授されるべき教育内容編成原理や教授法などが求められましたが、ヘルバルトの教育学はそのような類いのものとして強く期待され、制度に組み込まれていくことになったのです。

　ヘルバルトの教育学を受け継ぎ、実際に教室で使用しやすい、いわばマニュアルのようなかたちで教授学を確立しようと試みた人々を総称して、ヘルバルト派あるいはヘルバルト学派とよびます。彼らはヘルバルトの教育学のなかにすでに含まれていた構想を時代の要請に合わせて練り上げ、現代にも生きるいくつかの理論を整備します。その三本柱が、①中心統合法（concentration/colleation）、②文化史的段階理論（culture-epoque theory）、③教授段階論です。1860年代に社会的要求に合わせてこれらの理論をかたちにして公表することでヘルバルト再興の契機をつくったのがツィラー（1817〜1882）です。また、彼はライプツィヒ大学に教育学ゼミナールを開設しその教育学の普及に努めましたが、そのゼミナールにいたライン（1847〜1929）という人物は、ヘルバルトの教育学やツィラーの教授法をより定式化し、さらなる普及の基礎をつくっていきました。

　ヘルバルト自身も、古い表象（イメージ）の集まりが統覚作用によってまとまり、新しい表象の集まりを引き寄せて組み込んでいく力学的なメカニズムについて説明する表象心理学から、教授段階を「明瞭―連合―系統―方法」の4段階で考えていましたが、ツィラーやラインは実際の教育実践での応用場面をより意識して、それを5段階に再整備していきました。いずれにせよ、教師はまず子どもたちに新しい表象を受け入れる準備をさせるために既存の知識を想起させ、新しい表象を示すときは子どもたちのなかで先の表象と結びつくように配慮し、そうして結びついた表象を秩序化させることで実際の生活場面での応用が可能な状態にまで導いていくという順で授業を展開することが示されていました。

　こうした5段階教授法は授業計画案を作成する際にも有用と考えられ、たとえば明治20年代の後半以来、ラインの教育学著作が日本語に訳されわが国に紹介されたように、以後世界中で普及していきました。ラインなどは、学校教育の全体的な理論を構築するために教育の目的や方法、組織形態や政策などについてまとめあげるという、体系的な「科学的教育学」の構想をももっていた人物ですが、近代国家における学校教育の拡大・普及とともに、ヘルバルト学派といえばヘルバルトの学問的な教育学を通俗化した者たち、というイメージで記憶されていくことになったのです。

第6講 教育の歴史④ 海外の教育史（近代教育学の成立〜新教育運動）

プラスワン

教育目的と教育実践
カント以来の問題でもあるが、理想としての教育目的と現実のレベルでの教育実践で働きかける先として何を考えればよいかの実際上の目的との間隙をどのように埋めるかという、ヘルバルト独自の――と同時に教育学的な問題の定式化ともいえる――思想形成上の苦労がここに見受けられる。

プラスワン

①中心統合法
道徳性の形成をともなう重要な位置づけがなされた教科群を中心に置き、産業界からの要求を背景にもつ実学的教科群を周辺に置く方法。
②文化史的段階理論
文化の発達段階説を教材の段階的配置に応用した理論。
③教授段階論
教室での授業展開を段階づける考え方。

プラスワン

それぞれの段階論
ヘルバルト：
明瞭―連合―系統―方法
ツィラー：
分析―総合―連合―系統―方法
ライン：
予備―提示―比較―概括―応用

> **プラスワン**
> 『教育学百科事典』
> ラインの編集により、『教育学百科事典』が実現している。その第2版は1903〜1909年にかけて全11巻で公刊された。

> **プラスワン**
> さまざまな「新教育」
> 「新教育」は、たとえばアメリカ合衆国では「進歩主義教育」、ドイツでは「改革教育」、日本では「大正自由教育」とよばれるなど、国によって内実や論敵とともに呼称もさまざまだったが、中心となる思想にはある程度の共通性があった。

4 教育実践を再構成するために

1 新教育運動の展開

　19世紀から20世紀への世紀転換期に近づくにつれ、世界はますます人口を拡大させていき、都市化や工業化、交通網や電信技術、医療技術の発達がそれを後押ししていきました。生活スタイルも、地方と都市とで分化していき、地方ではいわゆる「農村離脱」現象が、都市では貧困地区の形成や衛生面の悪化現象など、新たな問題が目立ってくるようになりました。そんななか、教育のかたちもこれまでと同じではいけないのではないかという、変化を求める思想が徐々に成長していくことになります。世界の変容に合わせて拡大の一途をたどっていた都市の学校に対しては、従来の方法や設備に限界を感じる人々の批判が、さまざまなかたちで向けられるようになります。教育改革、学校改革の思想の誕生といえるでしょう。この時期、改革的な教育理論や教育実践が各地で生まれましたが、それらの世界的な動向を広く「新教育」とよびます。ここではその重要な思想的特徴を2点あげておきましょう。

　1つ目は、「子ども中心主義」という考え方です。前節でみたヘルバルトやヘルバルト学派の教育学の内容を思い出してください。倫理学的に考察された教育目的に向けて、必要とされる教育内容が、適切と考えられる教育方法でもって、段階的に秩序だてられ教えられる仕組みができあがっていました。しかしながら、彼らの心理学においても子どもの心理はもちろん問題にされていたにせよ、それらの教育理論や実践は基本的に大人の側の論理で考えられたものであると「新教育」の立場にたつ人々は考えました。大人の世界で必要とされる知識が教育内容の核を形成し、教師が教授行為を行う際の手続きについても、大人の側の考察から出発するものでした。それに対して「子ども中心主義」は、子どもにとってどのような知識や技能や経験が必要か、子どもはどのように学ぶか、というような問いに重心を移動させ、あくまでも子どもの側から教育理論や実践を再構成することに努めました。

　2つ目の特徴としては、「新教育」の理論や実践が、19世紀中葉以降の人間に関わる諸科学（生理学、生物学、心理学、社会学など）の拡大・発展と結びつくなかで展開され、経験科学的な教育学として地位を確立していったという点があげられます。それまでの教育学が思想家個人の経験から練り上げられた思考の産物であったり、あるいは倫理学や哲学的心理学などの他領域の学問を参照しつつ、思弁的に導きだされたものであったりしたのに対して、この時代の教育学は経験的な証拠や手続きを求めました。教育の対象である子どもの特徴を大人との連続性のもと考えるのではなく、それ独自のものとして実証的に調査・研究したり、教育方法の有効性を実験的な手続きのなかで検証したりという作業を、教育学の重要な部分として組み込むようになったのです。

> ルソーやペスタロッチ、フレーベルにも子どもに考察の焦点を置く発想はみられたので、彼らの教育思想が社会状況の変化に応じて読み直され、時代の変わり目において再発見されたともいえます。

ほかにも、改革のありようが多岐にわたっていたことや、国際的な拡がりをみせたこと、学校教育以外にもその領域を拡大し社会教育や成人教育の運動にも発展したことなどを、その性格として随所で示しながら、「新教育」はその可能性を多種多様に実現し、時代の教育状況を大きく変えていくことになりました。次項では、まさにこの時代を生きた教育学者であるデューイの思想をみていくことにしましょう。

2　デューイの教育思想

1859年、かのダーウィンの『種の起原』の初版が出版された象徴的な年に、デューイ*は生まれました。ヴァーモント大学を卒業後、数年間の学校教師時代を経て、1876年に創立されたばかりのジョンズ・ホプキンズ大学大学院に進学し、哲学や心理学を学びます。1884年に学位を取得し、ミシガン大学などで働いたあと、1894年にシカゴ大学に着任します。のちに『学校と社会』（1899年）として公刊される著作で報告された実験学校の試みは、このシカゴの地に1896年に創設されたシカゴ大学附属小学校（1902年「実験学校」と名称を変更）においてなされたものです。

ナーサリー、エレメンタリー、ミドル、ハイの4段階から構成されたこの「実験学校」でデューイが行った試みは、きわめて現代的・近未来的なものです。有名な「オキュペーション」とよばれる活動では、木材を使った工作や調理、裁縫、織物作業などの生活の実践に根差した内容が取り入れられ、社会的な次元との連続性のもと、個人の学びが再構成されました。教育のありようと同様、学校自体も社会的な広がりにおいて位置づけ直され、家庭や地域社会、専門機関や社会教育施設との交流を基礎に置くよう再構想されました。また、学校内の図書館の位置からも典型的に読み取れるように、それぞれの活動という子どもの「経験」と、時代を越え人類の知としてかたちをなした「教科」や「カリキュラム」とが相互に結び付くこと、相互に作用し合うことをデューイは期待していました。こうした問題意識は、『子どもとカリキュラム』（1902）をはじめ、この時期の彼の著作に顕著ですが、1904年にコロンビア大学に異動したあとに公刊した、たとえば『民主主義と教育』（1916年）などの著作においても継続する、彼の基本的な教育学的認識だったといえるでしょう。

ところで、デューイの教育思想には前項でみた「新教育」の特徴が色濃く表われています。一般的に「新教育」への批判として、全体主義の危険性に陥るといった批判が存在しますが、個人の経験の意味を社会全体との関連のなかに見いだそうとするデューイにも、確かにその批判は向けられるべきかもしれません。ただし、彼の思想にはそうした危険性に対抗する契機も組み込まれていました。批判的精神の重視、疑うことや討論すること、観察、証明、探究の重視は、むしろ彼の思想の基盤ともいえるものです。異質な他者（デューイの場合は、宗教や文化的伝統、人種、言語習慣などにおいて異なる背景をもつ者が想定されていました）との交流、対話を強調し、そうした場としても学校が期待されていたことを思い出すとき、デューイの教育思想の深長であることを感じざるをえません。過去の教育

プラスワン

経験科学的な教育学
実験や測定、統計といった手続きが教育に関する知を産出する重要な手段として考えられ、そうした協働と証拠（エビデンス）をともなった教育学が「新教育」の実践をさまざまに支えていくことになった。

ジョン・デューイ
1859〜1952
米国ヴァーモント州のバーリントン生まれ。チャールズ・サンダース・パース、ウィリアム・ジェイムズと並ぶ、古典的プラグマティズムの代表者。創立間もないジョンズ・ホプキンズ大学大学院で学び、ミシガン大学、シカゴ大学、コロンビア大学などで教えた。道具主義とよばれる立場を教育学へと応用。主著は『学校と社会』（1899）、『民主主義と教育』（1916）など。

第6講　教育の歴史④　海外の教育史（近代教育学の成立〜新教育運動）

プラスワン

「実験学校」の図書館
調理室や工作室などの活動を行う部屋の並びの中心に図書館が設置されている階もあり、デューイの「社会」概念の広がりを感じさせる。社会との連関で教育を再構成するとはいっても、それは空間的次元にとどまるものではなく、時空間を越えて継承されてきた知的遺産との連関も意味していたといえる。

デューイにおける「新教育」的思想
子どもの「関心」を鍵概念としながらその「経験」から出発するデューイの教育実践の構想は「子ども中心主義」とよばれ得る。「教育科学」についても、実践から離れたところにある絶対的な真理を求めるものではなく、実践活動との関連のなかで問い返されるべきものとしてその重要性を主張している。

「教育」という言葉
「教育」を狭い意味で理解するとしても、時には歴史的に誕生した近代公教育を指すこともあれば、本講でみてきたような調和的な人間を形成する「陶冶（人間形成）」を意味することもある。日常的な使い方を顧みると、「教える」という行為を意味したり、教育の結果でもある「教養」を意味したりと、場面によって使い方が多様であることがわかるだろう。

理論、思想、実践との関係のなかで自らの考えを定式化したり、実践を位置づけたりした点も、それまでの教育思想家たちと比べたときにみえてくる見過ごされがちな彼の大きな特徴ですが、19世紀後半以降の思想家の特徴ともいえる歴史意識をもちあわせていたからこそ、比類ない影響力を保持した教育思想を生み出すことができたといえるのではないでしょうか。

最後にみなさんに問いを1つ投げかけます。いつも仕事をしている喫茶店でこの文章を書いていた帰り道、道端に捨てられているごみを発見しました。コンビニの買い物袋、空き缶や包装紙が無造作に散らかっていました。さて、もしデューイが生きていて、たまたま日本にいてその様子を見たとき、何を思うでしょうか。筆者は、教育学者デューイがいくつかの授業のありようを構想するだろうことを想像します。そこで、みなさんは自由に、彼ならどんな授業を構想するかを考えてみてください。理科でもよいですし、社会でも、また道徳でもかまいません。デューイの教育思想の可能性を、ぜひ、みなさん自身の探究活動のなかでみつけられることを期待しています。

ディスカッションしてみよう！

　教育は何のために・誰のためにあるものと考えられるでしょうか？　児童・生徒のための教育という見方もありますが、一方で、社会のための教育という見方も成り立つといえるのではないでしょうか。本講の内容や自らの教育観、教育概念を振り返りながら、「教育」が何のためにあるのかを話し合ってみてください。

> たとえば・・・

復習や発展的な理解のために

知っておくと役立つ話

ブルーナーと「系統主義」の教育思想

デューイの名前は、教育課程論の文脈では「経験主義」の教育課程編成に影響を与えた思想家として登場します。教育を生活の過程としてとらえ、子どもの興味関心を出発点に置きつつ、「オキュペーション」などの社会的な作業を中心に編成する「経験主義」のカリキュラムには、まさにデューイの考え方が反映されています。こうした経験主義カリキュラムに対して、1950年代末以降に対抗軸として登場するのが、ブルーナー（1915～2016）の思想に基づく「系統主義」という考え方です。

1957年、ソビエト連邦が人工衛星スプートニクの打ち上げに成功し、人工衛星技術で競いあっていたアメリカ合衆国が強い危機感を覚えるという出来事がありました。いわゆる「スプートニク・ショック」です。これを機に科学技術教育への関心が高まるなか、自然科学教育の改善を主たるテーマとして1959年にウッズホール会議が開かれましたが、そこで議長を務めたのがブルーナーです。この会議の報告書をもとにした著書『教育の過程』（1960）のなかで、彼は学問やその構造を反映した教科を中心に教育を構成することを強調しましたが、これがのちに「系統主義」とよばれることになる考え方です。認知心理学を専門にするブルーナーは、人間の心理構造のなかにものごとの関連を意味する「構造」を見いだし、これをさまざまなものごとのなかに発見することを学習の中心に置きました（「発見学習」につながる考え方）。学問にはものごとの関連である「構造」が最も精緻なかたちで現れており、それを反映する教科において「構造」を発見する学習のあり方こそ、時代の教育に求められると彼は考えたわけです。

ブルーナー自身はのちに、貧困などの社会的課題に対応して子どもを取り巻く「文化」を射程におさめる「文化心理学」を構想し、社会的公正の実現も含めたかたちで教育を考えるようになりますが、彼が実証的な研究を学校教育に持ち込むかたちで定式化した「系統主義」の考え方は、さまざまな方面から批判も受けながら、現代においても教科中心型のカリキュラム編成が依拠する思想として生き続けています。「経験主義」か「系統主義」かという教育をめぐる2つの考え方は、振り子のように揺れ動きながら、今も教育者や教育学者たちを悩ませ続けているのです。

第6講 教育の歴史④ 海外の教育史（近代教育学の成立～新教育運動）

デューイ：経験主義

ブルーナー：系統主義

ちゃんとわかったかな？

復習問題にチャレンジ

（奈良県・大和高田市　2015年）

①下のＡ～Ｄの人物に最も関係の深い文を次のア～キから選んだとき、正しい組合せはどれか。
次の１～６から１つ選べ。

A　ペスタロッチ（Pestalozzi）　B　ルソー（Rousseau）
C　ヘルバルト（Herbart）　　　D　ケイ（Key）

ア　フランスの啓蒙思想家。著書『エミール』で、「創造主の手を離れるときは全てはよいものだが、
　　人間の手に移ると全て悪くなる」と述べ、人為的な教育を批判し、自然の歩みに従う教育を主張した。
イ　フランスの理論家。1965年、パリで開かれたユネスコの国際会議の席上で、世界で初めて生涯
　　教育（学習）の考えを提唱した。
ウ　スイスの教育者、教育学者。自己の全財産をなげうって、貧民子弟や孤児の教育に没頭して「教
　　育愛の権化」、その実践を理論化して「近代教育の父」と称される。著書に『隠者の夕暮』がある。
エ　スウェーデンの思想家。『児童の世紀』では、社会的に抑圧された母性の徹底的な回復を願い、幼
　　児段階での学校を廃絶して児童を家庭に取り戻して教育をする必要を訴えた。
オ　アメリカの哲学者、教育学者。プラグマティズム哲学を確立。進歩主義教育運動のリーダーであり、
　　代表的著作に『学校と社会』『民主主義と教育』がある。
カ　ドイツの教育家で幼稚園の創始者（一般ドイツ幼稚園）。一般ドイツ幼稚園では、考案した遊具（恩
　　物）が用いられた。著書に『人間教育』がある。
キ　ドイツの哲学者、教育学者。「科学的教育学の創始者」と呼ばれる。教育の目的は倫理学が、教育
　　の方法は心理学が規定するとした。著書に『一般教育学』『教育学講義綱要』がある。

1　Ａ―ウ　Ｂ―イ　Ｃ―オ　Ｄ―エ
2　Ａ―ウ　Ｂ―イ　Ｃ―オ　Ｄ―カ
3　Ａ―ウ　Ｂ―ア　Ｃ―キ　Ｄ―エ
4　Ａ―イ　Ｂ―カ　Ｃ―ア　Ｄ―エ
5　Ａ―イ　Ｂ―オ　Ｃ―キ　Ｄ―ア
6　Ａ―ウ　Ｂ―オ　Ｃ―キ　Ｄ―カ

（滋賀県　2015年）

②次の各文は、教授や学習の理論研究に携わった人物について説明したものである。下線部が
誤っているものはどれか。１～５から選びなさい。

1　コメニウス（Comenius, J.A.）は、最初の教授学の理論書といわれる『大教授学』のなかで、「あ
　　らゆる人にあらゆる事柄を教授する・普遍的な技法」として一斉授業を提起した。
2　ペスタロッチ（Pestalozzi, J.H.）は、人間が一個の人格をもった人間になるためには直観を開発し、
　　鍛えること、すなわち直観授業が極めて重要だと考えた。
3　ライン（Rein, W.）は、ヘルバルト（Herbart, J.F.）とツィラー（Ziller, T.）が説いた学習者の
　　側から見た教授の段階を、教師の実際的な教授手続きへと転換した四段階教授法に改めた。
4　フレーベル（Fröbel, F.W.A.）は、子どもにおいて最も特徴的な自己活動である遊戯は、幼児教
　　育のきわめて重要な方法であるとし、球や円柱、立方体などからなる遊具を考案した。
5　デューイ（Dewey, J.）は、デューイ・スクールと呼ばれる実験学校で、作業や経験を基礎とする
　　経験主義教育によって学校改革の実験を行い、教育を経験の再構成と定義し、経験を中心概念とし
　　た教育理論を構築した。

76

理解できたことをまとめておこう！

ノートテイキングページ

ペスタロッチ、フレーベル、ヘルバルト、デューイの思想の内容を比較しながら、その時代的背景とともに、図表なども用いてまとめてみましょう。

第7講 教育の歴史⑤ 日本の教育史

理解のポイント

本講では、近世から近代にかけての日本の教育制度と教育文化について学びます。近世では文字文化の普及を支えた教育機関、近代では国民を育て上げるための学校教育を中心にみていきます。

1 近世の文字文化と民衆

1 文字文化が普及した近世

日本では近世に入り、1615年の大坂夏の陣から1867年の大政奉還までの2世紀半の間、天下泰平の世が実現されました。こうした時代において、最初に識字能力が必要となったのが、都市部の町人です。経済活動に必須の能力として、文字の読み書きや数字の計算が求められたのです。さらに農村部でも識字の普及がすすみました。なぜなら武士の城下集住政策により、近世農村は農民だけで構成される社会となったからです。行政事務を遂行するためには、当然識字能力が求められます。そこで村々を所管する庄屋や名主層が行政事務を担うことになりました。さらには、一般農民に至るまで手習い*がすすめられていきました。

しかし、近世社会に特有だったのは、身分や社会階層にふさわしい能力を身につけよ、と条件が付されていたことです。逆にいえば、身分にふさわしくない能力は身につけてはならない、ということです。近世社会は生活場面における身分や階層の違いを前提とした社会であり、文化的能力においても同様でした。こうした身分という社会的規制により、学ぶ内容が身分によって分けられ、身分を固定化することを促したのです。

2 近世の教育機関

近世の教育機関は大きく手習塾・私塾・藩校・郷学の4つに分類されます。
① **手習塾**……寺子屋ともよばれ、近世から明治初めにかけて庶民に読み書き計算の初歩を授ける学び舎です。教材は、「往来物*」といわれる往復書簡体がとられます。「御家流」という書式がベースとなり、教科書はほぼ同一の様式となります。教授方法は基本的に個別指導で、学習は文字の読み書きを繰り返すドリル学習でした。
② **私塾**……一定の学識を有し官職に就いていない者が、自らの教育的使命感から自主的に学問を教えるために開いた学舎で、近世になって爆発的

語句説明

手習い
文字の書き方を習うこと。

近世では身分によって学ぶところが違ったのですね。

語句説明

往来物
平安時代から明治初期にかけてつくられた教材の総称。「往来」とは手紙のやりとりのこと。

図表7-1　適塾

筆者撮影

に開設されました。読み書き計算を中心とする手習塾との対比から「学問塾」とよばれることもあります。貝原益軒の『和俗童子訓』では、テキストである漢文を丸暗記することを求めていました。こうした漢文の暗記をとおして、古典の世界を身体化することを目指しました。古くは近江聖人といわれた中江藤樹が藤樹書院、ついで伊藤仁斎が古義堂、荻生徂徠が蘐園塾といった漢学塾を開きました。さらに、広瀬淡窓が豊後日田（現在の大分県）に開いた咸宜園、緒方洪庵が大阪に開いた適塾、吉田松陰が山口の萩に開いた松下村塾などがあります。適塾は洋学を取り入れ、福沢諭吉が入門したことで知られています。松下村塾は下級武士を集め、社会革新の担い手となる志士の養成を目指しました。

③ **藩校**……藩士の子弟を教育することを目的に設立されます。岡山藩主池田光政が花畠教場を改組した岡山藩藩学（岡山学校）が最古の藩校といわれます。1871（明治4）年の廃藩置県に伴い、多くの藩校は廃校となります。しかし一部では主に中等学校に藩校の名称を継承しています。岡山学校は現在の県立岡山朝日高等学校に引き継がれました。

④ **郷学**……藩校の延長として藩士の子弟を教育するところと、領内の庶民を教育する目的で藩主や代官が設立したところに分けられます。後者は幕府や藩主の保護監督を受けていた点で手習塾（寺子屋）と区別されます。著名な郷学として、先述の岡山藩主池田光政が設立した閑谷学校があります。

2　近代学校の出発

1　学制の理念

　1868（明治元）年に明治維新によって明治政府が成立すると、日本は幕藩体制から近代国民国家の形成へと大きく舵を切ることとなります。新政府は幕藩体制と異なり、中央に教育行政機関を置きました。それが1871年に設置された文部省です。こうして、近世とは異なり、国家が教育方針を定め、文部省という政府の中央機関が国策に沿って日本の教育の進路を全国に普及させることとなります。

プラスワン

咸宜園
咸宜園は1805年の開設から明治中期の閉鎖までの間に約4,600人の入門者を全国から集める大規模校となったため、「治」と「教」という2つの道で門弟を導いた。今日の学校でいう生徒指導と教科指導に近い。

プラスワン

中等学校
藩校を継承した中等学校は、戦前は旧制中学校、戦後は高等学校となった。そのほとんどは公立で、地域の名門校として位置づいている。

プラスワン

学制
学制は1872年8月3日に出される文部省布達第13号別冊で、中央集権的な教育制度が示された。大学区（全国を8区に分ける）・中学区（大学区を32に分ける）・小学区（中学区を210に分ける）というプランで、8つの大学校、256の中学校、5万3,760の小学校が設置される計画であった。

その文部省が最初に行った大事業が学制で、日本初の近代教育法令です。「学制」は、単線型学校体系を構想し、学校の種類を大学・中学・小学の3段階に区別しました。のちに出される「小学教則」では、小学校は下級小学と上級小学の2種類があり、ともに4年制でした。また、各学年が2級に分けられました。第1学年は第8級と第7級で、第8級から始まり、各級での進級試験を経て第4学年後半の第1級に至ります（図表7-2）。進級のしかたは下級と上級ともに同じです。

このプランの理念は、「学事奨励に関する被仰出書*」という太政官布告にみられます。その特徴は3つあります。第1に「学問は身を立るの財本」という立身出世的な教育観、第2に教育における四民平等*、第3に実利主義*的な学問観です。

学制と「学制布告書」のような近代的な教育理念が生み出された背景には、明治政府に登用された洋学者*の影響がありました。たとえば福沢諭吉『学問のすゝめ』では学問をすることで立身出世の道が開けると説きました。福沢本人は政府に登用されていないものの、彼のような思想は西洋の科学知識と技術を内容とする実学の学習によって、個人の立身出世と国家の富強とを結びつけます。それは、欧米列強諸国への対外危機に対応するためでした。

こうして学制が頒布されると、文部省による「教育の近代化」として、西洋化政策がすすめられます。こうした動きを反映して、各地に擬洋風建築の小学校校舎が建てられます。旧開智学校（長野県松本市）の校舎はその代表的なものです。校舎の建築費用の多くは住民の寄付が支えました。

2　森有礼と学校令

1872（明治5）年に学制が出されたあとも、明治政府の教育方針は定まりませんでした。学制は地方の財政状況を考えない机上の空論だという批判が続出し、1879（明治12）年に廃止されます。代わって教育令が

重要語句

被仰出書
→「学制布告書」ともいう。

四民平等
→明治政府が近世の士農工商の身分制を廃止したときのスローガン。

実利主義
→現実的な利益を追求する考え方。

洋学者
→西洋の学問に通じた学者のこと。

図表7-2　学制での学年分類

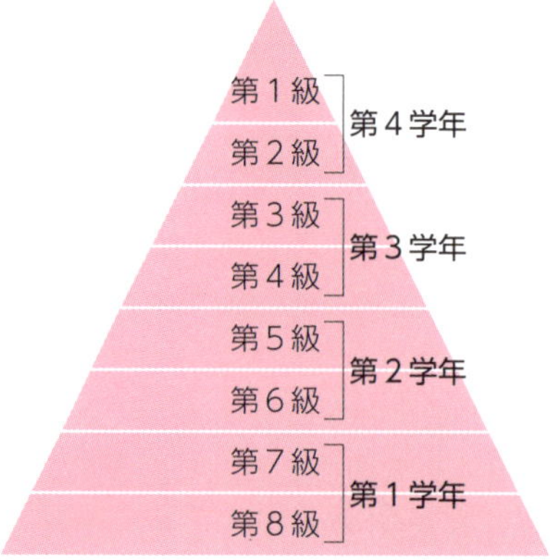

図表7-3　旧開智学校校舎

筆者撮影

公布されますが、法令本文が全47条と学制と比べるとかなり簡略化され、地域住民の主体性を大幅に認めた画期的な制度でした。これは一般的に自由教育令といわれます。しかし教育令のもとでかえって就学率が低下し、校舎建設が中断するなど、学校教育の停滞をもたらしたため、1880年には教育令は改正されました（改正教育令）。

1885（明治18）年に伊藤博文を初代総理大臣とする内閣制度が発足し、初代文部大臣に森有礼が就任するとまた事態が変わります。森は勅令*による教育制度の整備をすすめ、1886年には帝国大学令、小学校令、中学校令、師範学校令の4つの勅令が公布されました。

徳育論争（1887～1890）のように、政府では道徳の方針をめぐって大きく揺れ動いていました。こうしたなか、1889（明治22）年に大日本帝国憲法（明治憲法）が発布されます。

3 教育勅語の発布

道徳教育の方針をめぐる混乱状態を収拾させるために、政治状況に左右されない不変的な教育の指針が求められました。1890（明治23）年に地方長官*会議において「徳育涵養ノ議ニ付建議」が提出されます。そして同年「教育ニ関スル勅語（教育勅語）」が発布されます。教育勅語発布前は多様な修身教育がありましたが、その後は教育勅語によって一つに塗りつぶされていくのです。

教育勅語の本文は井上毅がまとめ、徳育論争で伊藤博文と争った元田永孚がこれに協力して作成しました。そして1890年10月30日に天皇から首相と文相に下付するという形式で教育勅語が発布されました。法律として出されると議会の承認が必要なため、明治憲法下の天皇大権により発せられる勅令形式で、教育勅語が出されたのです。道徳教育の方針が動揺し、確固とした方針を求めていた政府首脳や天皇側近にとって、教育勅語の発布は感動的な出来事ですらありました。さらに「教育勅語謄本」（勅語のコピー）が全国の学校に頒布されるようになり、修身教育だけでなく学校教育の根幹に教育勅語が位置づくことになります。

図表7-4　教育勅語に到る流れ

年	事項
1868	明治維新
1872	「学制」制定
1879	「教育令」公布
1880	「改正教育令」公布
1886	帝国大学令など4勅令公布
1887	徳育論争（～1890年）
1889	「大日本帝国憲法」発布
1890	「教育勅語」発布

重要語句

勅令

→明治憲法下での法形式の一つで、帝国議会の協賛を経ずに天皇大権で制定された命令のこと。

プラスワン

徳育論争

元田永孚（1818～1891）を中心とする伝統派は「教学聖旨」を発表し、仁義忠孝に基づく儒教的道徳（孔子が唱え、規範性を強調した道徳）の確立を主張する。一方で伊藤博文を中心とする開明派は「教育議」を発表し、主知主義（感情や意志よりも知性や理性を重視する立場）を唱える。これに対して元田は「教育議附議」を発表して再反論する。一見すると伊藤と元田の意見は食い違っているようにみえるが、自由民権運動への抑圧という目的においては一致していた（山住正己『日本教育小史　近・現代』岩波新書、1987年）。

重要語句

地方長官

→明治憲法下での府県知事、北海道長官の総称。現在と異なり、選挙ではなく中央政府が任命した。

第7講 教育の歴史⑤　日本の教育史

3 公教育の普及

1 教育方法の変化

　学制が実施されると、近世まで行われていた教育方法は大きく変化します。近世では身分によって私塾や手習塾、藩校などさまざまな教育機関がありましたが、「四民平等」として身分に関係なく、男女とも小学校に通うこととなります。教室は畳が取り払われて、いすと机が置かれました。師匠は教師となり、生徒と向き合う対面式で多くの生徒を同時に教える**一斉教授**形式で授業を行っていました。また、道具もいろいろと変わりました。授業の際に教師が用いたのが**掛図**＊で、教材は往来物から**教科書**＊となりました。そして、教具は筆と紙だけでなく、石盤と石筆が使われるようになりました。石盤（図表7-5）とは小型の黒板のようなもので、ノートとして使うものです。一斉教授が取り入れられた明治期に、児童が授業内容を書き写す文具として石盤が使われました。ただし石盤はノートのように書き留めておくことはできませんでした。

　こうした新しい教育方法によって授業を受けた生徒たちは、進級試験に合格することで進級し、卒業の際にはさらに厳格な大試験を突破することが求められました。こうした試験によって進級する仕組みを等級制といいます。現在のように年齢によって学年が上がる学年制の導入は、1891年のことでした。そのため、明治初期の小学校では、留年する生徒も多かったのです。一斉教授や試験は近世の藩校や私塾にもみられましたが、こうした教育システムを中心に、すべての国民を対象とした国民皆学がすすめられたことが明治期の教育の特徴です。

2 就学率の伸び悩みと就学督促

　しかし、明治期に導入された学校制度は順風満帆ではありませんでした。明治初めの1876（明治9）年、地租改正に反対して農民が蜂起した伊勢暴動では、役所だけでなく多くの学校が打ち壊されます。このように、学校は必ずしも民衆に歓迎されず、むしろ強い反発を受けることもありました。その理由はさまざまです。第1に、農村において子どもは貴重な働き手で、学校に子どもが通うと労働力が減少することとなったためです。第2には、教育内容が民衆の生活とかけ離れており、実生活に役立たな

> **語句説明**
> **掛図**
> 地図や標本の絵・図などを掛け軸のようにした教材
>
> **教科書**
> 教科用図書のこと。

明治の小学校では留年があったんですね。

図表7-5　石盤

井藤元（編）『ワークで学ぶ教育学』（ナカニシヤ出版、2015年）152頁より転載

かったためです。そして第3に、そもそも授業料が高額だったためでした。

そのため、明治政府は就学率向上を目指して、府県庁を通してトップダウンで就学督促を図ります。その方法は、地方官が民衆を説得したり、地域によっては巡査が不就学児童を取り締まったりするものでした。その結果、学制が始まってすぐの1873（明治6）年には男女合計の就学率は約3割でしたが、1882（明治15）年には約5割に達しました。しかし、その後の就学率は伸び悩みます。国民皆学によって富国強兵を目指す政府にとって、これは見逃せない問題でした。

こうしたなか、文部官僚の澤柳政太郎が1900（明治33）年の小学校令改正に関わります。この改正によって義務教育年限を4年に統一し、しかも義務教育費の無償化を行います。その結果、1905年に就学率は95.6%に達し、国民皆学が達成されました。さらに1907年の小学校令改正で6年制となり、これが今に続いています。

逆にいうと、明治期の学校教育が普及していくことで、地域や身分によって多様だった近世の教育機関は完全に画一化されることとなりました。一方で初等教育以降は、中学校－高等学校－大学、高等女学校、高等小学校、高等小学校－師範学校－高等師範学校、実業学校など、フォークのように枝分かれする複線型学校制度が展開され、学制の単線型学校制度の構

図7-6　1908年当時の学校系統図

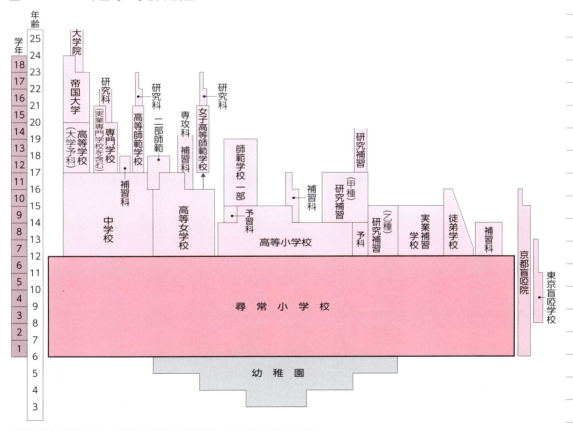

文部省（編）『学制百年史　資料編』（帝国地方行政学会、1972年）をもとに作成

83

> **ディスカッションしてみよう！**
>
> 近世の幕藩体制から近代の中央集権へと国家の役割が転換するなかで、教育の役割はどう変化したのか、話し合ってみましょう。
>
> たとえば・・・🖉

想に取って代わられました（図表7-6）。

3　ヘルバルト学派の普及

　学校制度が日本で普及し、学校と生徒が増加すると、当然生徒を教える教師が必要となります。近世の教育機関と近代との違いの一つは、教師は「養成される」ということです。近世の手習塾の師匠になるためには、幕府の許可は必要ありませんでした。しかし明治以降、学校の教壇に立つためには、師範学校という教師を養成する学校を卒業し、教員免許を取得していることが求められるようになりました。

　明治期に始まった教師教育に影響を与えたのが、ヘルバルト学派です。ヘルバルト*は19世紀前半にドイツで「教職の科学」として教育学を学問的に体系づけた人物です。ラインはヘルベルトの考えた4段階を再整備し、教師の教える方法として「予備→提示→比較→総括→応用」という5段階教授法を展開しました。ドイツ以外の国々では、この5段階教授法が普及していきました。

　なお、5段階教授法は普及の過程で「予備→教授→応用」というような3段階にされて形式化し、今に至るまで学校現場で実践されていくようになります。

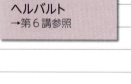

ヘルバルト
→第6講参照

4　ヘルバルト学派への批判と「新教育」の展開

1　「新教育」の潮流

　19世紀末から20世紀にかけて、日本でも教科中心・教師中心の教育の代表としてヘルバルト学派が形成されていきました。第一次世界大戦が起こると、戦場となったヨーロッパを中心に、軍だけでなく民衆と産業のすべてを動員する総力戦体制に突入します。そのため、国家からの統制だけでなく、民衆が自発的に国家の戦争に協力することが求められるようにな

りました。こうした総力戦体制を一つのきっかけとして、「新教育」の潮流が起こるのです。

日本でも子どもの自由な興味関心を起点に、子どもの個性や自発性に基づく自己活動を尊重する「新教育」が唱えられるようになりました。一方で、従来の教育は子どもに対して画一的で一方向的な管理・教授・訓練を行う「旧教育」であると批判されました。

2 大正自由教育と生活綴方教育

日本での「新教育」は、大きく分けて2つの系列がありました。第1に、主に都市部の師範学校の附属小学校や私立学校で実践された**大正自由教育**です。第2に、地方の農村部で展開された**生活綴方教育**です。

第1の大正自由教育では、欧米諸国の教育理論や実践の影響を受け、**児童中心主義**を軸に展開します。

この時期に新設された学校では、**成城小学校**が有名です。先に紹介した文部官僚の**澤柳政太郎**は、京都帝大総長時代に起こった**京大澤柳事件**を機に文部省を退職し、1917（大正6）年に新宿で成城小学校を設立し、個性の尊重などをスローガンとした教育を行いました。また、同校では**ドルトン・プラン**という個別学習指導が導入されました。この指導では生徒の能力や個性に応じた学習進度表が作成され、生徒はそれぞれの計画に従って各教科の研究室で自学自習を行いました。

さらに、芸術分野でも新たな運動がありました。たとえば、**鈴木三重吉**が1918年に創刊した**『赤い鳥』**による童謡・童話の創作普及運動があります（図表7-7）。この雑誌では、作家や詩人による作品の提供だけでなく、子どもたちの綴方（作文）や詩を募集し、作文を三重吉が、詩を北原白秋が優秀作を選んで誌面で発表しました。

こうした私立学校や師範学校附属での「新教育」を支えたのは、西洋文化を受容し、個性や人格に価値を置く都市中間層でした。彼らはそれまでの地主や自作農などと異なり、学歴によって専門職や管理職といった職を得た俸給生活者、つまりサラリーマンでした。

第2の生活綴方教育は、東北の綴方（作文）の教師たちが行いました。綴方科は国定教科書がなかった唯一の科目だったため、国定教科書に縛られない教育を展開しました。彼らは『赤い鳥』に触発されながらも、同誌は都会感覚に限定されていると批判しました。そして子どもに日々の生活事実を観察させ、それを綴方として表現することで生活認識を深め、「生活指導」という言葉で生活のしかたを考えさせることを目指しました。そのきっかけは1929（昭和4）年の世界大恐慌を期に経済恐慌下で東北を中

図表7-7 『赤い鳥』

国立国会図書館蔵

プラスワン

著名な新教育学校
及川平治が明石女子師範学校附属小学校で行った「分団式動的教育法」などがある。

プラスワン

京大澤柳事件
教授会の同意なしに澤柳総長が7人の教授を罷免したことへの抗議を受け、1914年に澤柳は総長を辞任した。罷免された教授の一人に、谷本富がいた。

プラスワン

ドルトン・プラン
ダルトン・プランともいい、アメリカのヘレン・パーカースト（1887～1973）が創案した。

第7講 教育の歴史⑤ 日本の教育史

心に農村が荒廃したことでした。悲惨な状況に置かれた子どもたちを救済するために、『北方教育』（1930年創刊）や『綴方生活』（1929年創刊）が発行されました。こうした雑誌を中心に各地の綴方教師の作品の交流が行われ、生活綴方運動として1930年代に各地で展開されました。

　明治以降、日本では学校をとおして欧米モデルの近代教育がすすめられてきました。しかし地域社会の危機を前に教師たちは手習いのような近世以来の教育文化に着目し、綴方という「書く」行為による主体的方法を展開したのでした。

　一見すると大正自由教育と生活綴方運動は対立しているようにみえます。しかし、明治以降の画一的教育に反発し、子どもの自発性を喚起しようとした点は共通しているといえるでしょう。

5 戦中戦後の学校教育と本講のまとめ

1 国民学校

　1937（昭和12）年の盧溝橋事件をきっかけとして日中戦争が勃発し、日本は戦時体制へと突入します。同年12月、内閣総理大臣直属の教育審議会が設置されると、初等から高等に至るまでの全学校教育を対象に、その内容と制度の改革が始まりました。特に注目したいのは小学校を国民学校に改めた点です。1941（昭和16）年4月には国民学校制度が発足しました。また、初等科では国民科・理数科・体練科・芸能科という4教科にまとめられ、各教科のなかに科目が置かれることとなりました。

2 日本の敗戦と占領教育政策

　1945（昭和20）年8月、日本はポツダム宣言を受諾し、連合国軍に降伏しました。8月15日正午に、天皇による「終戦の詔書」（「玉音放送」）によって国民は敗戦を知ります。敗戦にともない、アメリカを中心とする連合国軍により日本は占領され、連合国軍最高司令官総司令部（GHQ）の主導で、政治・経済をはじめ、教育などあらゆる改革がすすめられました。GHQは1945年末に日本政府に宛てて「教育の四大指令」を出し、教育分野での非軍事化と民主化を実現させるため、軍国主義と超国家主義を教育から排除することを指示しました。さらに『第一次アメリカ教育使節団報告書』で、日本の教育システムにおける中央集権的な教育制度、官僚主義的な教育行政、画一的な詰め込み教育などを批判しました。同時に、民主主義を基調とした教育制度によって「個人の価値の尊厳」を認識し、各人の能力と適性に応じて教育の機会を与えるよう組織し、個人のもつ力を最大限に伸ばすことが基本である、と勧告しました。

　1946年11月に日本国憲法が公布されると、翌1947年3月に教育基本法と学校教育法が公布され、戦後教育改革が急ピッチですすめられることとなったのです。

プラスワン

『第一次アメリカ教育使節団報告書』
この報告書では、学校制度に関しては小学校6年、中学校3年、高等学校3年という6・3・3制の単線型を勧告し、9年の無償義務教育、教育委員会制度、男女共学の実施を勧告した。こうした勧告のほとんどは戦後教育改革によって実現された。

知っておくと役立つ話

復習や発展的な理解のために

成城小学校

1917（大正6）年に新宿で成城中学校のなかに成城尋常小学校（以下、成城小学校）が開校します。初代校長が澤柳政太郎（1865～1927）です。成城中学校の前身は1885（明治18）年に開校した陸軍士官学校を目指す「文武講習館」でしたが、翌年「成城学校」と改称、1891年には新宿に移転しました。この成城学校が、成城小学校の母体です。成城小学校から卒業生が出る1922（大正11）年に成城第二中学校が併設されました。

成城小学校の教育の特徴はドルトン・プランによる個別自習であったことは先述しました。この教育方針は、澤柳、長田新、小西重直が欧米の学校を視察した結果、取り入れたものでした。「創立趣意書」では、「1.個性の尊重の教育　付能率の高い教育／2.自然と親しむ教育　付剛健不撓の意志の教育／3.心情の教育　付鑑賞の教育／4.科学的研究を基とする教育」という「教育の四目標」を掲げ、教育の実験学校として発展していきます。

澤柳の死後、1929（昭和4）年に成城尋常小学校が新宿から別財団として東京府下北多摩郡砧村（現在の世田谷区成城）に移転し、のちに幼稚園から高等学校までを抱える学園都市に発展しました。なお、元の成城中学校は、成城中学校・高等学校として今も新宿にあります。

成城学園の学園都市としての形成には、成城小学校の主事であった小原國芳の不動産的手腕が発揮されました。このように、成城小学校は教育思想だけでなく、都市計画としても興味深い展開をしたのです。今でも「成城学園前」は高級住宅地として有名です。

さて、澤柳政太郎とは、どんな人物なのでしょうか。彼は信州松本（現在の長野県松本市）に松本藩士の息子として生まれ、本講で紹介した開智学校で優秀な成績をおさめました。その後、父親の転職の関係で東京に転居します。1888（明治21）年に帝国大学文科大学哲学科（現在の東京大学文学部）を卒業し、文部省に入省しますが、1892年に修身教科書機密漏洩事件で引責辞任します。その後京都の大谷尋常中学校、群馬県尋常中学校、第二高等学校、第一高等学校の校長を歴任し、1898年には文部省普通学務局長に、そして1906年に文部次官になります。この文部省在官中に、第三次小学校令の制定、教科書の国定化、義務教育年限の延長などの諸施策において中心的な役割を果たしたのです。

1908（明治41）年に文部省を辞職し、1909年に貴族院議員になります。1911年に新設の東北帝国大学初代総長、1913年に京都帝国大学総長を歴任しますが、同年の京大澤柳事件により辞任します。

このように、澤柳は文部官僚としても大きな足跡を残しているのです。文部官僚としての澤柳と、大正自由教育のリーダーとしての澤柳のイメージは分裂しているかのようにみえますが、帝国主義国家の指導者にふさわしい能動性を備えた人材を効率的に養成し、そのために必要な教育機会における平等の保障を図ろうとした点では、首尾一貫していたといえます。

ちゃんとわかったかな？

復習問題にチャレンジ

(滋賀県　2015 年)

①次の各文は、日本の近代教育制度の歴史に関する説明である。下線部が誤っているものはどれか。1～5から選びなさい。

1　1871 年（明治 4 年）の廃藩置県により、幕藩体制を一掃して統一国家体制が創出され、同年に文部省が設置された。

2　1872 年（明治 5 年）に太政官布告が発せられ、「学制」が公布された。学校制度は、学区制に基づき大学校・中学校・小学校の三種から成るとされた。

3　1885 年（明治 18 年）に内閣制度が発足し、その最初の内閣において文部大臣に井上毅が起用された。

4　1890 年（明治 23 年）に、天皇への「忠」と親への「孝」を基本とする教育勅語が発布され、国民の道徳や価値観の統一に大きな影響を与えた。

5　1947 年（昭和 22 年）に教育基本法とともに制定された学校教育法により、学校制度の改革が実行され、六・三・三・四の学校制度が成立した。

(東京都　2015 年)

②日本教育史に関する記述として適切なものは、次の1～5のうちのどれか。

1　広瀬淡窓が、豊後日田に開いた漢学塾は、適塾である。

2　緒方洪庵が、大坂瓦町に開いた蘭学塾は、閑谷学校である。

3　池田光政が、備前岡山に創設した郷校は、明倫館である。

4　徳川斉昭が、水戸に創設した藩校は、弘道館である。

5　毛利吉元が、山口萩に創設した藩校は、咸宜園である。

理解できたことをまとめておこう！

ノートテイキングページ

日本の近代は、学校教育が全国に普及していく時代でした。では、みなさんが住んでいる地球で、一番古い学校はどこでしょうか。その学校の成り立ちと今に至るまでの経緯を調べ、まとめてみましょう。

第8講

「教える」という仕事①
教育課程と授業の計画

理解のポイント

本講では、学校での「教えるという仕事」がどのように動き出すのかについて学習します。この仕事は「計画づくり」から始まりますが、このことを「教育課程の編成」や「カリキュラムの編成」などとよびます。その意義や基本的な考え方、編成時に基準となる学習指導要領、年間指導計画などについて理解を深めましょう。

1 教育課程とカリキュラム

1 教育課程とは

「教育課程」は、Curriculum（カリキュラム）の訳語で、学校の「教育計画」のことを意味します。つまり、各学校でどんな教育が実施されるのかに関する計画のことです。課程とは、「一定期間の教育の内容や道筋（プロセス）」を意味します。各学校で教える教科などの目標や内容などを文部科学大臣が告示したものが「学習指導要領」ですが、これは、わが国の教育の基準となるものです。その解説書（総則編）には、教育課程の意義について、次のように書かれています。

> 教育課程の意義については様々な捉え方があるが、学校において編成する教育課程については、学校教育の目的や目標を達成するために、教育の内容を児童の心身の発達に応じ、授業時数との関連において総合的に組織した各学校の教育計画であると言うことができ、…
>
> 文部科学省『小学校学習指導要領（平成29年告示）解説（総則編）』第2章「教育課程の基準」第1節「教育課程の意義」より

「教育課程」は、「教科課程」や「学科課程」などとよばれていた時期もありました。しかし、1950年の学校教育法施行規則の一部改正で、「教育課程」という名称に改められたのです。その理由は、学校の教育内容が教科（学科）だけではなく、教科以外の領域にも広がったからです。のちに、特別活動、道徳、総合的な学習の時間、外国語活動などの「教科ではない学習」が、順次、新設されました。「教育課程」の名称に改められた当時の学習指導要領には、教育課程の意義が、次のように述べられていました。

📋 プラスワン

教育課程の意義

「意義」には「ものごとの価値」という意味のほかに、「言葉の意味や定義」という意味がある。ここでは「教育課程」という言葉の定義を示している。

📋 プラスワン

道徳

ただし、道徳は、2018年4月より「特別の教科」となった。

> 児童や生徒がどの学年でどのような教科の学習や教科以外の活動に従事するのが適当であるかを定め、その教科や教科以外の活動の内容や種類を学年的に配当づけたものを教育課程といっている。
> 『小学校学習指導要領一般編（試案）』（文部省、1951年）より

　以上をまとめると、教育課程とは、各学校で実施される教育の目標、内容、指導時期、指導方法、授業時数などについての詳細を記した「教育計画」のことであるということができます。

2　カリキュラムとは

　「教育課程」のほかに「カリキュラム」という言葉も多くの教育書で使われています。この両者にはどのような違いがあるのでしょうか。「カリキュラム」の訳語が「教育課程」である以上、この両者は同じ意味のはずですが、実際には少し異なったとらえ方がなされています。

　「カリキュラム」という場合、「教育課程」よりもっと広い概念とされることが多く、計画のみならずその実施、評価、改善なども含めて考えられることが多いのです。もともと、Curriculum（カリキュラム）の語源は、ラテン語で、走ることや走路を意味するCurrereにあり、学習の道筋・履歴や学習経験まで含むものです。したがって、学校の教育目標、授業で使われる教材、児童・生徒が使用する学習ノートや作品、教師の発問・指示、板書、テストや通信簿などもカリキュラムに含まれることになります。つまり、カリキュラムとは、子どもに関する「学習経験の総体」ともいえる広い概念であるということができます。

（概念の広さ）　　カリキュラム　≧　教育課程

　カリキュラムに関する広い考え方に立つと、<u>潜在的カリキュラム</u>（Hidden Curriculum）も重要な意味をもつものとなります。たとえば、<u>学校文化</u>*のように学校のなかで形成された風土や環境が、児童・生徒の教育に影響を与えることがあります。具体的には、教師の言葉づかい、服装、教員間の協力的態度、校内環境などです。

　これらは、学校の教育計画のように明文化されたカリキュラム（<u>顕在的カリキュラム</u>）ではありませんが、目に見えない規範（決まり）として、児童・生徒の教育に影響を与えるもので、軽視できないものなのです。

カリキュラムの類型

　では、カリキュラムには、どのような類型があるのでしょうか。図表8-1で全体像をつかんだ後で、一つひとつ理解していきましょう。
　（1）教科カリキュラムが主流の時代は、児童の主体性よりも教師主導

重要語句

学校文化
→教職員や児童・生徒の間に存在する共通の認識や考え方、価値観を含む気風のこと。また、学校の指導体質の意味で使われることもある。

図表8-1　カリキュラムの類型

教 師 中 心 主 義		
強　い	（1）　教科カリキュラム	
↑	（2）　相関カリキュラム	
教師の指導性	（3）　融合（広領域）カリキュラム	
児童の主体性	（4）　クロスカリキュラム	
↓	（5）　コア・カリキュラム	
強　い	（6）　経験主義カリキュラム	
児 童 中 心 主 義		

の教育がすすめられた「教師中心主義」でした。しかし、時代がすすむにつれ児童の主体性を尊重する「児童中心主義」のカリキュラムが重視されるようになります。（5）コア・カリキュラムや（6）経験主義カリキュラムがその代表です。

　（3）融合（広領域）カリキュラムや（4）クロスカリキュラムは、教師の指導性と児童の主体性について、はっきりと区別しきれない中間的な類型となります。

　では、これから、それぞれのカリキュラムについて説明を加えていきます。

1　教科カリキュラム

　古代ローマ時代から続く伝統的なもので、三学・四科のリベラル・アーツ*が源流です。知識や読み・書き・計算の技能を科目別に体系化し、子どもたちに文化の継承を行うカリキュラムだともいえますが、子どもの興味・関心よりも教師主導の教育になりがちだという批判があります。

2　相関カリキュラム

　教科カリキュラムの修正版ともいえるもので、複数教科間で内容的なつながりが認められれば、別々に指導するのではなくそれらを結びつけながら指導して学習効果を上げようとするものです。たとえば、世界史のアメリカ独立宣言やフランス革命に関する学習と、公民の基本的人権や日本国憲法の精神にはつながりがあるため、これらの学習を授業場面で統合的に取り扱うようなカリキュラムがこれに当たります。

3　融合カリキュラム（広領域カリキュラム）

　1989（平成元）年に、小学校1・2年生で教えられていた理科と社会科が廃止され、理科と社会科の内容をあわせもった生活科が新設されました。そもそも、社会科も世界史、日本史、地理、公民のなかから一定の学

重要語句

リベラル・アーツ

→ヨーロッパ中世の教養人に求められた文法学・修辞学・論理学の三学と算術・幾何学・天文学・音楽の四科からなる自由七科のこと。
→第4講参照

習内容を取り出して一つの教科に融合させ、授業時数を調整したものであり、理科も物理、化学、生物、地学の融合だと考えることができます。このようなものが融合カリキュラムです。

これらの類型をさらに大きくとらえ直し、「人文科学」「社会科学」「自然科学」のような広い区分を考えることもできます。また、幼児教育の内容は、健康・人間関係・環境・言葉・表現の「五領域」ですが、このような領域のまとまりごとに、カリキュラムが広く再構成されたものを広領域カリキュラムということもあります。

4 クロスカリキュラム

ある特定のテーマ（課題）を設定し、複数教科（教科に限らないこともあります）で同じ時期に連携した指導を行うのがクロスカリキュラムです。

例えば、大阪出身の俳人、与謝蕪村の地元の小学校で「郷土の偉人、蕪村の生涯」というテーマ（課題）を設定したとします。社会科単元「江戸の町民文化」で、俳句の流行や蕪村の生涯について発展学習をしたり、国語の時間に俳句をつくったり、図工の時間に自作の俳句を「絵手紙」にしたり、特別活動として「俳句集会」を開くなどの活動が考えられます。特定のテーマ（課題）を設けて複数の教科などで連携指導をしますが、学習評価は各教科で別々に行われます。

5 コア・カリキュラム

経験主義のカリキュラムで、子どもの生活問題を理科的社会的テーマで追求させる「中心課程」（コア）と、教科の壁を取り払って知識や技能の習得が行われる「周辺課程」とで構成されます。

たとえば、「水の一生」というテーマで、海の水蒸気が雨になって大地を潤し、川となって再び海に戻るという一連の流れについて学習をすすめながら、自然の恵みを詩や作文で表し、合唱し、絵に描き、流水量の計算をするなどの活動が考えられます。各教科が統合されている点でクロスカリキュラムとは対照的で、カリフォルニアプランやバージニアプランが有名です。

> **プラスワン**
> **カリフォルニアプランとバージニアプラン**
> 共に両州の教育局カリキュラム委員会が採用したコアカリキュラムに関するプランである。

6 経験主義カリキュラム

経験主義の旗手、デューイ*が提唱したカリキュラムです。これまでの暗記中心・教師主導の学習を体験重視・児童中心に転換させたため、彼は、「教育の革命児」とよばれました。「学習の出発点」を子どもの興味や生活問題に、「学習の道筋」を子どもの体験に置きながら「問題解決学習」を導入し「為すことによって学ぶ（Learning by Doing）」を唱えました。

この学習は、①問題点の明確化、②解決手順の立案、③解決資料の収集、④仮説の設定、⑤仮説の検証と修正の繰り返し、⑥解決方法への到達、という段階をとります。戦後約10年間のわが国の教育の中核をなしましたが、基礎学力低下の批判を受け、系統主義教育に道を譲りました。

ジョン・デューイ
→第6講参照

3 学習指導要領とその変遷

　学習指導要領とは、全国の教育水準を一定に確保するため、各教科等の目標や大まかな内容を国が定め、各学校が編成する教育課程の最低限度の基準として示したものです。全国のどの地域で教育を受けても一定の水準の教育を受けられるようにするための基準を示すものです。

　小学校、中学校、高等学校等ごとに、それぞれの教科等の目標や大まかな教育内容を文部科学大臣が告示します。そのため、教科書は学習指導要領に沿った内容でつくられますし、各学校も、これに従った教育課程を編成することになります。

　学習指導要領は、戦前の「教授要目」（小学校）や「教授細目」（中学校）に代わるものとして、各学年別の目標や内容などの詳細を示しながら、時代に応じた変遷をたどってきました。

① 昭和22年の学習指導要領

　昭和22（1947）年の学習指導要領は、「試案」（教師用手引書）とされ、

図表8-2　学習指導要領の変遷

制定年	指導要領の内容	特徴・カリキュラム
①1947年 （昭和22）	最初の学習指導要領 試案（教師用手引書）として作成 修身・地理・日本歴史の廃止 社会科・家庭科・自由研究の新設	経験主義カリキュラム
②1951年 （昭和26）	教科課程から「教育課程」へ変更 教科以外の活動の新設（のちの特活）	経験主義カリキュラム
③1958年 （昭和33）	学習指導要領が法的拘束力（大臣告示） 道徳の時間の新設 科学技術教育の重視	系統性の重視に転換（系統主義カリキュラム） スプートニクショックの影響
④1968年 （昭和43）	理数教育の重視、集合、関数、確率が導入（高校）、学習指導要領が「標準」	教育内容の現代化（系統主義カリキュラム）
⑤1977年 （昭和52）	授業時数の1割削減 特別活動（高校）に改称	ゆとり教育開始（人間中心カリキュラムへ）
⑥1989年 （平成元）	生活科の新設 授業時間の弾力的運用	新しい学力観、個性重視教育
⑦1998年 （平成10）	相対評価から絶対評価へ変更 学習内容の3割削減 「総合」の新設、学校週5日制の実施	ゆとりの中で生きる力を育む
⑧2008年 （平成20）	理数教育充実、「総合」の時数削減、授業時数の増加、外国語活動の導入、道徳の教科化（平成27年の一部改正）	脱ゆとり教育への転換 教育基本法の改定
⑨2017年 （平成29）	アクティブ・ラーニング、英語教科化 情報活用能力（プログラミング教育）	社会に開かれた教育課程 主体的・対話的で深い学び

戦後の民主教育*のあり方を示しました。それまでの修身（公民）、日本歴史、地理を廃止して社会科が設けられ、小学校では女子のみの裁縫や家事をなくして家庭科ができ、自由研究（現在の特別活動の原型）が設けられました。

② 昭和26年の学習指導要領

わずか4年後の昭和26（1951）年の学習指導要領（試案）では、教科課程が「教育課程」に改められます。学校教育のなかに教科以外の活動（小学校）、特別教育活動（中学校）が新設され、「教科課程」の名称がそぐわなくなったからです。改定後も経験主義、生活単元学習は維持されました。

③ 昭和33年の学習指導要領

昭和33（1958）年の改定で学習指導要領は、大変革期を迎えます。ソ連の人工衛星スプートニク1号の打ち上げによる「スプートニクショック*」、高度経済成長期への突入により「学習の効率性と科学教育の重視」がすすむと、多くの指導時間を要する経験主義教育が見直され、各教科の系統性と基礎学力を重視する「系統主義」教育に潮流が変わります。また、学校教育法⇒同法施行規則⇒大臣告示という法体系が整い、学習指導要領が法的拘束力を備えた結果、「学習指導要領の基準性」が強化されます。また、道徳の新設、国語、算数の授業時間が増加しました。

④ 昭和43年の学習指導要領

昭和43（1968）年の学習指導要領では、「教育内容の現代化」により理数教育が重視され、数学に集合、関数、確率が導入される一方で、学習指導要領が「最低基準」から「標準」となり、教育潮流が変化する兆しもみえてきます。特別教育活動と学校行事が統合されて「特別活動」となりました。

⑤ 昭和52年の学習指導要領

昭和52（1977）年の学習指導要領から「ゆとり教育*」が始まります。わが国が高度経済成長を達成すると、「詰め込み教育」や「おちこぼれ」を生んだ「系統主義カリキュラム」の反省から、「人間中心カリキュラム」へ移行します。これにともない、教育内容が精選され「授業時数の1割削減」や「個に応じた教育の推進」が図られました。

⑥ 平成元年の学習指導要領

ゆとり教育が維持され、豊かな心をもち、たくましく生きる人間の育成、自ら学ぶ意欲と社会の変化に主体的に対応できる能力の重視、「新しい学力観」への転換で関心・意欲・態度の育成や子どもの個性の重視が図られるようになりました。小学校低学年では、理科と社会科が廃止され、生活科が新設されました。また、小学校で45分（中学校で50分）の授業時間に弾力的運用が図られるようになります。

⑦ 平成10年の学習指導要領

ゆとり教育が完成した学習指導要領ともいえるもので、「自ら学び自ら考える力の育成」が叫ばれ、「総合的な学習の時間」が新設されます。また、学校週5日制の導入（平成14年）に備え、学習内容が3割削減されました。しかし、平成15年にはその一部改正が行われ、学習指導要領にない内容

重要語句

民主教育

→明治憲法下の天皇主権制から新憲法による国民主権制への移行にともない、アメリカの民主主義教育が導入されたことをいう。これによりデューイの経験主義が戦後日本教育の主流となる。

重要語句

スプートニクショック

→米国とソ連（現ロシア）の宇宙開発競争において、ソ連に先を越された衝撃が米国を中心とする自由主義国家の間に広がったこと。

重要語句

ゆとり教育

→1977（昭和52）年から反詰め込み教育として約30年続いたが、のちに学力低下の批判を招いた。

を加えた指導も可能とする基準が示されました。

⑧ 平成20年の学習指導要領

　OECDが実施するPISA*（国際学習到達度調査）の結果で学力低下を危惧する声がたかまり、「脱ゆとり教育」へと転換されます。国語、社会、算数および理科の授業時数の増加、小学校高学年の「外国語活動」の新設、「総合的な学習の時間」の時数削減が実施されました。

⑨ 平成29年の学習指導要領

　この改訂の中核となるものは、「主体的・対話的で深い学び（アクティブ・ラーニング）*」と「情報活用能力（ICT活用能力）」だということができるでしょう。中央教育審議会の答申では、「アクティブ・ラーニング」という言葉を使用していましたが、学習指導要領では使用されず、「主体的・対話的で深い学び」と表現されています。これは、子どもたち一人ひとりの個性に応じた多様で質の高い学びを導く「授業改善」を目指したものです。

4　教育関係法令と学習指導要領の「基準性」

1　教育関係法令

　わが国のような近代的法治国家では、教育行政も国の最高法規である日本国憲法をはじめとする各種法令に基づいて行われます。たとえば、教育基本法、学校教育法、学校教育法施行令、学校教育法施行規則、学習指導要領などの教育関係法令により「教育課程に関する様々な基準」が設定されています。

　これらの法令を簡単に紹介します。

【「日本国憲法」第26条】

すべて国民は、法律の定めるところにより、その能力に応じて、ひとしく教育を受ける権利を有する。

すべて国民は、法律の定めるところにより、その保護する子女に普通教育を受けさせる義務を負ふ。義務教育は、これを無償とする。

　憲法第26条は、教育に関する規定として、すべての教育関係法規の最高位にあるものです。ここには教育課程に関する直接的な記述はありませんが、この条文が憲法の第3章「国民の権利及び義務」のなかにおさめられ、教育が重要な基本的人権の一つとなっている点に留意が必要です。

　教育課程との関係で、重要な点は、教育基本法の教育の目的（第1条）と目標（第2条）です。これは、次のように規定されています。

【「教育基本法」】

第1条（教育の目的）

教育は、人格の完成を目指し、平和で民主的な国家及び社会の形成者

重要語句

PISA

→15歳児を対象に、読解力と数学的・科学的基礎力の3分野について、3年ごとに実施されるOECDのテスト。

重要語句

主体的・対話的で深い学び（アクティブ・ラーニング）

→教師による一方的な授業ではなく、子どもが学習主体となるような体験的な学びやグループワーク、ディベートなどの能動的な学習のこと。

として必要な資質を備えた心身ともに健康な国民の育成を期して行われなければならない。

第2条（教育の目標）

教育は、その目的を実現するため、学問の自由を尊重しつつ、次に掲げる目標を達成するよう行われるものとする。

1　幅広い知識と教養を身に付け、真理を求める態度を養い、豊かな情操と道徳心を培うとともに、健やかな身体を養うこと。
2　個人の価値を尊重して、その能力を伸ばし、創造性を培い、自主及び自律の精神を養うとともに、職業及び生活との関連を重視し、勤労を重んずる態度を養うこと。
3　正義と責任、男女の平等、自他の敬愛と協力を重んずるとともに、公共の精神に基づき、主体的に社会の形成に参画し、その発展に寄与する態度を養うこと。
4　生命を尊び、自然を大切にし、環境の保全に寄与する態度を養うこと。
5　伝統と文化を尊重し、それらをはぐくんできた我が国と郷土を愛するとともに、他国を尊重し、国際社会の平和と発展に寄与する態度を養うこと。

　学校教育法第33条では、次の通り、「小学校の教育課程に関する事項は、……文部科学大臣が定める。」としています。小学校のみならず、中学校（第48条）の場合でも、高校（第52条）の場合でも同様ですが、「文部科学大臣が定める」ものとされる内容が、次の学校教育法施行規則のなかで決められていますので紹介します。

　このように、学校教育法（第33条）で、小学校の教育課程については、

図表8-3　学校教育法・学校教育法施行規則

学校教育法	第33条	小学校の教育課程に関する事項は、第29条及び第30条の規定に従い、文部科学大臣が定める。 ※29条で教育の目的が、30条で教育の目標が示されています。 ※中学校は48条に、高校は52条に、同趣旨の規定があります。
学校教育法施行規則	第50条	小学校の教育課程は、国語、社会、算数、理科、生活、音楽、図画工作、家庭及び体育の各教科（以下この節において「各教科」という。）、道徳、外国語活動、総合的な学習の時間並びに特別活動によって編成するものとする。 ※中学校は72条に、高校は83条に、同趣旨の規定があります。 ※道徳は、平成30年度より「特別の教科」となりました。
	第51条	小学校の各学年における各教科、道徳、外国語活動、総合的な学習の時間及び特別活動のそれぞれの授業時数並びに各学年におけるこれらの総授業時数は、別表第1に定める授業時数を標準とする。
	第52条	小学校の教育課程については、この節に定めるもののほか、教育課程の基準として文部科学大臣が別に公示する小学校学習指導要領によるものとする。 ※中学校は74条に、高校は84条に、同趣旨の規定がある。

目的（第29条）と目標（第30条）のもとに、文部科学大臣がこれを定めるとしたうえで、学校教育法施行規則（第52条）では、文部科学大臣が公示する小学校学習指導要領でこれを示すとしているのです。つまり、学校教育法施行規則（文部科学省の省令）では、国民の代表者で構成された国会で制定された「学校教育法」（法律）の委任を受けて「学習指導要領」で教育課程について定めているため、「学習指導要領には、法的拘束力が認められる」ということになるのです。

2 学習指導要領の「基準性」

　学習指導要領は、各学校が教育課程を編成する際の基準を定めたものですが、このことを「学習指導要領の基準性」といいます。教育課程の編成では、「教育内容の統一性」や「一定水準の質」が保障される必要があるため、国は教育の目的、目標、内容、授業時数、指導の際の留意点などを各種法令（教育基本法、学校教育法、学校教育法施行規則など）で示したり、学習指導要領で各教科などの目標や大まかな内容を示したりしているのです。各学校は、児童・生徒の実態に応じて学習指導要領の「基準性」を満たしながら、児童・生徒の実態に合った自校独自のカリキュラムが必要と判断される場合は、児童・生徒の理解を「より深めたり」、「より豊かなものにしたり」するために関連事柄の指導を発展的に扱うことができます。

5 授業計画

1 教育計画の校内担当者

【「学校教育法施行規則」第44条】
小学校には、教務主任及び学年主任を置くものとする。
2～3　省略
4　教務主任は、校長の監督を受け、教育計画の立案その他の教務に
　　関する事項について、連絡調整及び指導、助言に当たる。
5　学年主任は、校長の監督を受け、当該学年の教育活動に関する事
　　項について連絡調整及び指導、助言に当たる。

　教育課程編成の主体者は、国や教育委員会ではなく各学校です。国は、法令や学習指導要領でその基準を示し、教育委員会は、各学校を支援するのです。では、学校では、どのように教育課程の編成を行うのでしょうか。
　教育関係法令や学習指導要領に基づいて、各学校での教育計画づくりをする際に中核的役割を果たすのが教務主任（学年においては学年主任）です。

【年間指導計画（小学校の例）】
○　学校経営要綱（校長）

○「各教科」の年間指導計画
・国語（1年～6年）　　・社会（3年～6年）
・算数（1年～6年）　　・理科（3年～6年）
・生活（1年～2年）　　・音楽（1年～6年）
・図画工作（1年～6年）・家庭（5年～6年）
・体育（1年～6年）
○「道徳」年間指導計画（1年～6年）
○「特別活動」年間指導計画（1年～6年）
○「総合的な学習の時間」年間指導計画　（3年～6年）
○「外国語活動」年間指導計画（5年～6年）
○「生徒指導」年間指導計画（1年～6年）
○　各学級の「学級経営案」　　○　週時程・日課表
○　図書館利用計画　　　　　　○　食育推進計画
○　保健・安全教育推進計画　　○　特別支援教育推進計画　　　など

　学校教育法施行規則（第44条）では、教務主任は、教育計画担当責任者として、校長の監督のもとで、上記（小学校の例）のような「年間指導計画（教育計画）」の作成にあたります。もちろん、その際、各学年や校内の担当者がそれぞれに役割を分担し合って全職員で、この作業に取り組むのです。その際、教務主任は、その学校の子どもの実態、地域の特性などを考えながら、自校の「特色を生かした教育課程の編成」をすすめる必要があります。

2　教育課程の編成と「開かれた学校づくり」

　「開かれた学校づくり」とは、学校の「教育課程を地域や社会に開くこと」を意味しています。具体的には、次のように考えられます。
①「指導者を開く」
　　指導者を教師に限定せず、学校外の人材を活用すること。地域の非常勤講師や学校ボランティアなどのGT（ゲストティーチャー）を「どの学年」の「どの単元」で何時間程度導入するのかの計画が必要です。
②「教材を開く」
　　地域教材を取り入れることです。社会科の中学年での地域教材など。
③「指導場所を開く」
　　教室のみならず、学校外の施設などの活用も図ることが必要です。
④「学校経営を開く」
　　学校経営を校長だけが行うのではなく、地域人材を参画させた運営組織の活用を図ることです。その代表的な例が「学校評議員会」や「学校運営協議会」の制度です。

第8講

「教える」という仕事①　教育課程と授業の計画

プラスワン

地域教材の例
子どもの生活圏や校区内にある史跡、文化財、伝統工芸、歴史など、授業で取り上げることができる学習教材のこと。

たとえば、特別活動の「児童集会（生徒集会）」で、地域の短歌・俳句が得意な方々の協力を得て「俳句・短歌集会」を開いてもよいかもしれません。さまざまな教科や単元について実践できそうな計画の案をどんどんだし合いましょう。

ディスカッションしてみよう！

もしあなたが、小学校の教務主任として教育課程の編成を行う場合、どのような授業で、どのように学校の特色化をすすめますか。正岡子規や夏目漱石を輩出した愛媛県松山市の小学校を例に、「開かれた学校づくり」の視点でこれを考えましょう。また、「知っておくと役立つ話」を読んで参考にしましょう。

たとえば・・・

夏目漱石

正岡子規

復習や発展的な理解のために　知っておくと役立つ話

カリキュラム編成・開発と教科書

　わが国では、小学校、中学校、高等学校などの教科書について、教科書検定制度が採用されているため、これに対応すべく多くの大手出版社が、全国の学校で使用される教科書の著作・編集を担っています。教科書の検定とは、文部科学大臣が教科書として適切か否かを審査し、これに合格したものを教科書として使用することを認める制度のことです。つまり、教科書の作成を国ではなく民間に委ねることで、著作者・編集者の創意工夫により適切で質の高い教科書の確保をねらいとしています。

　そのため教科書の出版に際しては、多くの学者や現場の教師の英知が集結され、教材の選定や分析が行われて、各教科・各学年の教科書に応じた「教師用指導書」が作成されます。この指導書には、年間指導計画、教材の特性、単元や本時の目標、その具体的な授業展開例、評価規準、板書計画例、発問計画例、指導上の留意点に至るまで、詳細な記述がなされています。ということは、「各教科のカリキュラム編成」の際には、各学校の先生方は、教科書会社が作成した年間指導計画を活用すれば、それでこと足りたのです。つまり、ゼロから教育計画を作成しなくてもよかったのです。

　しかし、1998（平成10）年告示の学習指導要領から、このような状況に変化が生じました。「総合的な学習の時間」（以下、「総合」）が新設され、各学校では「○○タイム」とよばれる学校独自の「テーマ学習」が計画されたり、学校の裁量が拡大されたりしてカリキュラムの特色化が確実にすすみました。さらに、2008（平成20）年告示の学習指導要領から、新たに「外国語活動」が新設されました。各教科の学習は、整備された検定教科書制度があるため、同じ会社の教科書を採用している学校間では、いわば「金太郎あめ」状態のカリキュラムとなりますが、「総合」や「英語活動」のカリキュラム編成では、学校・教師が、自分たちの地域の特性や児童生徒の実態に応じたカリキュラムを「ゼロから編成・開発」することが求められるようになったのです。

　もしこのまま少子化がすすみ、各学校で原則的に1学年1学級の編成がほとんどとなったとしたら、各学校では、各学級担任により自分のクラスの児童・生徒の実態に応じたカリキュラムが開発されるようになるかもしれません。その際、カリキュラム開発の基本は、「学校を基盤としたカリキュラム開発（SBCD:School Based Curriculum Development）」ではなく、「学級を基盤としたカリキュラム開発（CBCD:Class Based Curriculum Development）」とよばれるようになるかもしれません。

第8講　「教える」という仕事①　教育課程と授業の計画

ちゃんとわかったかな?

復習問題にチャレンジ

(大阪府教員チャレンジテスト　2015年)

> ①次は、教育基本法の条文である。各問いに答えよ。

第6条　法律に定める学校は、　A　を有するものであって、国、地方公共団体及び法律に定める法人のみが、これを設置することができる。

2　前項の学校においては、教育の目標が達成されるよう、教育を受ける者の心身の発達に応じて、体系的な教育が組織的に行われなければならない。この場合において、教育を受ける者が、学校生活を営む上で必要な　B　を重んずるとともに、自ら進んで学習に取り組む　C　を高めることを重視して行われなければならない。

問1　空欄Aに当てはまる語句はどれか。1～5から一つ選べ。

　　　1　公の性質　　2　平等な権利　　3　公共の精神　　4　民主的な性格　　5　自由な学風

問2　空欄B、Cに当てはまる語句の組合せとして、正しいものはどれか。1～5から一つ選べ。

　　　　　　B　　　C
　　　1　責任　　資質
　　　2　学習　　意欲
　　　3　規律　　資質
　　　4　学習　　資質
　　　5　規律　　意欲

(大阪府教員チャレンジテスト　2015年)

> ②次の各文は、学校教育法第21条に記されている義務教育の目標の一部である。各問いに答えよ。

・学校内外における社会的活動を促進し、自主、自律及び協同の精神、規範意識、公正な判断力並びに公共の精神に基づき主体的に社会の形成に　A　し、その発展に寄与する態度を養うこと。

・健康、安全で幸福な生活のために必要な習慣を養うとともに、運動を通じて体力を養い、心身の　B　発達を図ること。

・職業についての基礎的な知識と技能、　C　態度及び個性に応じて将来の進路を選択する能力を養うこと。

問1　空欄Aに当てはまる語句はどれか。1～5から一つ選べ。

　　　1　協力　　2　尽力　　3　貢献　　4　参画　　5　関与

問2　空欄Bに当てはまる語句はどれか。1～5から一つ選べ。

　　　1　調和的　　2　基礎的　　3　継続的　　4　全体的　　5　段階的

問3　空欄Cに当てはまる語句はどれか。1～5から一つ選べ。

　　　1　社会的役割を重視する
　　　2　勤労を重んずる
　　　3　自らのよさを認識する
　　　4　自ら進んで働く
　　　5　職業人としての

理解できたことをまとめておこう！

ノートテイキングページ

「ディスカッションしてみよう！」で話し合いをすすめる際に、「話し合いの柱」となる点を書きだしてみましょう。そのとき、次の点を参考にしてください。

① 「学校の特色化」をすすめる場合、どんな授業を活用しますか。

② 「開かれた学校づくり」と「学校の特色化」をどのように結びつけますか。

第8講 「教える」という仕事① 教育課程と授業の計画

第9講 「教える」という仕事② 教育課程と授業の実践

> **理解のポイント**
>
> 授業とは、教育目標を達成し、編成された教育課程を実現するために行われる教科・領域指導の基本的な形態や過程のことをいいます。ともすれば授業は教育課程に基づいた固定的なもの、児童・生徒にとって受動的なものととらえられがちですが、はたして本当にそうでしょうか。本講では、授業とは何か？ 授業づくりはどのようにすすめていけばよいのか？ という実践面について考えてみましょう。

1 授業を計画する

1 授業とは

　授業は、教育課程に示された目標の達成や内容の獲得を目指して行われる、教材を媒介とした教師と子どもの活動です。教材・教師・子どもの三者が相互に関わり合うなかで、授業の主体者（中心）である子どもが成長・発達する過程と考えることができます（図表9-1）。子どもが目指す目標を達成するためには、子ども自らが積極的に教材に働きかけながらすすんで学ぶことが重要です。そこで、教師は子どもが主体的に学ぶ状況を生み出し、さまざまな力を獲得させていくことができるように指導・支援していかねばなりません。

　子どもが、生涯を通じて学ぶ主体者であり続けるように、自ら学び、自ら考える能力の基盤を形成し、確かな学力を身につけていくことが、授業づくりをすすめるうえで最も重要な視点となります。

授業の主体者は教師ではなく、子どもなのですね。

図表9-1　授業の要素と相互の関係

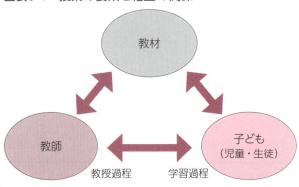

2　授業が成立するためには

子どもの実態に即して「教師が教えようとすること」が「子どもの学びたいこと（学ぼうとすること）」に置き換えられ、子どもの主体的な学びが実現されることで授業は成立します。そして何よりも、子どもたちに目標が達成され内容等が獲得されることが大切です。

3　授業づくりの視点・留意点

目指す力を子どもが獲得するために、教師はどのような授業を考え、実践すればよいのでしょうか。授業づくりで踏まえるべき具体的な事項は、次のような7つの柱にまとめることができます。

【授業づくりの視点・留意点】
児童の実態……子どもの教材に関する理解度、関心の程度、レディネス*の把握
目標設定……目指すもの（価値）の明確な設定
教材研究……学習の成果を生み出す教材の選択
学習過程……子どもの思考の流れに即した指導過程の設定
指導の方途……一人ひとりを生かす学習活動や指導方法の設定
指導技術……発問・板書等、効果的に授業をすすめるための指導技術
授業評価……目標の観点に即して振り返り、改善に役立てる

「児童の実態」を把握し、教育課程（本校のカリキュラム）に位置づけられた単元等の価値を検討し、「児童の実態」に即した目標を設定します。

4　教材研究

教材研究は、授業のなかで教科・領域の目標が効果的に達成されるように教材を分析・検討し、選択・構成する教師の活動です。

教材は、教育の目標を達成するうえで適切な内容であるかどうか、子どもの発達段階や実態に合っており、十分に興味や関心をひく内容であるかどうかという観点から選びます。地域や学校の特性を生かした教材であればなおよいでしょう。また、教材の内容が学問的に妥当で公正な内容であるかどうかも検討する必要があります。

そのうえで、実際に授業でどのように教材を扱うか研究します。教材研究では次にあげる視点が重要です。

【教材研究の視点】
理解の深まり……教材が本来もつ内容と価値を明らかにする。
選択……単元の目標に即した基礎的・基本的な内容を含むものにする。
効果……地域や子どもの実態および指導の目標と合致するかを検討する。
意味……子どもの課題意識を喚起し自発的な思考を促す内容を検討する。
位置づけ……授業全体の構想、教材提示の順序や計画、児童・生徒のつまずきや反応を予想する。

重要語句

レディネス
→学習による変容が効果的に行われるために必要な発達の素地が準備されている状態のこと。

プラスワン

教材となり得るもの
・教科書（教科用図書）
・教科書以外の図書：副読本、問題集、ドリルほか
・その他の教材：自作教材、PCソフトほか
注意点
・指導に必要なものだけを教材化し、安易に市販品を活用しない。
・児童・生徒の実態に即した自作教材の作成に努めること。

教材を選ぶことも教師の重要な仕事の一つ。自分で教材をつくることもありますが、子どもに合った内容になっているかどうか考える必要があります。

重要語句

学習指導要領解説

→学習指導要領の記述の意味や解釈などの詳細について説明するために文部科学省が作成するもので、総則および各教科・領域ごとに紹介されている。

5 単元の目標を設定する

単元の目標は、「学習指導要領解説*」や本校の教育課程編成資料等をもとに検討し、本単元で到達させたい目標を明確にします。

> 【単元の目標（例）】
>
> **関心・意欲・態度**……～について興味・関心を示し、積極的に～しようとする。
>
> **思考・判断・表現**……～の変化を関係づけてとらえ、図や言葉で表現することができる。
>
> **技能**……～について必要な情報を集めて読み取ったりまとめたりすることができる。
>
> **知識・理解**……～の特色や～の工夫、～の働きについて理解することができる。

6 単元を構成する

道徳や学級活動をのぞき、多くの教科は複数の時間のまとまりで指導時間がつくられています。1時間分だけの授業づくりでは、児童・生徒の意識の流れに沿った系統的な指導はできません。そこで、数時間分の内容のまとまりとして教材を考える必要があります。

子どもの生活や学習の経験をとらえ、子どもの問題意識を学習の中核に位置づけて、一連の学習活動を行う「単元」が構成されます。

「単元」とは、目標（価値）を達成するための一連のまとまりです。教科や領域によっては、子どもの活動の流れよりも内容のまとまりから整理するものもあります。その場合には、「題材」「主題（道徳など）」の用語を適用します。

単元を構成することで、以下のような効果が期待できます。

> 【単元を構成することの効果】
>
> ・全体を見通して計画的に指導することができること。
> ・子どもの生活や経験をもとに展開することで、子どもの意欲を引き出すことができること。
> ・主体的な学習となり、見通しをもって課題解決ができること。

7 学習指導案の作成

学習指導案は、単元の目標の達成を目指し、子どもに知識や技能をどのように獲得させ、資質や能力をどのように育てていくか、そのために教師が授業をどのように組み立て、どのように支援するのかを具体化する指導計画です。

図表9-2　学習指導案の例

```
                 第□学年□組　□□科学習指導案

                                   指導者 □□ □□　印

 1　単元（題材）

 2　指導観

      ○児童観（生徒観）

      ○教材観（単元観・題材観）

      ○指導観（方法観）

 3　目標

      ※単元（題材・主題等）の目標

      ○「関心・意欲・態度」の面から

      ○「思考・判断・表現」の面から

      ○「技能」の面から

      ○「知識・理解」の面から

 4　計画（□時間）

      ※単元の各段階の主な学習活動と指導上の留意点、評価規準、配時を記述する。

 5　本時　平成□年□月□日（□曜日）第□校時 □□において

      ○主眼　具体的かつ明確に学習内容と目標を示す。

      ○準備　主眼達成のために必要な資料・教具等

      ○展開　学習の過程を書く。
```

	学習活動・内容	指導上の留意点	評価基準（評価方法）	配時
導入	1 □□□□ ※子どもが行う活動を書くようにする。	○ ※教師が行う指導の内容と目的を書く。	○	5分
展開	2 □□□□	○	○	15分

プラスワン

学習指導案の形式
学習指導案の形式は、教育委員会や各学校によってさまざまである。教育実習の事前打ち合わせの際に、形式例を入手させてもらうとよい。

〈学習指導案に記述する項目について〉

　学習指導案に記述する項目について、少しくわしく述べてみましょう。

①**単元名**：単元全体の活動や内容を示す名称を書きます。

　例：生活科「秋をさがそう」内容（5）（6）

　※学習指導要領の内容に示されたもの（たとえば「（5）身近な自然の観察など）を記述することもあります。

②**指導観**：主に、以下の3つの見方・考え方の面から書きます。

　児童観（生徒観）…… 学級における子どもの実態を書きます。

　教材観（単元観・題材観）…… 教材や単元の価値を書きます。

　指導観（方法観）…… 教師の手だて（方途）を書きます。

※「児童観」と「教材観」は、はじめに何を分析・把握するか（子どもの実態か教材研究か）によって入れ替わることもあります。

③ **目標**：本単元のねらい（価値）を明確にしたものです。手だて（あるいは活動の仕組みなど）と内容（価値）から記述します。内容（価値）のみで記述する場合もあります。

学習指導案の例（図表9-2）では、学習指導要領に示された力「関心・意欲・態度」「思考・判断・表現」「技能」「知識・理解」の面から記述するように示していますが、従来は多くの場合、形式陶冶と実質陶冶の2つの面から示していました。形式陶冶は心情面や態度の形成を意味し、実質陶冶は一定の文化内容の習得を意味しています。

④ **計画**：単元をとおした全体の計画を示します。段階ごとに活動・内容を示します。書き方は学習指導案の形式によってさまざまです。

「本時の展開」のように別個の枠組みを設けて詳述する形式の指導案もあります。算数などの系統性が高い教科や当該校の方針に即して記述の形式が定められます。また、本時がどこに位置するのかを明確に示しましょう。

⑤ **本時の学習に関する項目**

主眼……本時におけるねらいを、手だて（あるいは活動の仕組みなど）と内容（価値）から記述します。「③ 目標」で述べたような形式陶冶面と実質陶冶面から記述されることが多いのですが、1つに絞られている形式もあります。

準備……本時で使用する教具等を、教師側・子ども側の両面から記述します。

展開……主な学習活動、指導における留意点を記述します。

・「主な学習活動」は、子どもの立場で記述します。思考の流れに即した展開を考えて書くことが大切です。

・「指導上の留意点」は、活動に対応し、教師の立場で書きます。目的と手だて（方法）を記述します。

・その他の項目として、学習指導案の形式によって「評価基準（評価方法）」や「配時」があります。評価については、どのような活動（内容や意識などの評価基準）をどのような方法で評価するのかを記述します。配時は、導入・展開前段・展開後段・終末ごとの目安としての時間を記述します（各段階をさらに細分化する場合もあります）。

本時の学習に関する項目は、いわば「授業づくりの中核」です。主な学習活動については、予想される子どもの反応を十分に検討します。そして、指導の留意点については、それに対応する支援（手だて）を立てるのです。

子どもの反応はそのときどきによってもちろん違いますが、どんな反応が返ってくるかあらかじめ予想しておくことも大切です。

2 授業を実践する

授業の計画ができたらすぐによい授業が実現できるわけではありません。

授業場面で集団や個別の活動を仕組んだり、活動の流れを可視化できる板書や学習ノート指導などのツールを計画したりすることでよりよい授業を具体化することができます。発問の計画も欠かせません。

　ここでは、よりよい授業を実現する方途として、学習形態、板書、学習ノート、発問の役割や機能について考えてみましょう。

1　学習形態について

　「主体的・対話的で深い学び」（アクティブ・ラーニング→第8講参照）のあり方を検討したり体験的活動を仕組んだりする場合に、学習形態を検討することが効果的な活動を生み出します。

一斉学習……主に、導入の段階や展開の後段、終末・発展の段階で同一の課題を子どもたち全員で取り扱う学習です。一部の子どもの発言や思考の流れだけで授業が展開することが起こりがちなので、全員で確かめたり交流したりしてすすめていくことが大切になります。

小集団学習……グループ別の学習です。何人かの小集団ごとに活動します。一人ひとりの子どもが主体的に活動するよう配慮します。

ペア学習……2人1組で活動します。実験・観察・調査等を行ったり、自分の考えを確かめたりする場合に効果的な学習形態です。

個別学習……主に展開後段や発展的な活動の段階において、課題に沿って自力解決を図り、主体的に活動していく展開が図られる場合の形態です。

少人数学習……個に応じた指導の充実を図るために、学習の集団の数や規模を適切に設定する授業形態を仕組みます。主に、次のような指導をする場合に取り上げられます。

　① 習熟度別の学習

　　習熟の程度が同一の子どもによる集団を編成し、習熟させたい内容を指導する形態です。子どもの興味・関心に配慮し、子どもが主体的に課題や集団を選択することが大切です。

　② 課題別の学習

　　子どもの興味・関心に応じた課題別に集団を構成して指導する形態です。教師が事前に設定した課題から子どもが選択する場合や、自分たちで設けた選択肢（課題）に応じて活動する場合が考えられます。

　このほかにも、学習方法別の形態や単純分割の形態による少人数学習形態などが考えられます。いずれの場合にも、次のようなことを重視して授業づくりの可能性を検討することが大切です。

> ・子どもの実態と子どもの願いを把握すること。
> ・発展的、補充的な学習の可能性を検討すること。
> ・状況に応じた柔軟な指導が図れるように指導体制の工夫を図ること。

2　板書の機能について

　授業を効果的に展開していくために、板書、学習ノート、発問を計画的

図表9-3　板書の例

に準備していくことが大切です。
　板書には、次のような役割があると考えられています。

・学習のめあての明確化
・児童・生徒の思考の活性化
・学習のまとめや基本的事項の整理
・説明の補助
・練習問題等の提示
・注意喚起

① 板書の構造を考える

　板書は、学習のねらいを達成するために機能的な使い方をすることが大切です。文字や図を書くだけではなく、教師が準備したものを掲示したり、子どもが自分の考えを説明するために使ったりする場合もあります。どの位置にどのような内容を板書するのかを計画しておきましょう。板書を計画的に行うことで、授業を可視化することができ、展開を検討する機会になります。

② よい板書をつくるヒント

・問題解決的な学習をパターン化し、思考力・表現力を養う。
・ゴール（まとめ）からめあてを設定し、両者を整合させる。
・矢印、囲みを効果的に活用して構造化を図る。

3　学習ノートを工夫する

① 学習ノートの機能

　学習ノートには、次のような役割（機能）があるといわれています。
・練習の役割（機能）
・メモ（備忘録）の役割

・整理したり保存したりする機能
・追求したり考えをつくりあげたりする探求的な機能
　上記の上2つが基礎的な活用、下2つが発展的な活用と考えることもできます。

② 学習ノートの指導のポイント

基礎・基本的な指導

> ・鉛筆の正しい持ち方とよい姿勢で書く習慣をつけさせましょう。
> ・文字は正しい形、書き順、大きさや濃淡に気をつけさせましょう。
> ・誤字・脱字、表現の誤り等はしっかり指導をしましょう。
> ・必要以上に空白を設けないよう、紙面の使い方を指導しましょう。
> ・学習に応じて記録・整理・振り返りなどの活用をさせましょう。
> ・内容や書き方のよさについて、コメント等を入れて評価しましょう。
> ・ていねいに扱うことを心掛けさせ、学習の足跡を残すために保存するよう指導しましょう。

授業における活用

> ・学習の流れがわかるように、書く場所や順序を工夫するよう指導しましょう。
> ・視覚的に捉えやすいように、重点箇所では文字の色を変えたり、矢印や囲みを指示したりして、強調点が記入できるようにさせましょう。
> ・1単位時間で見開き1面（2ページ）程度の約束を決め、内容の構成や必要以上の書き写しはしないように指導しましょう。

注意するべき点

> **板書の分量は適切に**……書く分量が多すぎると、子どもたちは書き写すことに終始して、考える時間が足りなくなります。書く時間、聞く時間、発表や話し合いの時間は区別することが大切です。
> **板書とノートの色分けを指導する**……板書で使う色とノートで強調する色は同一ではない場合があります。黒板の場合、一番目立つ黄色で強調する内容を記します。ところが、白い紙面に黄色の文字は映えません。ですから、小学校低学年の子どもには「黒板に黄色で書く文字は、ノートでは赤で書きましょう」などの指導をていねいにしていきましょう。
> **学習ノートの区別**……授業で活用する学習ノートと家庭学習用のノートとを別々に準備させ、区別して使用させることが大切です。授業は単元全体のまとまりや前時からの系統性があり、既習の内容をノートで振り返ることも大切です。そのためには、1回の授業で使うページ数（2ページ程度など）を決めたり、書き出しの箇所に

日付を記入したりして「振り返りや活用」ができる学習ノートの機能を高めたいものです。

授業の振り返りのためのノートづくり……授業用の学習ノートと板書は連動しています。子どもが授業後に今日の学習を振り返るためには、よい授業の流れを学習ノートに書き残していることが重要になります。この学びを積み上げていくことで子どもの確かな学力が身につくといってよいでしょう。

4 発問を工夫する

発問とは、授業中に行われる教師の問いかけです。人間は疑問や課題を抱くと、それを解決しようとして自ら対象に働きかける存在です。しかし、子どもは疑問や課題に気づく力がまだ十分に身についていないため、授業では教師が子どもに対して意図的に問いかけることになります。適切な発問が行われれば、子どもがそれを主体的に受け止め、疑問や課題を自分のものに転化させ、対象に働きかけ課題を解決していく活動が展開されます。

発問には「閉じた発問」と「開いた発問」があります。

閉じた発問……一問一答式の問い。答えが限定的になる問いかけです。

開いた発問……考えに多様さや発展がみられる問い。いろいろな答えや友だちの考えに付加・修正がなされる可能性をもっています。

開いた発問だけではなく、閉じた発問も授業のなかで用いられる大切な発問です。これらのバランスをとりながら、主眼の達成や価値の習得に関わる発問を中心に、発問の計画を立てることが大切になります。

【学習を深める発問の考え方】
・主眼（本時のねらい）の達成に向かう発問
・内容に即して追究・発展させることができる発問
・理解させたい内容の理解に向かう発問
・思考を深めたり実感をともない発展させたりできる発問

板書は授業の振り返りに欠かせないもの。特に小学校低学年の子どもには、「基本のキ」からていねいに指導しましょう。

3 授業を振り返る
——よりよい授業への改善

　よりよい授業を創造していくためには、実践を客観的に評価し、改善の視点を明確にしていくことが欠かせません。たとえば、観点ごとの評価シートの活用や、子どもによる自己評価シートの記入、学習ノートを点検し、情報の集約を行っていくことです。具体的には、目標に迫るための手だての有効性や活動の仕組みの問題点、発問・板書等に対するよしあしを図ります。教師としてこのような習慣をつけることで、子どものよりよい成長を図ろうとする授業づくりの姿勢が育まれるのです。

授業の評価
授業の評価については第10講でよりくわしく述べられているため、参照のこと。

ディスカッションしてみよう！

近年注目されている「アクティブ・ラーニング」とよばれる学習方法が、2016（平成28）年12月に公表された中央教育審議会答申、および「新学習指導要領」において「主体的・対話的で深い学び」として示されました。「主体的な学び」「対話的な学び」「深い学び」の３つをキーワードにして、ある教科等の単元のまとまりや１単位時間の授業時間を取り上げ、「何ができるようになるか」「何を学ぶか」「どのように学ぶか」を話し合ってみましょう。

たとえば・・・

復習や発展的な理解のために

知っておくと役立つ話

授業をつくる──授業の実際（「導入」「展開」「終末」）と教材研究

　1単位時間の授業展開は、「導入」「展開」「終末」という3段階のまとまりで考えるのが基本です。「展開」の段階は、さらに前段と後段の分節に分かれます。一般的な授業は、3段階4分節というまとまりで構成します。

　小学校の1単位の授業は45分間で構成します。具体的な目安は、導入5分間、展開35分間前後、まとめ5分間といった時間配分になります。ここでは、算数の問題解決的な学習を取り上げて述べてみます。

　導入では、問題の提示やめあての確認（本時の課題の把握）を行います。子どもが教材との出会いにより主体的な問い（課題）をもつ段階であり、「主体的な学び」の契機となる場面です。算数の学習は系統性が明確であるがゆえに、導入に時間をかけすぎ、その後の時間配分に支障をきたすということがしばしば起こります。子どもの意識を大切にするあまり、既習内容の想起や本時の問題とのズレの解消をていねいにしすぎると、導入に10分間あるいはそれ以上の時間がかかってしまうのです。展開の段階の時間を確保するためにくれぐれも気をつけてください。

　展開の段階は、導入で意識された課題を追究し、自力解決を図る過程です。ここでは、導入で意識された課題の解決に向けた予想や見通しに基づき筋道立てた追究が行われることになります。

　算数の授業では、展開の前段でまず、個人による課題の自力解決を図ります。今日では多様な学習形態を工夫するようになったため、個から集団への広がり、つまり、ペアやグループ（小集団）などによる表現・交流という「対話的な学び」をとおして、解決の深化・補充が行われます。次に、展開の後段で、一斉交流という、いわば授業のヤマ場を迎えます。

　戦前、戦後を通じた教育実践家であった斎藤喜博は、教師と教材、教材と子どもの間に対立や衝突・葛藤が起こり、克服して新しい発見がなされたり未知のものがつくりだされたりしたとき、授業は「展開している」と述べ、「展開のある授業」を重視しました（斎藤喜博『授業の展開』ほか）。今日いわれている「対話的」で「深い学び」がなされている場面です。ただし、「主体的」「対話的」「深い」という三者は独立して位置づけられるわけではなく、互いに重なり合いながら実現されるものです。

　終末の段階では、めあてに対するまとめや本時の学習の振り返り（評価）を行います。算数の学習では、獲得した数理の考え方や技能を生かして習熟（練習）を行う場合もあります。

　授業は、既習の内容や理解から上位の次元へと子どもを誘導するものです。そのために必要となるのが教材研究に基づく教材解釈です。すぐれた国語教育の実践家であった大村はまは、「一緒に遊んでやれば、子どもと同じ世界におられるなんて考えるのは、あまりに安易に過ぎる」とし、「大事なことは、研究をしていて、勉強の苦しみと喜びとを（中略）感じていること、そして、伸びたいという希望が胸にあふれていること」こそが「教師の資格」であると述べています（大村はま『教えるということ』）。ぜひ、教材研究を大切にし、展開のある授業を創造していきましょう。

ちゃんとわかったかな?

復習問題にチャレンジ

（筆者作成）

> 次の文は小学校学習指導要領（平成29年3月）の総則の一部である。各問いに答えなさい。

学校の教育活動を進めるに当たっては、各学校において、 A ・ B で C の実現に向けた授業改善を通して、創意工夫を生かした特色ある教育活動を展開する中で、（略）児童に D を育むことを目指すものとする。

問1　空欄A、B、Cに当てはまる語句の組み合わせとして正しいものはどれか。

　　　1〜3から一つ選びなさい。

	A	B	C
1	意欲的	協働的	確かな学力
2	主体的	協働的	学習習慣
3	主体的	対話的	深い学び

問2　空欄 D に当てはまる語句を、次の1〜5から一つ選びなさい。

　　　1　生きる力　　　2　思考力、判断力、表現力　　　3　学びに向かう力、人間性等

第9講「教える」という仕事② 教育課程と授業の実践

理解できたことをまとめておこう!

ノートテイキングページ

「ディスカッションしてみよう!」で話し合いをすすめる際に、子どもの「主体的な学び」「対話的な学び」「深い学び」とはどのようなものかを書いてみましょう。そのとき、次の点を具体的に考えてください。

①子どもの「主体的な学び」「対話的な学び」「深い学び」は、授業の各段階（場面）でどのような姿として現れるでしょうか。

②「主体的・対話的で深い学び」が「アクティブ・ラーニング」の発展的なキーワードとして提言された背景には、従来の学習の何からの脱却を図ろうとしたのでしょうか。

第10講 「教える」という仕事③ 教育評価

理解のポイント

教育評価のあり方は、学習指導の多様化にともない多種多様になり、明確な整理がなされているとはいいがたいですが、教育現場では日々の教育活動がすすめられているという現実があります。そこで、本講では、これまでの教育評価を整理したうえで、これからの教育評価のあり方を考えます。

1 教育評価を考える前に

教育評価には、相対評価や絶対評価、形成的評価や総括的評価、自己評価や他者評価に加え、ポートフォリオ評価やパフォーマンス評価という新たな評価まで、目的や主体、時期などに応じて多種多様な評価があります。

教育現場では、学習指導法については工夫・研究され実践化がすすめられている一方で、評価に関しては、通知表＊や指導要録＊などの作成が目的化してしまう傾向が根強くあります。そのため、「指導と評価の一体化」の必要が叫ばれて久しいのですが、教育評価に対する理解は、なかなかすすんでいないのが現実だといえます。

では、そもそも教育評価とは、いつ、誰が、誰に対して、何のために、何を、どのようにして行うものなのでしょうか。そして、これまでいかにして教育評価を実施してきたのでしょうか。また、これから教育評価についてどのように考えて取り組めばいいのでしょうか。本講では、限られた紙面のなかで、このような教育評価に関する素朴な疑問に答えるかたちで整理してみようと思います。

教育現場では「○○評価」というワードをよく聞きますが、一つひとつの違いや正確な意味についてはあいまいなまま使われている場合も少なくありません。

語句説明

通知表
学校等が幼児・児童・生徒の教科の成績や日常生活の記録などをまとめ、本人およびその保護者へ通知するための書類だが、その作成は学校等の裁量にまかされている。

指導要録
児童・生徒の「指導に関する記録」と「学籍に関する記録」を記入する公簿で、学校教育法施行規則第24条と第28条で作成と保存が義務づけられている。

2 教育評価の目的

まずは、最も素朴な疑問である「何のために教育評価を行うのか？」について考えましょう。教育評価の目的は（1）学習目的と、（2）指導目的を基本としており、昨今では（3）調査目的も注目されています。

1 学習目的

学習者が自らの学習状況を把握するために教育評価を行うのが、第一義

です。つまり指導者が、学習者自身（保護者も含む）に対して、何をどこまで理解しているか、どこでつまずいているのか、今後どのような学習が必要かという学習に関する情報を提供すること、つまり、フィードバックすることに目的があります。

そのため、教育現場において通知表が大きな意味をもつことはよく知られていますが、それだけでは十分とはいえません。たとえば、学習目標が学習者にどのようなかたちで明示され、理解を得ているか、また、通知表で提示された教育評価の結果が、その後の学習改善のために役立てられているかどうかというような課題があります。

2 指導目的

指導者が指導のために必要な情報を収集することも教育評価の重要な目的です。たとえば、新しい単元の学習に入る前には、既習事項がどの程度まで定着しているのか（レディネス→第9講参照）を小テストなどで確認することがあります。

その結果によっては、既習事項をていねいに復習することから始める必要があるでしょう。また、授業中にも、「わかりますか？」などと学習者が理解しているかどうかを確かめたり、授業の終末には、振り返りをさせることで、本時の学習状況を確かめて、次時の授業につなげたりします。

さらに、単元末のペーパーテストの結果から、学習者のつまずきを見つけて補充的な指導をしたり、今後の指導で留意したりすることになります。

3 調査目的

たとえば、毎年4月に、小学6年生と中学3年生を対象に実施されている全国学力・学習状況調査は、次の3つの目的で実施されています。
①義務教育の機会均等とその水準の維持向上の観点から、全国的な児童・生徒の学力や学習状況を把握・分析し、教育施策の成果と課題を検証し、その改善を図る。
②そのような取り組みを通じて、教育に関する継続的な検証改善サイクルを確立する。
③学校における児童・生徒への教育指導の充実や学習状況の改善等に役立てる。

①と②が調査目的、③が学習目的や指導目的に当たることがわかります。近年、ともすれば学力調査の結果ランキングだけが耳目を集めがちですが、まずは本来の目的が達成されているのかどうかの検討が必要といえるでしょう。

3 教育評価の時期

仮に、小学5年生の算数科で小数のかけ算の授業が展開されていると

> **ディスカッションしてみよう！**
>
> 全国学力・学習状況調査では、学力調査と合わせて児童・生徒質問紙や学校質問紙も実施され、児童・生徒の学習実態に関して興味深い結果が公表されています。このような調査結果のあり方は、教育現場での指導のあり方にどのような影響があるでしょうか？　皆で考えてみましょう。
>
> たとえば・・・

想定しましょう。指導者は、この単元の学習を始める前に、小数やかけ算についての既習内容がどの程度子どもたちに定着しているか（レディネス）を、小テスト、あるいは、第1時の導入において確かめたかもしれません。これは、①「診断的評価」といいます（図表10-1 参照）。

また、毎時間の授業の終末には、子どもたちにわかったことや残された疑問などについての振り返りを書かせたり、計算ドリルなどでその時間の学習成果を確かめたりしているでしょう。これは、②「形成的評価」に当たります。

そして、単元末にはペーパーテストを行い、①や②と合わせて単元の③「総括的評価」を行い、個別の学習状況に合わせた補充的な学習に生かしたり、学期末の通知表作成の資料にしたりすることになります。

「完全習得学習（マスタリー・ラーニング）」を提唱したブルーム*は、これら3段階の評価を行うことで、ほぼすべての学習者に一定水準以上の学力を保証することができると考えました。ブルームは、特に形成的評

ベンジャミン・ブルーム
1913〜1999
アメリカの教育学者。1956年に発表されたタキソノミー（教育目標の分類学）を提唱したことで有名。思考は「知識を想起すること」から始まり、「分析や総合を生かして新たなものの価値を判断する」という複雑なものへ伸長、発達していくという6階層の思考スキルを示した。

図表10-1　診断的評価・形成的評価・総括的評価

評価	①診断的評価	②形成的評価	③総括的評価
時期	学年や学期、単元のはじめ	学習指導中（授業中、授業の終末）	単元末、学期末、学年末
目的と機能	指導前に学習者の実態（レディネス）を把握し、それに合わせた指導計画を立てるために実施する評価のこと。	学習の途中で行う評価のこと。まず、学習者自身が自らの理解度や定着度を把握すること、それを次の学習活動に向かう動機づけとすること、さらに、指導者がこのような学習者個別の状況を指導に反映させることが目的となる。	単元末や学期末など、一連の学習が終わったあとに実施する評価のこと。一般に、単元末のテストや中間・期末テストなどで行う。
方法例	標準学力テスト、レディネステスト、事前（プレ）テストなど	フィードバック、助言、小テスト、振り返り、ドリル、演習問題など	単元末テスト、中間・期末・学年末テスト、事後（ポスト）テストなど

価の役割を重視し、この理論を活用することによって95％の学習者が目標水準を達成できると主張しています。実際の教育現場では、どうしても総括的評価に力点を置いてしまいますが、毎回の授業において、学習者の学習状況を学習者と指導者の双方が把握し、それを以降の学習に役立てていく形成的評価の重要性を、ブルームは示唆しているといえるでしょう。

4 評価の主体

　教育評価は、誰が誰の評価を行うかという視点から分類することができます（図表10-2）。実際の授業のなかでは、以下のような評価場面を取り入れることによって、一斉授業のなかに、個人の学び、ペアやグループでの学びを展開することができます。

　たとえば、国語科の作文を書く授業をイメージしてみましょう。先生から書き終わった子どもに対して、誤字や脱字がないかどうか、改行や改段落ができているかどうか、など自分で見直すように指示があります。子どもは、各自で自分の作文を読み返して推敲するでしょう。これは、「自己評価」に当たります。次に、子ども同士がペアになって作文を読み合い、よく書けているところや訂正すべき箇所などを評価し合う活動が始まると、これは、「相互評価」です。最後に、先生が子どもたちの作文を回収し、赤ペンで添削すると「他者評価」となります。あるいは、子どもが作文を書いている最中に、先生が個別の子どもに必要な助言や添削をする場合も「他者評価」に当たります。

　「主体的な学習」や「自律した学習者」の育成という教育活動の目標を実現するには、「相互評価」や「他者評価」を介して「自己評価」する力を育てることが重要になります。つまり、友だちや先生から受けるような評価を、自分自身で行えるようにすることが、これからの「教育評価」には重要な視点となります。

図表10-2　主体による評価の分類

他者評価	評価する者と評価される者の立場が異なる場合。
自己評価	評価する者が評価される者と同一の場合。
相互評価	評価する者と評価される者が同じ立場にある場合。

5 評価の方法

　教育現場でも保護者の間でもなかなか理解がすすまないのが、「相対評価」と「絶対評価」との違いでしょう。わが国では、戦後導入された「相

ブルームのほか、ブルーナー（第6講「知っておくと役立つ話」参照）の発見学習、デューイ（第6講参照）の問題解決学習など学習理論について整理しておきましょう。

対評価」が、2001（平成13）年度の指導要録から「絶対評価」に変更されるまで、半世紀以上の長きにわたって、教育現場での評価方法として存続してきた経緯があります。教員や保護者の大多数は、「相対評価」による教育を受けてきた世代で、現行の「絶対評価」は、まだ20年にも満たないのです。

1 相対評価

たとえば、A中学校に通うあなたは、学力テストで60点をとり、学年200人中100位だったとしましょう。ところが、B中学校に転校したところ、あなたの得点は同じ60点でしたが、学年200人中50位に当たることがわかりました。この場合、得点は同じなのに、成績はA中学校では中位に、B中学校では上位に位置することになります。つまり、所属する集団によって順位が変動したということです。このように、集団内での位置によって評価することを「集団に準拠した評価」すなわち「相対評価」といいます。

相対評価において「5段階評価」や「10段階評価」による個人の成績は、図表10-3に示すように、統計学の正規分布に基づいて決定されます。このグラフからもわかるように、A中学校では、あなたの成績は5段階評価の3に当たりますが、B中学校では、4と評価されることになるのです。

相対評価には次のような弊害があると指摘されています。

> ① 必ずできない子どもがいるということを前提とする、非教育的な評価論である。
> ② 子どもによる排他的な競争を常態化させ、「勉強とは勝ち負けを競い合うこと」という学習観を醸成してしまう。
> ③ 子どもが獲得した学力は、指導者が目指した教育目標に到達していたかどうかを反映していない。
> ④ 子どもの努力や能力のみが問題とされるため、評価結果に基づいて指導者が自らの教育活動を検証したり改善したりしようとしない。
>
> 田中耕治編『新しい教育評価の理論と方法』日本標準、2002年

受験の目安として使われる「偏差値」も相対評価の代表例の一つです。

図表10-3　正規分布と5段階評価・10段階評価

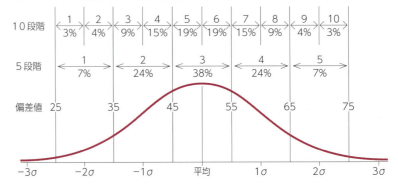

こうした指摘がされ始めたこともあり、当時の文部省*は、1971（昭和46）年から2001（平成13）年までは、相対評価ではありながら、各段階の人数を固定化しないように教育現場に周知してきました。いわゆる、「絶対評価を加味した相対評価」とよばれる不可思議な評価のことで、「受験戦争」と揶揄されるぐらい行きすぎた競争主義を緩和するための苦肉の策だったと思われます。

2　絶対評価

一方、「絶対評価」は「目標に準拠した評価」のことで、基準となる学習指導要領に示された学習の目標に対して、あなたの学習状況が「十分満足できる」のか「おおむね満足できる」のか「努力を要する」のかを判断することになります。この場合、学習指導要領の目標という評価の基準は、A中学校でもB中学校でも同じなのですから、あなたの学習状況は他者ではなく評価の基準に照らし合わせて判断されることになります。したがって、あなたがA中学校で「十分満足している」と評価されたのなら、B中学校でも同じ評価になるはずであることから、「絶対評価」とよばれているのです。

ただし、文部科学省としては、2010（平成22）年の教育課程部会まとめ以降、「絶対評価」という表現は使用せず、「目標に準拠した評価」に統一しています。また、このように、「集団に準拠した評価」から「目標に準拠した評価」に改めた理由として次の5点をあげられています。

---

① 新しい学習指導要領（筆者注：1998～1999年改訂版）に示された基礎的・基本的な内容の確実な習得を図る観点から学習指導要領に示した内容を確実に習得したかどうかの評価を一層徹底するため

② 児童生徒一人一人の進歩の状況や教科の目標の実現状況を的確に把握し、学習指導の改善に生かすため

③ 各学校段階において、児童生徒がその学校段階の目標を実現しているかどうかを評価することにより上級の学校段階の教育との円滑な接続に資するため

④ 新しい学習指導要領では、習熟の程度に応じた指導など、個に応じた指導を一層重視しており、学習集団の編成も多様となることが考えられるため

⑤ 少子化等により、学年、学級の児童生徒数が減少する中で、評価の客観性や信頼性を確保するため

「児童生徒の学習と教育課程の実施状況の評価の在り方について」（教育課程審議会答申、2000年）

ここでいう新しい学習指導要領は、いわゆる「ゆとり教育」（→第8講参照）とよばれる時代のもので、「基礎・基本を確実に身に付けさせ、自ら学び自ら考える力などの『生きる力』の育成」が主眼とされ、「学校週

語句説明

文部省
2001年1月6日、中央省庁再編により、旧文部省と科学技術庁を廃止し、両者を統合した文部科学省が設置された。

プラスワン

「目標に準拠した評価」
実際の「目標に準拠した評価」では、まず、「関心・意欲・態度」「思考・判断・表現」「技能」「知識・理解」の4観点について、A「十分満足できる」B「おおむね満足できる」C「努力を要する」の3段階で「観点別評価」を行う。それをもとに、「総括的な評価としての評定」を算出することになっている。

5 日制」や「総合的な学習の時間」の新設、授業時間数と学習内容の削減などと合わせて「絶対評価」が導入された経緯があります。「ゆとり教育」については、さまざまな立場から検証がされていますが、①②からも読み取れるように、この学習指導要領を機に、わが国の評価観の視点が集団から個へと大転換したことは、意義深いことだといえます。

しかし、「絶対評価」については、次のような問題点が指摘されています。

① 評価規準の設定

各教科の目標を具体化、細分化した「評価規準」をどのように設定するのかが問題になります。つまり、学校や指導者レベルで評価規準にギャップが生じる可能性があります。さらに、設定した評価規準をどのような方法でいつ評価するのかについても指導者にまかされてしまうことから、評価の妥当性や信頼性を担保しにくいうえ、一連の手続きが煩雑になってしまいます。

② 達成不十分への対処

「評価規準」をB評価（おおむね満足できる学習状況）に定めることになるため、C評価（努力を要する学習状況）を受ける子どもがいる以上、いかに指導方法を工夫しても、実際には「努力を要する」子どもをゼロにはできないということになります。そこで、補充的な指導や個に応じた指導が必要になり、授業時間内外を問わずそのような機会を保障しなければなりません。教育的責任を問う傾向が強いアメリカでは、これを恐れて評価のインフレ現象（甘い評価）が起こったといわれています。

③ 説明責任

「相対評価」では、学級内の相対的位置として保護者からの問い合わせに対して説明できますが、「絶対評価」では、評価の根拠が指導者自身の指導力に由来するのか、本人の能力や努力に帰することになるのか明確に説明することは難しいものです。その妥当性を主張できるだけの評価資料を整えておくことが必要になります。

とりわけ、「関心・意欲・態度」や「思考・判断」などについては、導入当初から問題点が指摘されています。

3 個人内評価

たとえば、百ます計算に取り組む小学生が、学期初めには5分かかっていたのに、学期末には3分で終えることができるようになったというように、その子どもの過去と比べた進歩の状況を評価することができます。また、計算は苦手だけれど、漢字の読み書きは得意だというように、子どもの得意や不得意、長所と短所などを比較するようなこともあります。前者を「縦断的個人内評価」といい、後者は「横断的個人内評価」で、いずれも、学習者自身を基準として、もち味や努力などを評価する「個人内評価」です。

実際の教育現場では、通知表の所見として、保護者との懇談会などでは、この「個人内評価」を本人や保護者にフィードバックすることが多いようです。

「評価規準」と「評価基準」とはどのように使い分けるのでしょう?

6 これからの教育評価

2020年度から小学校を皮切りに順次完全実施される次期学習指導要領では、図表10-4のように、現行の評価の4観点が3観点になりますが、「目標に準拠した評価」は継続されます。

現時点では、図表10-5のような評価の観点として検討されていますが、これは、次期学習指導要領が目指す資質・能力の3つの柱に基づいていることを理解している必要があります。

プラスワン

資質・能力の3つの柱

①何を知っているか、何ができるか
②知っていること・できることをどう使うか
③どのように社会・世界と関わり、よりよい人生を送るか

図表10-4 観点別学習状況の評価について

○ 学習評価には、児童生徒の学習状況を検証し、結果の面から教育水準の維持向上を保障する機能。

○ 各教科においては、学習指導要領等の目標に照らして設定した観点ごとに学習状況の評価と評定を行う「目標に準拠した評価」として実施。
　⇒きめの細かい学習指導の充実と児童生徒一人一人の学習内容の確実な定着を目指す。

学力の3つの要素と評価の観点との整理

【現行】　　【以下の3観点に沿った整理を検討】

学習評価の4観点
- 関心・意欲・態度
- 思考・判断・表現
- 技能
- 知識・理解

学力の3要素（学校教育法）（学習指導要領）
- 知識及び技能
- 思考力・判断力・表現力等
- 主体的に学習に取り組む態度

学習指導と学習評価のPDCAサイクル

○ 学習評価を通じて、学習指導の在り方を見直すことや個に応じた指導の充実を図ること、学校における教育活動を組織として改善することが重要。

指導と評価の一体化

- **Plan** 指導計画等の作成
- **Do** 指導計画を踏まえた教育の実施
- **Check** 児童生徒の学習状況、指導計画等の評価
- **Action** 授業や指導計画等の改善

文部科学省「総則・評価特別部会資料」（2016年1月18日）をもとに作成

図表10-5 各教科等の評価の観点のイメージ案

観点（例）※具体的な観点の書きぶりは、各教科等の特性を踏まえて検討	知識・技能	思考・判断・表現	主体的に学習に取り組む態度
各観点の趣旨のイメージ（例）※具体的な記述については、各教科等の特性を踏まえて検討	（例）○○を理解している／○○の知識を身に付けている　○○することができる／○○の技能を身に付けている	（例）各教科等の特性に応じ育まれる見方や考え方を用いて探究することを通じて、考えたり判断したり表現したりしている	（例）主体的に知識・技能を身に付けたり、思考・判断・表現をしようとしたりしている

文部科学省「総則・評価特別部会資料」（2016年3月14日）をもとに作成

図表10-6　多様な評価方法

パフォーマンス評価	知識やスキルを使いこなす（活用・応用・統合する）ことを求めるような評価方法。論説文やレポート、展示物といった完成作品（プロダクト）や、スピーチやプレゼンテーション、協同での問題解決、実験の実施といった実演（狭義のパフォーマンス）を評価する。
ルーブリック評価	成功の度合いを示す数レベル程度の尺度と、それぞれのレベルに対応するパフォーマンスの特徴を示した記述語（評価規準）からなる評価基準表。
ポートフォリオ評価	児童生徒の学習の過程や成果などの記録や作品を計画的にファイルなどに集積。そのファイル等を活用して児童生徒の学習状況を把握するとともに、児童生徒や保護者等に対し、その成長の過程や到達点、今後の課題等を示す。

文部科学省「総則・評価特別部会資料」（2016年）をもとに作成

　また、次期学習指導要領では、「主体的・対話的で深い学び」（アクティブ・ラーニング→第8講参照）を実現するような学習指導を工夫することが求められていることから、今後の教育評価は、図表10-6に紹介する新たな評価方法も積極的に取り入れていく必要があるでしょう。

7　カリキュラム・マネジメント

　本講の冒頭でもふれたように、実際の教育現場では、学習指導と評価とは、別々の活動としてとらえられてしまいがちで、1つの単元の指導計画（Plan）を実行（Do）した時点、つまり、授業が終わるとPDCAサイクル*はいったん終了し、次の単元に移行してしまうことになります。

　そこで、次期学習指導要領では、「カリキュラム・マネジメント」を位置づけた教育活動を求めています。図表10-4に「学習指導と学習評価のPDCAサイクル」が示されていますが、これは、指導者側の指導改善やカリキュラムの見直しなどのために教育評価をフィードバックすることを意味します。

　たとえば、授業の終末に確認のためのドリルを行ったところ、思わしくない状況だったとしたら、「子どもが理解していないから」とか「あれだけていねいに教えたのにわからない」などとは思わないでしょう。「次の授業の冒頭では、具体物を使って教え直そう」などと考え、つまずきの原因を想定して解消するための手立てを講じるでしょう。このような評価（Check）と授業改善（Action）までを日常化することにこそ、教育評価の意義を見いだす必要があるのです。指導者は学習者を評価する立場であることに違いはありませんが、同時に、自らの指導をも評価し改善すべき立場にもあるのです。

重要語句

PDCAサイクル

→Plan（計画）→Do（実施）→Check（評価）→Action（改善）を繰り返すことで、教育活動を継続的に改善すること。

8　教育評価の課題

最後に、教育評価に携わる者として自覚しておくべき課題について次の3つの視点から考えましょう。

1　指導したことを評価しているか

たとえば、小学生や中学生が書いた作文を評価する場合、文字のていねいさや誤字・脱字の有無、表記上の手続き、あるいは、分量などに着目して評価してしまうことがあります。もちろん、それを目標として作文指導を行ったのならば、妥当な評価ですが、ストーリーの展開や構成の工夫を指導したはずの作文を評価する際は、指導したことを正しく評価したことにはなりません。このようなことが続くと、指導者の意図とはかけ離れた学習活動を促進してしまうかもしれません。指導者が意図したこととは違うことを学習者が受信して学んでしまうという「潜在的カリキュラム」についても考えておく必要があります。

2　主観性を排除しているか

「絶対評価」でもふれたように、評価の基準が妥当かどうかという問題と、図表10-7に紹介するような指導者の心理的な問題が指摘されています。

図表10-7　評価に影響を及ぼし得る心理的効果

ステレオタイプ	ある集団について固定化されたイメージがあると、現実の評価対象に基づかないで、自分のもつ、偏った枠組み（レッテル）に基づいて各種の判断を下す傾向。
ハロー効果 （後光効果・光背効果）	学習者のもっている一つの特性を一般化してしまう傾向があるという現象。たとえば、成績のよい児童・生徒を、生活面や性格面でも肯定的に判断してしまうような傾向。
寛大効果	指導者が学習者に対して抱いている感情によって各種の判断が左右されてしまう傾向。たとえば、好感をもつ児童・生徒の評価が甘くなってしまう。逆の場合もある。

また、評価を左右する要因として図表10-8のような傾向があることも自覚しておく必要があります。

図表10-8　評価の傾向

中心化傾向	評価レベルの中心（5段階の場合は3）に集中してしまう傾向。
極端化傾向	両極端な評価（5段階の場合は1と5）に偏ってしまう傾向。
寛大化傾向	すべての学習者に対して実際よりも甘く評価する傾向。
厳格化傾向	すべての学習者に対して実際よりも厳しく評価する傾向。

プラスワン

潜在的カリキュラム
指導者が明示的に教える教育内容（顕在的カリキュラム）とは別に、指導者の言動や教育環境等の影響で学習者が無意識のうちに受信してしまう内容のこと。

アンケート調査に回答するとき、当たり障りのない選択肢を選んでしまうような場合、「中心化傾向」が働いたということですね。

> **プラスワン**
>
> データ依存については、児童・生徒の個人情報を保存したUSBメモリなどを学校外にもち出し、紛失してしまうという不祥事もあとを絶たない。

3　データに依存しすぎていないか

　校務のコンピュータ利用がすすむなかで、学習者に関わるさまざまな情報がデータ化されて管理されています。成績処理ソフトも性能が高まり、通知表や指導要録の作成まで一括して処理することが可能になっています。

　しかし、これらのデータに依存しすぎることによる弊害もあります。目の前の一人ひとりの学習者自身をきちんと見つめ、その可能性を伸ばすという本来の教育評価のあり方を見失わないことが大切です。

知っておくと役立つ話

復習や発展的な理解のために

評価（evaluation）と
アセスメント（assessment）

第10講 「教える」という仕事③ 教育評価

　最近は、「評価（evaluation）」に加えて「アセスメント（assessment）」がよく使われるようになっています。そもそも、assessmentはevaluationのための情報を収集することで、evaluationはassessmentによって集めた情報を根拠にして、よしあしやレベルなどの判断を下すことです。本講で「形成的評価」について述べましたが、これからの教育評価を考えるとき、自律した学習者を育てる視点から「形成的アセスメント」が注目されています。

　安藤輝次（2018）は、「形成的アセスメントとは、教師がテストや見取りを通じて子どもの学びを把握して、目標とのズレを縮めようとする形成的評価とは違って、『子ども』が教師や他の子どもによる他者評価を受けて、自分の学びの出来・不出来を自己評価し、新たな学びを方向づけていくものです。形成的アセスメントは、総括的評価とは違って、子どもの成績評価、つまり、評定を下すのではなく、他者評価を介した自己評価を学習過程において行う、いわば評価学習法です」と説明しています。

　たとえば、従来の作文指導では、子どもが書いた原稿に教師が赤ペンで添削（形成的評価）を行って返却し、子どもはその通りに書き直し、それを再び教師が評価（総括的評価）してきました。しかし、「形成的アセスメント」が示唆する作文指導は、目標とすべき見本やルーブリックを子どもたちが理解したうえで、子ども自身の書いた作文や友だちが書いた作文に対して、十分・不十分さを子ども同士や教師からもフィードバックすることで、本人が複数の情報から取捨選択してよりよい作文に仕上げていく学習活動を想定します。

　フィギュアスケートでは、演技種目や出来映えなどについての採点に関する詳細な評価基準が選手にも公表されているので、選手は、高得点を獲得するために演技種目の構成を考え、その実現に向けた練習を積み、選手自身の自己評価はもちろんのこと、コーチからのフィードバックを生かしてレベルアップしていくことができるのです。このように、「形成的アセスメント」とは、これまで教師が独占的に行ってきた「指導と評価」に子どもたちを積極的に参画させることが求められているといえます。

127

ちゃんとわかったかな?

復習問題にチャレンジ

(大阪府教員チャレンジテスト　2017年)

次の各文のうち、「幼稚園、小学校、中学校、高等学校及び特別支援学校の学習指導要領等の改善及び必要な方策等について（答申）」（平成28年12月21日　中央教育審議会）の中の、学習評価の充実に関する記述の内容として誤っているものはどれか。　1 ～ 5 から一つ選べ。

1　子供一人一人が、自らの学習状況やキャリア形成を見通したり、振り返ったりできるようにすることが重要である。そのため、子供たちが自己評価を行うことを、教科等の特質に応じて学習活動の一つとして位置付けることが適当である。

2　資質・能力のバランスのとれた学習評価を行っていくためには、指導と評価の一体化を図る中で、学習状況を分析的に捉える観点別学習状況の評価などを取り入れ、知識量を問うペーパーテストや活動の結果を重視した評価を行っていくことが必要である。

3　子供たちの学習状況を評価するために、教員は、個々の授業のねらいをどこまでどのように達成したかだけではなく、子供たち一人一人が、前の学びからどのように成長しているか、より深い学びに向かっているかどうかを捉えていくことが必要である。

4　学習評価については、子供の学びの評価にとどまらず、「カリキュラム・マネジメント」の中で、教育課程や学習・指導方法の評価と結び付け、子供たちの学びに関わる学習評価の改善を、更に教育課程や学習・指導の改善に発展・展開させ、授業改善及び組織運営の改善に向けた学校教育全体のサイクルに位置付けていくことが必要である。

5　観点別学習状況の評価には十分示しきれない、児童生徒一人一人のよい点や可能性、進歩の状況等については、日々の教育活動や総合所見等を通じて積極的に子供に伝えることが重要である。

理解できたことをまとめておこう！

ノートテイキングページ

パフォーマンス評価、ルーブリック評価、ポートフォリオ評価とは、どのような評価方法なのかを実践事例をもとにまとめてみましょう。

第10講 「教える」という仕事③ 教育評価

第11講 「教える」という仕事④ 学校・学級の経営

理解のポイント

みなさんは、「経営」という言葉を聞いてどのような印象をもたれるでしょうか。「営利を目的とした会社や銀行等の企業を運営する」といったイメージが強くはないでしょうか。では、学校や学級を「経営」するといった場合、それは、何を目指して、どのように行われるべきなのでしょうか？「教える」「学ぶ」という言葉をキーワードに考えていきましょう。

1 学校経営

1 学校教育に求められているもの

2006（平成18）年に改正された<u>教育基本法</u>には、「学校教育」に関して、第6条において、次のように定められています。

【「教育基本法」第6条】
法律に定める学校は、公の性質を有するものであって、国、地方公共団体及び法律に定める法人のみが、これを設置することができる。
2　前項の学校においては、教育の目標が達成されるよう、教育を受ける者の心身の発達に応じて、体系的な教育が組織的に行われなければならない。この場合において、教育を受ける者が、学校生活を営む上で必要な規律を重んずるとともに、自ら進んで学習に取り組む意欲を高めることを重視して行われなければならない。

この条文の第1項から、学校は「公の性質を有する」もので、「利潤追求」を第一とした組織ではないと理解することができます。ここでいう「公の性質を有する」とは、「教育」という、将来、国家・社会を担うべき「心身ともに健康な国民の育成」（同法第1条）という「公の目的によって行われるべき教育」（＝公教育）を担うのが、学校であるということを示しています。

いうまでもなく、国や都道府県、市町村のような地方公共団体などの公立学校だけでなく、国などが認めた法人が設置・運営する私立学校も、学校である以上、当然、この「公の性質」を有することを求められます。

会社や銀行などといった私企業が、いくら利潤を追求するために「経営」

学校のもつ「公の性質」とはどのようなものでしょうか？第3講で学んだこととあわせて考えてみましょう。

をするといっても、社会における法的な責任はもちろん、道義的な責任を
果たすことが求められるのは当然ですが、学校は、そもそもが「公的な責
任」を果たすことを第一の目的として、「経営」されなければならないのです。
　また、第2項には、学校においては、「教育の目標が達成されるよう」に、
「体系的な教育が組織的に行われなければならない」と定められています。
その際には、教育を受ける者の「心身の発達に応じて」行うことや「自ら
進んで学習に取り組む意欲を高めることを重視して」行わなければなりま
せん。
　なお、ここでいう学校とは、学校教育法第1条に定められている「幼
稚園、小学校、中学校、義務教育学校、高等学校、中等教育学校、特別支
援学校、大学及び高等専門学校」を指しています。
　今日の「学校教育に求められていること」をまとめるならば、以下のよ
うになるのではないでしょうか。

> 今日の「学校教育」に求められていること
> ① 学校に通う児童・生徒を
> ② 限られた年限のなかで
> ③ 心身の発達や能力に応じて
> ④ 読み・書き・算数にとどまらず、人間形成にも関わって教育し
> ⑤ 将来の国家・社会の担い手として育成すること。

2　学校経営の意義と内容

①「学校経営」の意義

　「経営」という言葉には、ある事業目的を達成するために「継続的・計
画的に事業を管理し、遂行する」という意味があります。多くの場合、経
済的にうまくいくように、「営利を目的とした会社や銀行等の企業を運営
する」といった意味合いで使われることが多いのですが、学校という組織
が、先に述べたような「公教育」の目標を達成するために、さまざまな事
業（学校においては、教育活動）を「継続的・計画的に」行うことこそが、
「学校経営」であるといえます。また、あとで述べますが、「学級経営」も
また、その文脈のなかでとらえる必要があります。

②「学校経営」に求められていること

　学校経営には、それをすすめていく手段として、以下のような5つの
領域があります。

> ① 学校教育目標の制定と教育課程の編成、教育計画の策定と実施
> ② 教職員や児童・生徒の編制・管理
> ③ 施設・設備などの物的管理
> ④ 学校予算の管理
> ⑤ 学校事務などの組織運営管理

プラスワン

学校教育に求められていること
「学校教育」に求められていることについては、教育基本法第5条2及び、学校教育法第21・第22・23条、第29・30条、第45・46条等の各学校の目的・目標についての記述も参照のこと。

第11講

「教える」という仕事④　学校・学級の経営

これらの領域は、実に広範囲であり、とらえどころがないような印象を受けるかもしれません。しかし、そのどれもが、学校の「教育活動」を維持し、円滑に学校を運営していくために、必要なものなのです。これらのなかで、第一に取り組まなければならないものとして、「学校教育目標の制定と教育課程の編制、教育計画の策定と実施」について、述べていきたいと思います。

　学校は、教育基本法や学校教育法等の法律や、それぞれの地域の教育委員会が定める管理規則などに従って経営されます。しかし、それらの諸法令は、あくまで学校としての基本のあり方を示したものであり、各学校は、学校長の「経営」方針のもとに、それぞれの学校を取り巻く地域の特色や当該校の児童・生徒の現状等に応じて、各学校にとって最適な教育を児童・生徒に提供できるように努めなければなりません。

　「教育課程」を例にあげるならば、その大枠については文部科学省が定め、教育委員会はその管理・執行について責任をもっていますが、実際に「地域や学校の実態及び児童生徒の心身の発達の段階や特性を十分に考慮して適切な教育課程を編成」し、実施するのは、各学校なのです。

　各学校では、「学校教育目標」を定め、それをもとに教育課程や教育計画が編成され、実施されています（学級においては「学級目標」があるはずです）。一般的には「校訓」や「建学の精神」として包括的に示されていることが多いのですが、これだけでは、日々どのような取り組みをしていけばよいのかが不明確です。そこで、児童・生徒の現状の課題を具体的に明らかにしたうえで、子どもたちの成長・発達の姿をイメージ化して、子ども像として、具体的に示したうえで、それを学校全体で共有することが大切なのです。

③ 学校経営を支える組織のあり方

　学校が児童・生徒一人ひとりに対して的確な教育を行うためには、まず第1に、指導の方針・基準に「一貫性」をもたせることが必要です。個々の教職員の児童・生徒へのアプローチのしかたはさまざまであったとして

> **プラスワン**
>
> **教育課程**
> 「教育課程」については、学校教育法第33条（教育課程）、学校教育法施行規則第50条〜58条、また、地方教育行政の組織及び運営に関する法律（地教行法）第23条、学習指導要領の第1「教育課程編成の一般方針」の1をそれぞれ参照のこと。

図表11-1　「学校経営」に求められていることは？

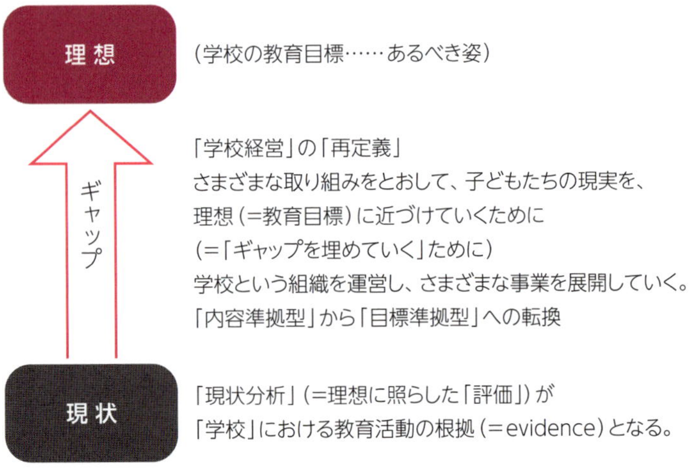

| 理想 | （学校の教育目標……あるべき姿） |

ギャップ

「学校経営」の「再定義」
さまざまな取り組みをとおして、子どもたちの現実を、
理想（＝教育目標）に近づけていくために
（＝「ギャップを埋めていく」ために）
学校という組織を運営し、さまざまな事業を展開していく。
「内容準拠型」から「目標準拠型」への転換

| 現状 | 「現状分析」（＝理想に照らした「評価」）が「学校」における教育活動の根拠（＝evidence）となる。 |

も、学校の方針や基準において、足並みをそろえることは重要です。各学校における児童・生徒への指導に当たっての「方針・基準」の明確化・具体化は、学校の指導体制を確立するうえでの第一歩となります。

第2に、指導の方針・基準を定めたならば、次に、これを一年間の指導計画に盛り込むとともに、職員会議＊などを通じて、すべての教職員に周知徹底し、「共通理解」しておく必要があります。ここでいう「すべての教職員による共通理解」とは、学校教育目標としての「どのような児童・生徒を育てるのか」を前提として、あらゆる機会に、全教職員が、各学校の「チーム」の一員としての「主体性」をもって、指導の方針・基準の策定（あるいは改善）に対して、積極的に関わることが必要です。そのことをとおして、真の意味での「共通理解」が生まれるのです。そして、その結果として、日々の児童・生徒への指導を行っていくうえでの「共通実践」が、生まれてくるのです。

重要語句

職員会議
→学校教育法施行規則第48条
小学校には、設置者の定めるところにより、校長の職務の円滑な執行に資するため、職員会議を置くことができる。
②職員会議は、校長が主宰する。

図表11-2　生徒指導の学校教育活動における位置づけ

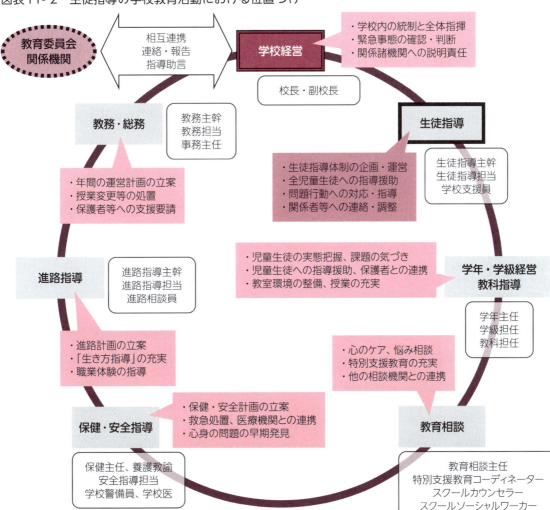

文部科学省『生徒指導提要』（2010年）をもとに作成

重要語句

校務分掌

「分掌」とは、仕事・事務を手分けして受けもつこと。学校教育法施行規則第43条では「小学校においては、調和の取れた学校運営が行われるためにふさわしい校務分掌の仕組みを整えるものとする」としている。

語句説明

「校務をつかさどる」

学校の仕事全体を掌握し、処理する権限をもっているという意味であり、これを「校務掌理権」という。

「所属職員を監督する」

「職務上」において監督するだけでなく、勤務時間の内外を問わず、監督指導する「身分上の監督」も含まれる。

「校務を整理する」

一般的には、「仕事全般の取りまとめ」という意味だが、ここでは、学校長を補佐するため、総合的な調整機能を果たすこと。学校内のさまざまな校務分掌の仕事の調整等も含まれている。

第3に、全校あげての指導を実現するためには、校長のリーダーシップのもと、それぞれの校務分掌*の担当者を中心として、全教職員が、それぞれの立場で、その役割を担い、計画的・組織的に取り組むことが必要です。

教職員が自らの指導のあり方を自己評価や内部評価を計画的に行うことによって見直すとともに、児童・生徒および保護者、関係機関等の意見や評価を十分に取り入れることも大切です。そして、それらの評価結果、改善案を常に発信し続けることによって、学校の指導体制の「硬直化」を防ぐとともに、そのときどきの「最善」の指導ができるようになるのです。

ここでは、「全校あげての指導体制」の確立を目指した学校経営の例として、『生徒指導提要』に示されている図をあげておきたいと思います（図表11-2）。

学校におけるそれぞれの立場の教職員が、共通理解をもって、協働しながら、児童生徒の教育に当たっています。そして、必要があれば、外部の機関とも連携しながら円滑にすすめていく必要があるのです。

④「学校経営」上必要な教職員の職務

「職務」とは、教職員が果たすべき任務、担当すべき役割のことです。学校がその目的とされる教育の諸事業を遂行するために必要とされる仕事であり、①「教育課程に基づく学習指導などの教育活動に関すること」だけでなく、②「学校の施設設備、教材教具に関すること」や③「文書作成処理や人事管理事務や会計事務などの学校内部事務に関すること」、また、④「教育委員会などの行政機関やPTA、社会教育団体等各種団体との連絡調整などの渉外に関すること」などがあります。

校長は、この①〜④などに関わる学校の管理運営上のすべての仕事を、校長の権限と責任において行わなければなりません。これらの仕事を自分で直接行うだけでなく、所属校の教職員に分担させて、処理させます（＝校務分掌）。また、必要に応じて、職務命令を出すこともあります。

学校教育法には、〔校長・教頭・教諭その他の職員〕という項目で、第37条に、学校経営を支える教職員の職務が示されています（中学校や高等学校には、それぞれ準用）。

【「学校教育法」第37条】

第4項　校長は、校務をつかさどり*、所属職員を監督する*。

第5項　副校長は、校長を助け、命を受けて校務をつかさどる。

第6項　副校長は、校長に事故があるときはその職務を代理し、校長が欠けたときはその職務を行う。

第7項　教頭は、校長を助け、校務を整理し*、及び必要に応じ児童の教育をつかさどる。

第8項　教頭は、校長に事故があるときはその職務を代理し、校長が欠けたときは校長の職務を行う。

第9項　主幹教諭は、校長及び教頭を助け、命を受けて校務の一部を整理し、並びに児童の教育をつかさどる。

第10項　指導教諭は、児童の教育をつかさどり、並びに教諭その他の

職員に対して、教育指導の改善及び充実のために必要な指導及び助言を行う。
第11項　教諭は、児童の教育をつかさどる。
第12項　養護教諭は、児童の養護をつかさどる。
第13項　栄養教諭は、児童の栄養の指導及び管理をつかさどる。
第14項　事務職員は事務をつかさどる。

⑤ これからの学校経営を支える職員体制

　従来、学校は、校長・教頭以外は、すべてフラットな「鍋ぶた型」の組織であるといわれてきました。確かに、新任の教員であっても、ベテランの教員であっても、児童生徒の指導に当たる際に、個々の教員に求められることに大きな違いがあるわけではありません。そして、職員間の連携・協力がうまくいっているときには、それぞれの足りないところを互いにフォローし合いながら、教育の諸事業をすすめていくことが可能でした。日々の語らいのなかから、自然と若手教員がベテラン教員から学ぶという、いわゆる「職員室の文化」というものが伝統的に受け継がれている職場もありました。

　しかし、一方で、「内向き」な職場の体質が、建設的な批判さえも封じ込めるといった「学年・学級王国」とよばれる閉鎖的な雰囲気をつくり出し、

図表11-3　学校のあり方の変遷

従来の学校のあり方（鍋ぶた型組織）

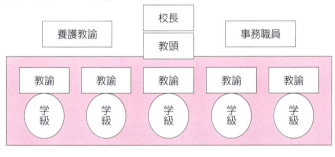

これからの学校のあり方

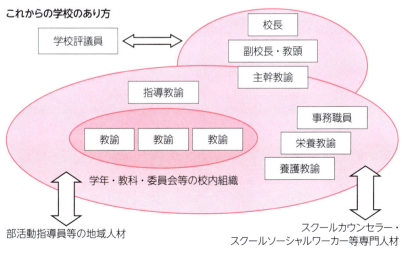

教職員間の連携を阻むような土壌を生み出してしまうこともありました。

　また、いじめ、不登校等、近年の複雑化・多様化する教育課題が山積している状況においては、個々の教職員の力量だけに頼るのではなく、「チーム」としての職員体制を確立することが急務になっています。さらに、外部の関係機関との連携が必要な案件はますます増加しています。

　そうしたなかで、近年、学校長を中心とした学校のマネジメントを組織をあげて行うとともに、「開かれた学校」として、地域人材を部活動指導員等として活用したり、スクールカウンセラーやスクールソーシャルワーカー等の専門人材と連携・協働したり、また、保護者や地域住民を「学校評議員」に委嘱し、学校経営の一端を担ってもらうといったことがすすんでいます。

2　学級経営

1　学校経営と学級経営の相違点

　学校経営は、前述したように、「学校の教育目標の実現を目指して、学校長を中心として、教職員がそれぞれに分担・協力し合いながら、学校を運営し、円滑に教育活動をすすめていくこと」であるといえますが、学級経営は、「学校の教育目標の実現を目指して、児童・生徒の基本的な活動単位である学級においてさまざまな活動を工夫し、実践していくこと」であるといえます。そのような意味でとらえれば、学校の基本的な単位としての学級を経営することと、学校全体を経営することとは、本質的には同じであり、学級経営は学校経営のミニチュア版であるととらえることもできます。

　ただし、学校経営が、校長を中心としながらも全教員の参画によってすすめられるのに対して、学級経営は、ときには他の教師に協力を求めることがあるとしても、日常においては、「学級担任」が、ほぼ一人で行うことになっています。学校経営との関連において、学級経営が閉鎖的な学級王国に陥らないように、絶えず情報交換しながら、連携していくことが必要になるのもそのためです。

　また、学校経営という言葉には、法規の適用、諸事務の処理・管理という外的な教育条件の整備といった点にウエイトが置かれているのに対して、学級経営という言葉には、学級担任の主体的な教育実践に大きなウエイトが置かれているといった点に違いがあるといえるでしょう。

2　学校の基礎単位としての「学級」

　わが国の学校において、「学級」は、学校の教育活動の基礎的な単位となっています。朝、登校してきた児童・生徒は、まず、自分の所属している学級の、自分の机に向かいます。そして、基本的には、休み時間などのすき間の時間も含めて、学校生活のほとんどすべてを、自分の学級で過ご

プラスワン

学校評議員
学校教育法施行規則第49条〔学校評議員の設置・運営参加〕小学校には、設置者の定めるところにより、学校評議員を置くことができる。
2　学校評議員は、校長の求めに応じ、学校運営に関し意見を述べることができる。
3　学校評議員は、当該小学校の職員以外の者で教育に関する理解及び識見を有するもののうちから、校長の推薦により、当該小学校の設置者が委嘱する。
＊幼稚園、中学校、高等学校等にも準用される。

します。

　このように、一人ひとりの児童・生徒にとって、「学級」は、学校生活を送るうえでの大切な「生活の場」であるといえます。また、一方で、毎時間、毎時間、教科等の授業が行われる「学びの場」であるともいえます。

① 「生活の場」としての学級

　学校を卒業して何年もたち、同窓会で久しぶりに再会したかつてのクラスメイトたちと当時の思い出話を語るとき、私たちはどんな話題で盛り上がるでしょうか？　意外にも、学校生活の大半の時間を占めているはずの「授業時間」のことよりも、学校生活のわずかなすきまの時間に学級の仲間と過ごした出来事であったりするのがおもしろいところです。それも、10分程度の休み時間に何をして遊んだとか、給食のメニューで何がおいしかったか（あるいはまずかったか）や掃除時間にサボって担任の先生に叱られた話など、きわめてプライベートな話題が中心です。

　まさに、これこそが、学級が児童・生徒にとって、学校生活の「居場所」であると同時に、くつろぎの場であり、生活の場であることの証明でもあります。児童・生徒の人間関係は、主としてこの「生活の場」である学級で形成され、さまざまなかたちで学校生活に影響を与えていくことになります。「生活の場」である学級が崩れていると、子どもは居場所そのものをなくすことにもなりかねません。

② 「学びの場」としての学級

　各学校で「学級」が編制される一番大きな理由は、同じ年齢の児童・生徒に対して、一斉授業の形式で効率的に教科等の授業を行い、子どもたちの学習の成果を上げることにあります。近年は「個別指導」や「少人数指導」等の弾力的な指導方法も一部で取り入れられていますが、基本的には、学級単位で授業が行われるということには変わりはありません。

　「生活の場」としての学級が「プライベートな空間」であるとするならば、「学びの場」としての学級は、「パブリックな空間」といえます。各教科の授業中は、勝手なおしゃべりや休み時間の遊びの続きをするということは許されません。児童・生徒には、ただ単に授業を受けるだけではなく、積極的に発言したり、課題に意欲的に取り組むことによって、「学びの空間」をともにつくっていく担い手としての役割も求められることになります。

ディスカッションしてみよう！

「生活の場」である学級と「学びの場」である学級のそれぞれの特徴を踏まえたうえで、どのような「学級経営」をすればよいか、話し合ってみましょう。

たとえば・・・✏

プラスワン

特別活動
小学校学習指導要領第5章第1「目標」
集団や社会の形成者としての見方・考え方を働かせ様々な集団活動に自主的、実践的に取り組み、互いのよさや可能性を発揮しながら集団や自己の生活上の課題を解決することを通して、次のとおり資質・能力を育成することを目指す。（1）多様な他者と協働する様々な集団活動の意義や活動を行う上で必要となることについて理解し、行動の仕方を身に付けるようにする。（2）集団や自己の生活、人間関係の課題を見いだし、解決するために話し合い、合意形成を図ったり、意思決定したりすることができるようにする。（3）自主的，実践的な集団活動を通して身に付けたことを生かして、集団や社会における生活及び人間関係をよりよく形成するとともに、自己の生き方についての考えを深め，自己実現を図ろうとする態度を養う。

---

3 「学級経営」の内容

学級経営には、学級内の人間関係の発展・充実を促す等のほか、学級環境を整えるなどの学習条件の整備の両側面が必要です。ここで、学級経営の内容についてまとめてみましょう。

---

① 学級づくり
② 学習環境の整備
③ 学級事務の処理

---

①学級づくり

学級経営という言葉は、主として「特別活動」領域の「学級活動」の意味として使われる場合が多いのですが、これは、学級経営の意義として、「生活の場」としての学級と「学びの場」としての学級がともに適正に働くように「学級づくり」をすすめることが、最も重要なものであるからです。

「生活の場」としての学校で、最近問題となっているのが「学級が『いじめの温床』になっている」という問題です。学級担任は「いじめ」を未然に防止し、また再発を防止するためにさまざまな取り組みをすすめる必要がありますが、児童・生徒の学校生活のすべてを常に監視・管理し続けることは不可能です。

児童・生徒が安心してともにすごせる場としての「学級」をつくるためには、特別活動（特に学級活動）等の「望ましい集団活動」を行うことによって、児童・生徒が自ら主体的に自分たちの「生活の場」をよりよいものにしていく力を育成することが必要です。また、道徳教育をとおして、児童・生徒自身の「思いやりの心」等を育てていかなければなりません。

また、一方、「学びの場」としての学級においては、チャイムが鳴って授業が始まるまではくつろいでいた児童・生徒が、授業開始とともに気持

ちを切り替えて「学びモード」になり、前向きに意欲的に学習をすすめていかなければなりません。

　よりよい学級をつくるためには、学級目標を設定し、その学級目標の実現に資するさまざまな活動を、児童・生徒をその担い手としてすすめていく必要があります。その際、児童・生徒のそれぞれが自分の「役割」を自覚したうえで、学級づくりへの「貢献感」「達成感」「充実感」を感じるような活動ができるようにしなければなりません。

　「学級づくり」をすすめることにゴールがあるわけではありません。「学級」という集団をどこまでもよりよくしていく「営み」そのものは、学級が解散するまで終わることなく続けられます、そして、その結果、学級とともに、児童・生徒一人ひとりもまた、成長することができるのです。

② 環境の整備

　教室の配置や空調設備等の施設・設備面での整備は「学校経営」の範疇になりますが、学級担任として、学級ごとの学習環境の整備は必要です。「机・いすの確認」や「座席の位置」は当たり前のようですが、「ついうっかり」ではすまされない、基本的な整備です。たった一つ机やいすが足りないだけで、当該の児童・生徒は「物理的な」自分の居場所を確保してもらっていないと感じます。安心安全の一番の前提が崩れていることになります。

　また、教室内の備品のチェックや安全点検も必要です。年度初めだけではなく、定期的な点検も必要でしょう。近年では、電子黒板等の電子機器の管理なども行わなければなりません。

　また、「掲示物」の工夫は、児童・生徒の学習意欲の喚起とも関連して重要です。学級担任による作成から、しだいに児童・生徒の活動をとおしての作成に移行していくことは、「学級づくり」との関連においても重要です。

③ 学級事務の処理

　学級経営には、いわゆる児童・生徒に対する直接的な「指導」だけではなく、「出席簿」「学級会計」などの事務処理もあります。また、「子どもの保護者との連絡」も重要です。単純な事務管理に加え、対人関係を要する重要な仕事が増加しています。

4 「学級経営」上の留意点

　学級経営に際しては、学級担任がその重責を第一に担うことはもちろんですが、学級の諸問題を抱え込んだり、また、いわゆる「学級王国」に陥ることのないように留意する必要があります。学級の児童・生徒を愛するがゆえに、思いあまって体罰などの「不適切な指導」を行ってしまったということがないように、絶えず、管理職や同僚との「報告・連絡・相談」や「職員会議」等での情報共有に心がけ、開かれた学級経営を目指し、学校全体の方針を共有しつつ行うことが重要です。学校外の関係機関とも連携する必要もあります。

体罰については、学校教育法第11条や『生徒指導提要』のp.194等を読んで自分なりにまとめておきましょう。

知っておくと役立つ話 —復習や発展的な理解のために—

「学級開き」の当日、担任の思いをシンボルで語る

　スタートしたばかりの学級は、知らない者同士が偶然そこに集まっただけで、まだ規律や統一もまったくないような段階といえます。そんな時期には、新しい学級に対する担任としての自分の思いをしっかりと語ることが大切です。しかし、時間をかけて熱く語っても、かえって逆効果でしょう。そこで、シンボルとなる図を使い、効果的に思いを伝えることにしました。

①マルと横棒のふしぎ
　いよいよ今日から新学期という、「学級開き」の学活で、児童・生徒にとっては、一見意味不明な、しかし、何やら「意味深」な図を黒板に掲げます。

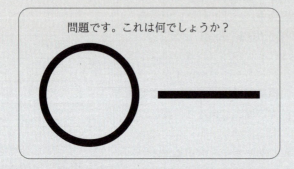

②担任の願い……「あうん」の呼吸でクラスづくりを！
　担任と生徒との間では、次のようなやりとりが行われました。
担任（以下T）「私はこの図のようなクラスにしたいです」
生徒（以下S）「えーっ。わからない」「何やろ？」等の声が挙がります。
T「この図は何を表しているかわかりますか？」
S「ますます、わからん」等、さらに疑問の声……。
T「これは口の形を表しています」
T「まず、口を大きく開けて、図のような丸の形をつくってください。そして、発声してみてください」
S「あー」
T「次に、口をギュッと閉じて、図の横棒の形をつくってください。そして、発声してみてください」
S「うん」
（『阿吽＝あうん』と板書して）
T「『あうん』はもともとは仏教用語で、『あ』は口を開き、『うん』は口を閉じて発する声のことで、そこから『吐く息』と『吸う息』の意味にもなりました。みんなの息がぴったり合うのを『あうんの呼吸』などともいいます。仏教では『あうん』は『物の始まりと終わり』（＝つまり万物の調和のシンボル）とも考えられています。学級で誰かが自分の思いを語ったら（＝あ）、それをしっかりと受け止める（＝うん）クラスであってほしいです」

ちゃんとわかったかな？

復習問題にチャレンジ

(山梨県　2015年)

次の（1）〜（3）は法規の条文の一部である。法規名を下のa〜iからそれぞれ一つ選び、記号で記せ。

（1）教員は、授業に支障のない限り、本属長の承認を受けて、勤務場所を離れて研修を行うことができる。

（2）校長及び教員が児童等に懲戒を加えるに当つては、児童等の心身の発達に応ずる等教育上必要な配慮をしなければならない。

（3）県費負担教職員の定数は、都道府県の条例で定める。ただし、臨時又は非常勤の職員については、この限りではない。

a　地方公務員法　　　　b　教育基本法　　c　学校教育法施行規則
d　学校教育法施行令　　e　学校教育法　　f　教育公務員特例法
g　いじめ防止対策推進法　h　地方教育行政の組織及び運営に関する法律
i　公立義務教育諸学校の学級編制及び教職員定数の標準に関する法律

理解できたことをまとめておこう！

ノートテイキングページ

①「学校経営」を支える組織のあり方とはどのようなものか、考えてみましょう。

②「学校経営」を行ううえでの留意点は何か、考えてみましょう。

第**12**講

学び続ける教師となるために

理解のポイント

教職の専門性は、かつての「教える職業」(teaching occupation)から「学ぶ専門性」(learning profession) というものへ質的な転換が唱えられるようになりました。つまり、教師は教育の専門家として学び続けながら、子どもに力をつけ、子どもの学びを促進する実践に携わっていきます。このような「学び続ける教師」という教職の専門性について、本講で考えてみましょう。

1 学び続ける教師とは

1 これからの教員に求められる資質能力

2012（平成24）年 8 月28日に示された中央教育審議会答申「教職生活の全体を通じた教員の資質能力の総合的な向上方策について」において、「学び続ける教員像」の確立が必要であることが提示されました。

そこでは、「これからの教員に求められる資質能力」として、次のようなことが述べられています。

> **【学び続ける教員像の確立】**
> 　教職生活全体を通じて、実践的指導力等を高めるとともに、社会の急速な進展の中で、知識・技能の絶えざる刷新が必要であることから、教員が探求力をもち、学び続ける存在であることが不可欠であること。また、学び続ける教員を支援する仕組みを構築すること。

> **【これからの教員に求められる資質能力】**
> ①教職に対する責任感、探究力、教職生活全体を通じて自主的に学び続ける力（使命感や責任感、教育的愛情）
> ②専門職としての高度な知識・技能
> 　・教科や教職に関する高度な専門的知識（グローバル化、情報化、特別支援教育その他の新たな課題に対応できる知識・技能を含む）
> 　・新たな学びを展開できる実践的指導力（基礎的・基本的な知識・技能の習得に加えて思考力・判断力・表現力等を育成するため、

プラスワン

学び続ける教員像
「学び続ける教員像」の確立については、平成24年 8 月28日 に公表された中央教育審議会答申「教職生活の全体を通じた教員の資質能力の総合的な向上方策について」に詳述されている。

知識・技能を活用する学習活動や課題探究型の学習、協働的
学びなどをデザインできる指導力）
・教科指導、生徒指導、学級経営等を的確に実践できる力
③総合的な人間力（豊かな人間性や社会性、コミュニケーション力、
同僚とチームで対応する力、地域や社会の多様な組織等と連携・
協働できる力）

2 制度面における教師像確立の仕組みについて

これらの「学び続ける教員像」を確立するために、制度面からどのよう
な方策が講じられようとしているのでしょうか。中央教育審議会答申では、
当面の改善方策として、次のような各段階における方針を、教育委員会お
よび学校と大学との連携・協働による高度化等により実現すると示されて
います。

教員養成段階における充実

①学部レベルにおける改善・充実

教科と教職の架橋の推進、全学的な体制の整備、個性化・機能別分化の
推進、質保証の改革により、必要な資質能力の育成を徹底する。

②修士レベルにおける体制の改善・充実

教職大学院制度の発展拡充、実践力向上の観点から修士課程のカリキュ
ラム改革を推進し、専修免許状のあり方を見直す。

採用段階の改善

選考方法を改善するとともに、30～40代の教員の積極的採用を推進す
る。

初任者研修段階の改善・充実

・教育委員会や教職大学院等との連携・融合により、初任者研修の高度
化を図る。

・初任者研修段階の教員を、中長期的に（たとえば複数年にわたり）支
援するシステムを構築する。

現職段階および管理職段階の研修等の改善方策

①現職段階

教育委員会と大学との連携・協働による研修のプログラム化・単位化や、
講習の質向上など教員免許更新制の見直しを行う。

②管理職段階

マネジメント力を身につけるための管理職としての職能開発のシステム
化を推進する。

多様な人材の活用

教職に関する高度な専門性と実践的指導力を有する教員に加え、さまざ
まな社会経験と特定分野に対する高度な知識・技能を有する多様な人材
を教員として迎えチームで対応する。

・ICTの活用やグローバル化に対応した教育課題に関する知見を有
する外部人材を登用する。

・理数系や英語力のある人材が教職を目指す仕組みを構築する。

グローバル化への対応

教員自身のグローバルなものの見方や考え方を身につけるため、たとえば教員を志望する学生の海外留学を促進する方途として、海外留学で取得した単位を教職課程に係る単位として認めるなどの可能性を探る。

特別支援教育の専門性向上

特別支援学校における特別支援学校教諭免許状（当該障害種または自立教科の免許状）取得率は約7割であることから、教育の質を向上させるためには取得率の向上が必要である。したがって、養成・採用における免許状取得についての留意、現職教員に対する免許法認定講習の受講促進等の取り組みを推進する。

学校が魅力ある職場となるための支援

教員として優れた人材が得られるよう、また、教員が教職へのモチベーションを保ち専門職にふさわしい活躍ができるよう、修士レベル化にともなう教員給与等の処遇のあり方の検討や教職員配置などの教育条件を整備する。

改善をすすめるうえで留意すべき事項

先導的な取り組みを支援するための事業の実施や、大学院への派遣の促進、初任者研修をはじめとした教員研修のより一層効果的な取り組みを推進するための研修等定数の改善、効果的な活用等の支援の必要性などに留意する。

2 教師が学び続ける資質・能力を確立していく過程について

前節で、学び続ける教員像を確立するために必要な当面の改善方策を、中央教育審議会が示した内容に即して述べました。次に、教員を目指そうとしているみなさんにとって、「学び続ける教師」とは、教員を目指そうとした時期からどのような意識や目標をもち、どのような過程を経ていくのか、子どもを取り巻く今日的な課題に即して述べてみたいと思います。また、学び続ける教師にとって最も大切な事項である研修（教員研修、または現職教員へのさらなる養成研修）についても以下に述べることにします。

1 これまで求められてきた教師像

これまでずっと変わらず続いてきたともいえる「教師に求められる資質・能力」は、主に図表12-1にみえる3つの点から示されてきました。今日でも多くの教育委員会などでは、これらの点に類似した「目指す教員像」を掲げています。

近年では、これからの教員に必要とされる姿勢や資質・能力として次のようなことが述べられています。

・自律的に学ぶ姿勢をもつこと。

・時代の変化や自らのキャリアステージに応じて、自らの力を生涯にわたって高めていく力。

中央教育審議会「これからの学校教育を担う教員の資質能力の向上について（答申）」(2015年)

図表12-1　教師に求められる資質・能力

1 教職に対する強い情熱
・教師の仕事に対する使命感や誇り
・子どもに対する愛情や情熱

2 教育の専門家としての確かな力量
・子どもを理解する力　　・子どもへの指導力
・集団を指導する力　　　・学級経営力
・学習指導、授業づくりの力　・教材分析力

3 総合的な人間力
・豊かな人間性、社会性を備えていること
・常識、教養を身に付けていること
・礼儀・作法等の対人関係能力
・コミュニケーション能力等の人格的資質
・教職員等を同僚として連携していくこと

中央教育審議会答申（平成17年）

2　今日的に問われている教育や学校の課題について

学校や教育を取り巻く課題については、次のような点が示されています。教師にはこれらの課題の解決に取り組み、解決していこうとする姿勢が必要です。

・いじめ・不登校などの生徒指導上の課題
・貧困、児童虐待などの課題を抱えた家庭への対応
・キャリア教育、進路指導への対応
・保護者や地域との協力関係の構築
・「特別の教科 道徳」（道徳科）新設にともなう道徳教育の充実
・小学校における外国語教育の早期化・教科化
・ICTの活用
・インクルーシブ教育システムの構築
・発達障害を含む特別な支援を必要とする児童・生徒等への対応
・学校安全への対応
・幼保小接続をはじめとした学校間連携等への対応

第12講　学び続ける教師となるために

専門知識や技術だけではなく、情熱や人間性といった部分も教師にとってとても大切です。

さらに、2017（平成29）年3月に告示された「学習指導要領」等では、次のような重要な視点も示されています。

> ・教職の専門性を最大限に発揮すべき「主体的・対話的で深い学び（アクティブ・ラーニング）*」を実現させていく指導力
> ・学習の成果を適切に評価し可視化していく処理・表現力
> ・各教科・領域の計画・実施・評価・改善のサイクルを的確に回していくカリキュラム・マネジメント*の充実

このように、学び続ける教師に対する今日的な課題や社会の要請は、非常に多岐にわたっています。そして、これらの課題や要請は、時代とともに変化していきます。その変化に柔軟に対応し、適切な指導を行っていくことになります。

では、教師を目指し、生涯にわたって学び続けることのできる教師であるためにはどのようなことを意識したり踏まえたりすることが必要でしょうか。

3 キャリアステージ──学び続ける教師になるプロセス

最初から一人前の（あるいは優秀な）教師であることはあり得ません。ここでは、子どもたちと出会い、授業や専門教科・領域の実践的な研究を経て教師になるプロセスを、キャリアステージ（教職の段階・時期）で考えてみたいと思います。

① 教育実習

教育実習は、教職を志す人が教員免許を取得するために、教育現場で実践する活動です。大学等の教職課程で教員免許を取得するためには、教育実習を経て要件単位を取得しなければなりません。

教師の仕事は、教育に関する理論を子どもたちの授業や生活に当てはめていけば成立するような仕事ではありません。実際の子どもたちの状況や実態を知り、その状況・実態に即した解決や達成のありようを見いだし、専門性を発揮して子どもを成長・発達させていく過程です。そのような教師としての自分を自ら育てていくためには、まず教育現場に立つことが大切です。教師になることを前提にしたときに出会う子どもの姿には「驚きや感動」があり、これらを経験することで、実習生は教師になろうという思いを抱くことになります。

教育実習は教職に就く以前の活動ですので、純粋に教職とはいえない部分がありますが、教師の仕事を体験するうえで教職を確実に志したりその後の教職人生に大きな影響を与えたりする経験となります。この点から、教育実習は、教職人生のスタートを形成するプレステージといえるでしょう。

② 新任（新採・初任）期

教育実習を経たあと、教職を志す人は各都道府県や政令都市の教員採用試験*等を受験してハードルを越えた後、正式に教員として採用されます。これが教職のファーストステージといえます。近年の採用事情は、以前に

重要語句

主体的・対話的で深い学び（アクティブ・ラーニング）

→第8講参照

カリキュラム・マネジメント

→第10講参照

語句説明

教員採用試験

学校教員の採用は、教員免許状取得（予定）者の中から、教員としての職務を遂行する能力の是非を審査し、見極めることによってなされている。公立学校の教員の選考は、都道府県・指定都市教育委員会ごとに、筆記試験・実技試験・面接試験その他の方法による。

比べて好転していますが、非常勤や常勤の講師を経験して採用される場合もあります。

このファーストステージにおける教師の最大の学びは、初任者研修*です。校外研修（年間25日程度）および指導教員による校内研修（年間300時間以上）があります。この1年間で「一人前の教師」になるべく、教職の基礎・基本を学ぶことになります。

教師として正式に採用された教師の1年間はハードな生活ですが、教育委員会主催の研修や指導教員による計画的な指導をとおして、基礎・基本を学ぶことができる有意義な時期でもあります。研修の際に学級を離れる場合でも、後補充の教員が配置されます。「一人前の教師」になる真価を問われるのは、実は2年目である可能性が高いといえます。教師の間でしばしばいわれてきた言葉に「教職に就いて最初の3年間がその後の教職人生を左右する」というものがあります。教師の仕事がどのようなものであり、自分が教師としてどのような教職人生を歩んでいけばよいかという前提意識を形成する時期だからです。「1年目には、担任としての1年間がわかるようになる。」「2年目には、学年の1年間がわかるようになる。」「3年目には、学校全体の1年間がわかるようになる。」といわれることもあります。

この最初の1年間ないし2年間のありようを、大きく2つの側面から考えてみましょう。

子どもたちに向き合い、同僚に支えられながら学ぶ教師

最初から指導に長けた教師はいません。ですから、初任者研修が年間100日近く計画・実施されるわけです。たとえ指導はつたなくても、これまでの子どもたちの見方や教材のとらえ方、教師の役割を見直し、自らを正していく教師のありようです。

子どもたちの理想の態度等を一方的に決めて固執し、教師らしくふるまおうとする教師

自分の教師としてのふるまい方や子どもの見方に対して、よくも悪くも固執して、自分の理想に向かおうとする教師のありようです。しかし、このような姿勢が行き過ぎると、子どもや同僚の教師から学ぶ機会を失ってしまうことにもなります。その挙げ句、子どもたちから信頼される教師に成長することができない道程をたどることになってしまいます。

教師として身につける資質・能力は、第1に「実践的指導力」であるといわれます。しかし、以下に掲げるような第2、第3の資質・能力抜きに「学び続ける教師」として真の自己実現を図ることはできないでしょう。

【実践的な指導力のある教師に備わる資質・能力】
・子どもに対する限りない愛情をもち、子どもの向上を願うこと。
・絶えず研究と修養（研修）に努め、専門性の向上を図る。
・同僚と連携して目的を遂行するための実践的指導力を養おうとする。

語句説明

初任者研修

教育公務員特例法第23条の規定に基づき、新規採用教員に対して、現職研修の一環として1年間の研修を行い、実践的指導力、使命感、幅広い知見の養成・体得を図るもの。

第12講 学び続ける教師となるために

③ 中堅期

ミドルリーダーとしてのキャリアステージ

　学校におけるリーダーは、いうまでもなく校長・教頭という管理職です。リーダーシップも、本来校長というリーダーが発揮するものです。

　さて、学級担任として子どもたちの成長・発達に努めてきた教師は、一方で、学校組織の一員として連携して目標を達成し成果を上げようとする経験をも積み重ねていくことになります。新任期や若年の教師に示唆を与えたり、よりよい成果を上げるために率先してリーダーとしてのマネジメントをしたりするようになるのです。具体的には、学年主任・研究主任・体育主任・生徒指導主事・教務主任といった「主任」や「校務分掌の主務者」、また主幹教諭・指導教諭といった指導的な職名の立場になります。これが**ミドルリーダー**です。

　これまでは、学校組織は「鍋ぶた構造」であるといわれてきました。教務主任や学年主任はいても、校長・教頭以外はほとんど上下の関係がない、「階層のない横並びの鍋ぶたの形をした組織である」というものでした。しかし今日では、現在の教育基本法・学校教育法に明記されているように、校長、教頭、教諭以外に副校長、主幹教諭、指導教諭などの職が設けられ、学校が組織として有効に機能する仕組みがつくられました。つまり、学校が「チーム学校」として機能するように変わってきたのです。

中堅期の危機

　一方で、教師の仕事が多忙になり意欲が低下（いわゆる**バーンアウト**）してしまう教師、発達障害の傾向のある子どもたちが急増して仕事が困難になり心を病んでしまう教師も増えている傾向にあります。

　近年、教師の仕事の多忙化に伴う残業（超過勤務）の多さが問題視され、「働き方改革」を指摘される面もあります。学校現場では、子どもの終業時刻や中学校の部活動に合わせて仕事をすると、勤務時間外に仕事をする必要がでてくるというものです。学校によっては学級事務の一部を事務職や担任外職員に分化したり、部活動の指導を民間に委嘱したりといった変革を始めているところもあります。しかし、子どもと向き合い、子どもの成長・発達に最も深く関与している教師の仕事は「効率や能率」「機能化」ですべてを解決することができない面をはらんでいます。組織である以上、最低限の打ち合わせや会議、生徒指導の対応などは子どもの下校後に行うしかないでしょう。これらを変えるには、教師の数を大幅に増やすこと、あるいは「日本型教育」といわれるような、担任が中心となり子どもの知徳体すべてを担う**全人的な教育**のあり方を抜本的に変えていくことが必要になると思います。

④ ベテランの教師としての時期

　教師の経験年数の違いはありますが、おおむね40代半ばを過ぎると、教師の一部は校長や教頭などの管理職に就き、リーダーとして学校を牽引していくステージに立ちます。また、管理職に就かなくても、ベテランの教師として他の教師にアドバイスしたり、若年・中堅の教師の仕事を支えたりする仕事を求められるようになります。

プラスワン

ミドルリーダー
ここで用いる「ミドルリーダー」という概念は外国にはなく、わが国の学校経営で用いられるようになった用語だといわれている。

4 現職研修をとおした学び続ける教師の育成

　教員として採用されたのちに、「学び続ける教師」として自らの職能を高めていく方途の最たるものが現職研修です。研修は、しばしば研究と修養という2つの言葉から述べられることが多いのですが、ここでは、正式に採用された教員の現職研修における法定研修と校内研修という2つの側面から述べてみたいと思います。

① 法定研修

初任者研修以後の研修

　初任者研修については、前項などで述べてきましたが、法定研修（経験年数に係る公的な研修）には、経過2年次教員に対する研修、経過5年次教員に対する研修なども実施されています。自治体によってさまざまな研修が施されていますが、ややもすると指導伝達式で成果が上がりにくいというものも少なからず見受けられます。要点は、年次的・計画的に組まれている研修と自己成長プランなどを連動させて内省的・主体的に取り組むことで研修の成果が期待できるようになると考えられます。

10年経験者研修・教員免許更新制にともなう認定講習等

　「10年経験者研修」は、2003（平成15）年度から都道府県教育委員会等において、採用後の在職が10年を経過した教諭等に対して、個々の職能や適性に応じて資質の向上を図る研修が実施されています。

　10年経験者研修が他の研修と大きく異なる点は、各任命権者が研修を受ける教諭等の能力・適性等を評価する必要があること、その結果に基づいて教員ごとに研修計画書の作成を行ったうえで研修を実施することにあります。具体的な研修内容は、教育センター等における校外研修、指導主事等の招へいをともなう教科指導・生徒指導等に関する研修、社会体験やカウンセリングほかの課題に関する選択研修が想定されます。

　10年経験者研修は、一定期間の経験をもつ教員にとっての「節目の研修」であり、教員が自分の長所や課題を認識し、資質能力を向上させるために実施されるものです。

　また、教員免許更新制は、教員の「知識・技能の刷新（リニューアル）」を目的として、2009（平成21）年度から実施されることになった制度です。すなわち、一定の期間ごとに、必要最低限の知識・技能の刷新を図ることにより、社会の急激な変化にも対応し、最新の知識・技能を身につけ、自信と誇りをもって教壇に立ち、社会の尊敬と信頼を得られるようになることが期待されています。教員免許状を有する者が教壇に立ち続けるためには、教員を指導する立場にある者を除き、免許状更新講習の受講が義務づけられています。ここではくわしく説明することはできませんが、「国の教育制度や世界の教育の動向」など4つの必修領域と「学校を巡る近年の状況の変化」など13の選択必修領域について、合計30時間受講することになります。

② OJTの一環としての校内研修

　校外研修は、校内ではどうしても実現できない内容や効率的に実施しやすい伝達講習的な内容を理解・体得させるために行われます。しかし、教

員は、基本的に校内で育つものであり、子どもを抜きにしてその資質・能力を高めることはあり得ません。また、長期研修を命じられた者を例外として、教師は長期にわたって職場を離れることが難しいのが現状です。そして、教師はたとえ初任者であっても学級担任や授業をまかされる立場にあり、研修のみに専念することはできません。したがって、授業や生徒指導、学級経営などの具体的な指導の実際について、校内で組織的・計画的に実践的な指導力量を高めていくことが必要になります。ここに、OJT（On the Job Training：教育現場における現職教育）を充実させることの必要性が生まれます。このOJTを最も組織的・計画的・効果的に実現していく方途が校内研修であるといえるでしょう。

校内研修を推進していくためには、次の２つの側面を確立することが大切になります。

【組織体制の確立】
・学校の校務分掌組織に、校内研修組織が位置づけられること。
・統括者としての研究主任（研究部長）をリーダーとして、部会組織と各部会の部長等による研究推進委員会が研修チームとして機能し、「チーム学校」を推進する原動力として機能すること。

【研修計画の確立】
・子どもを取り巻く課題と学校の教育目標から研究主題や一般研修課題が立てられること。
・研究主題を解決するための方途が具体的に立てられること。
・主題解明や一般課題解決のための年次計画、年間計画が立てられること。
・主題解明や一般課題解決のために外部の人材や組織を積極的に活用すること。

校外研修

校内研修

3 伸び続ける志のある教師に

　学び続ける教師について、「求められる教員像」や「教師のキャリアステージ」、「現職研修をとおした教師の育成」の側面から述べてきました。

　授業や生徒指導を行うためには、一人ひとりの子どもとどのように接するのか、コミュニケーション能力や対人関係を構築していく能力も身につけていなければなりません。

　今日、「社会に開かれた教育課程」の編成や、コミュニティ・スクール制度導入の努力義務が唱えられています。子どもたちを第一に考えることはいうまでもありませんが、保護者、地域社会から信頼される教師になり、同僚と連携して成果を上げることができる教師になるためにも、努力を惜しまず、絶えず学び続けていきたいものです。

ディスカッションしてみよう！

教師の仕事は、始業から下校時刻までは常に子どもがいるため、勤務時間中の動きは他の職種の人たちとは異なることがあります。また、教育公務員として果たすべき職務もあります。どのようなことが異なるのか話し合ってみましょう（昼食の時間、休み時間、職務について）。

たとえば・・・

知っておくと役立つ話

復習や発展的な理解のために

「求められる教師像」「学び続ける教師像」の今昔

　教育の現場でしばしば用いられてきた「不易と流行」という言葉があります。「不易」とはいつの時代にも不変の事柄のこと、「流行」とは時代の変化に応じて変わる事柄のことです。「求められる教師」の姿は、そのどちらに当たるといえるのでしょうか。

　昭和60年代のＡ県で作成された新規採用教員研修用の冊子のなかに「求められる教師像」が掲載されています。また、近年（平成20年代）Ｂ政令都市で用いられている新規採用教員研修用に「学び続ける教師像」が掲げられています。タイトルは同一ではありませんが、両者を比べてみると、見えてくるものがあります。

【求められる教師像】（Ａ県教育委員会　昭和63年）
○子どもの個性や立場を重んじ、どの子にも公平である。
○手数をおしまず、一人一人に目を注ぎ熱心に指導する。
○子どもと共に学び、向上しようと努めている。
○子ども一人一人に思いやりの気持ちで接している。
○子どもの個性を大切にし、育てのばしている。
○学校の決まりや子どもとの約束ごとを大切にする。
○いつも健康で明朗快活である。
○子どもの人格・家庭の秘密を厳しく守り、信頼される。
○子どもや親の立場を理解し、誠意をもって接している。
○ものごとに積極的に取り組み、着実にやり抜く根性をもっている。
○常に自分の立場を考え、他人と協力し合って共同生活の充実に努めている。
○自分自身の向上を目指して、努力しつづけている。

【学び続ける教師像】（Ｂ市教育委員会　平成28年）
○学びの精神　～最新の専門的知識や指導技術等の習得～
○研究と修養に努める
○専門性の向上を図る
　　・主体的に課題を発見し解決に導く力　・コミュニケーション能力
　　・感性　・思いやり　・チャレンジ精神　・志
　　・アクティブ・ラーニング　・忍耐力　・自己肯定感
　　・多様性を受容する力　・リーダーシップ　・創造性

　Ｂ市における教師像の前段には、「いつの時代にも求められる資質能力」として、中央教育審議会答申の内容が転載されています。

　両者には約30年間の隔たりがあり、前者は12項目の短文で、やや文言が整理されていないきらいがあります。しかし、ちりばめられているさまざまな用語から、当時の教育観をうかがうことができます。後者は単語の羅列によって端的に示されており、今日的な教育のキーワードが散見されます。

　両者にはそれぞれ特色があり、一概にどちらの方がすぐれているとはいえません。ただし、この両者の間にも、共通する「不易」のキーワードと今日的な「流行」の言葉が存在するようです。「求められる教師」の姿にも「不易と流行」があるといえるでしょう。

ちゃんとわかったかな？
復習問題にチャレンジ

(筆者作成)

> 次の文は、「教職生活の全体を通じた教員の資質能力の総合的な向上方策について（答申）」（中央教育審議会、平成24年8月28日）の一部である。各問いに答えなさい。

○ グローバル化や情報化、少子高齢化など社会の急激な変化に伴い、高度化・複雑化する諸課題への対応が必要となっており、学校教育において、求められる人材育成像の　A　が必要である。

○ これに伴い、21世紀を生き抜くための力を育成するため、これからの学校は、基礎的・基本的な　B　の習得に加え、　C　等の育成や学習意欲の向上、多様な人間関係を結んでいく力の育成等を重視する必要がある。これらは、　D　や協働的な学習活動等を通じて効果的に育まれることに留意する必要がある。

○ 今後は、このような新たな学びを支える教員の養成と、学び続ける教員像の確立が求められている。

問1　空欄Aに当てはまる語句を、次の1〜3から一つ選びなさい。

　　　1　絶えざる追究　　　2　多様な設定　　　3　変化への対応

問2　空欄B、C、Dに当てはまる正しい語句の組合せを選びなさい。

	B	C	D
1	知識・技能	思考力・判断力・表現力	様々な言語活動
2	学習内容	興味・関心・態度	主体的・対話的な表現活動

理解できたことをまとめておこう！
ノートテイキングページ

「学び続ける教師の姿」として、これからの教員に求められる資質・能力を書き出してみましょう。

第12講　学び続ける教師となるために

第13講 社会教育と生涯学習

理解のポイント

「社会教育」は近年では生涯学習と関連づけて述べられることもしばしばあります。しかし、社会教育は日本に「生涯学習」の考え方が導入されるずっと以前から培われてきた日本固有の教育の理念であり、取り組みです。本講でははじめにこの社会教育を、そして最後に学校教育との連携の動向をそれぞれみていきましょう。

1 社会教育

これまで、学校の歴史や学校教育について学んできました。しかしながら、学びは学校のなかだけでするものではなく、家庭や塾、図書館、職場なども学びの場所であるといえます。生まれてから生涯にわたり、人が学び続けることをここでは「生涯学習」としましょう。本講ではまず、生涯学習のうち、家庭と学校以外の学びである社会教育についてみていきましょう。

1 社会教育とは

2006（平成18）年に改定された教育基本法の第12条には、**社会教育**に関して次のように定められています。

> 【「教育基本法」第12条】
> 個人の要望や社会の要請にこたえ、社会において行われる教育は、国及び地方公共団体によって奨励されなければならない。
> 2　国及び地方公共団体は、図書館、博物館、公民館その他の社会教育施設の設置、学校の施設の利用、学習の機会及び情報の提供その他の適当な方法によって社会教育の振興に努めなければならない。

この条文の第1項から、社会教育とは「個人の要望や社会の要請にこたえ、社会において行われる教育」と理解することができます。ここでいう「個人の要望」とは、個人の趣味や教養、知的関心の充足などに加えて、たとえば、職業的な知識や技術の習得、向上という意味も含んでいると思われます。

学校教育のほかに「社会教育」というものがあります。その特徴や具体例をみていきましょう。

また、「社会の要請」については必ずしもわかりやすいものではありません。しかし、たとえば中央教育審議会答申「新しい時代を切り拓く生涯学習の振興方策について」（2007年）では、「少子高齢化、男女共同参画、環境教育、法教育、消費者教育、防犯・防災教育、食育、科学技術理解増進、職業能力の向上に関する学習等」がその具体的な内容として述べられています。

一方で、1949（昭和24）年に制定された社会教育法の第2条では「社会教育の定義」として、次のように規定されています。

> 【「社会教育法」第2条】
> この法律において「社会教育」とは、学校教育法（昭和22年法律第二26号）又は就学前の子どもに関する教育、保育等の総合的な提供の推進に関する法律（平成18年法律第77号）に基づき、学校の教育課程として行われる教育活動を除き、主として青少年及び成人に対して行われる組織的な教育活動（体育及びレクリエーションの活動を含む。）をいう。

ここでは、社会教育についてわかりやすく定義されています。つまり、社会教育とは、「学校の教育課程として行われる教育活動を除き、主として青少年及び成人に対して行われる組織的な教育活動（体育及びレクリエーションの活動を含む）」とされています。

先にあげた教育基本法とこの社会教育法の2つの法律から、社会教育とは、学校以外の場で「個人の要望」や「社会の要請」にこたえるために行われる教育や学習、文化活動であると理解することができます。

2　社会教育のための施設とその経緯

ところで、学校教育のための施設とはもちろん「学校」ですが、社会教育のための施設とはいったい何でしょうか？　たとえば、図書館や博物館、公民館などの公共施設は社会教育の施設に当たります。国や地方公共団体（都道府県、市町村）は、これらの社会教育施設を設置することや、学校の施設を社会教育のために利用すること、学習の機会や情報を提供することなどによって社会教育が振興するように努めることが義務づけられています。このことは、先ほどの教育基本法第12条の第2項で明確に定められています。

このような法的な仕組みが定められたのは、第二次世界大戦後のことです。戦後の社会教育は、戦前の社会教育が「国民統合」を目的とした民衆教化の手段であったという批判と反省のもとに構築されました。そして、日本国憲法第26条＊で保障されている国民の「教育を受ける権利」をもとにして、社会教育は成人や社会人を含めた国民の学ぶ権利と自由を保障するものとなりました。

このために、「すべての国民があらゆる機会、あらゆる場所を利用して、自ら実際生活に即する文化的教養を高め」ること、すなわち、社会教育で

第13講　社会教育と生涯学習

重要語句

日本国憲法第26条第1項（教育を受ける権利）

すべて国民は、法律の定めるところにより、その能力に応じて、ひとしく教育を受ける権利を有する。

よく耳にする「生涯学習」とはどんな教育なのでしょうか？

は学習者の自主性が尊重されています。したがって、国、地方公共団体の「任務」は、そのために必要な「環境を醸成」することとされています（社会教育法第3条）。

戦後の社会教育は、こうした理念のもとで今日まで展開されてきました。

2 生涯学習

生涯学習
当初は「生涯教育」だったが、現在は学習者の主体性を重視して「生涯学習」が用いられている。

語句説明

家庭教育
家庭のなかで保護者が子どもに対して行う教育のこと。

生涯学習という言葉を聞いたことがある人も多くいることでしょう。生涯学習とは、人々が生涯にわたって行う学習のことをいいます。それは、後でくわしくみるように、現在は教育基本法の第3条で規定されています。生涯学習は、1965年にパリで開かれた第3回成人教育推進国際委員会でユネスコのポール・ラングランが提唱したことに始まります。それは日本にもただちに紹介されました。

そして、社会教育審議会答申「急激な社会構造の変化に対処する社会教育のあり方について」（1971）では、「これからの社会教育は、生涯教育の観点から再構成されるべきである」と提言されています。この答申以降、社会教育は生涯教育（生涯学習）と関連づけてとらえられることが多くなりました。

1980年代に入ると、生涯学習は学校教育、家庭教育＊、社会教育の教育制度全体を改革、再編していく原理として位置づけられました。とくに、1984年に発足した臨時教育審議会の4次にわたる答申では「生涯学習体系への移行」が当時の教育改革の方針として掲げられるなど、生涯学習が政策課題として大きく注目されました。また、社会に出てからも必要に応じて学校や訓練機関などで学び、生涯にわたって学習を続けるリカレント教育として生涯学習がとらえられてもいます。

そして、2006（平成18）年に改定された教育基本法では、第3条で次のように「生涯学習の理念」が盛り込まれることになりました。

【「教育基本法」第3条】
国民一人一人が、自己の人格を磨き、豊かな人生を送ることができるよう、その生涯にわたって、あらゆる機会に、あらゆる場所において学習することができ、その成果を適切に生かすことのできる社会の実現が図られなければならない。

以上で規定されているように、一人ひとりの国民が生涯のどんな時期、場所でも学習をすることができ、しかもその学習の成果を適切に生かすことができる、あるいは評価されるということは私たちの歩む人生のなかで学習のもたらす可能性と創造性をさらに高めてくれることでしょう。そして、こうした「生涯学習社会」の実現に向けて社会教育が果たす役割はとても大きいといえます。

3 社会教育、生涯学習の取り組みと課題

1 国、地方自治体による社会教育、生涯学習の取り組み

社会教育を担当する国の部局は文部科学省です。当初は社会教育局が社会教育の担当部局でしたが、1988年に社会教育局は生涯学習局（2018年8月現在、生涯学習政策局）に改組されました。そして、1990（平成2）年には「生涯学習の振興のための施策の推進体制等の整備に関する法律（生涯学習振興法）」が制定され、全国的に生涯学習の取り組みをすすめていくための体制づくりがすすめられました。

また、地方自治体で社会教育行政を担当する部局は、教育委員会の社会教育課（ほかの名称として、たとえば「生涯学習課」などがあります）です。社会教育では住民が居住する地域社会で実際の学習活動が行われることから、住民にとって、最も身近な市町村教育委員会が社会教育行政の具体的な実務を行っています。

地方レベルでも、生涯学習振興法が制定されてから、都道府県、市町村で生涯学習の振興のための施策が急速にすすめられてきました。さらに市町村のなかには、文部省（当時）の「生涯学習モデル市町村事業」の補助金をもとに「生涯学習のまち」などの生涯学習都市宣言を行い、生涯学習の振興のための取り組みを積極的に推進する市町村も各地でみられました。都道府県や市町村でのこうした動向にともなって、教育委員会の社会教育の担当部局の名称を「社会教育課」から「生涯学習課」などへと改称する自治体も数多くみられるようになっています。

2 社会教育、生涯学習をめぐる今日の課題

1990年代から今日に至るまで、首長自身による行財政改革が地方自治体で積極的にすすめられていきました。これにともなって、社会教育施設（後述）の管理・運営や業務を財団や第三セクター*、NPO法人*などに委託すること（指定管理者制度の導入）や、社会教育を有料化すること（受益者負担）などがすすめられています。また、社会教育の担当部局を教育委員会から市長部局へと移管させた島根県出雲市の取り組みをはじめ、近年では、一部の地方自治体で社会教育行政に首長（都道府県知事、市町村長）が関わる動きもみられるようになりました。

同時に、地方公共団体の困難な財政状況のなかで社会教育の予算も縮小され、これによって社会教育の職員の削減や社会教育施設の閉鎖などが現実に起こっています。そして何よりも「社会教育課」が「生涯学習課」へと改組されてきたことに象徴されるように、教育行政のなかでの社会教育そのものの比重は相対的に低下しつつあるというとらえ方もあります。

現在の社会教育をめぐるこうした動向は、戦後の社会教育や社会教育行政のあり方を大きく変容、変質させているといえるでしょう。それは、憲法第26条で保障されている「教育を受ける権利」を後退させるものとし

プラスワン

文部科学省
2001年1月の中央省庁の改編以前は文部省。

プラスワン

市町村教育委員会の事務
市町村教育委員会が行う社会教育の事務は、社会教育に必要な援助、社会教育委員の委嘱、公民館や図書館、博物館などの設置と管理、学校での社会教育のための講座の開設や奨励など、具体的で広範囲にわたる（社会教育法第5条）。

語句説明

第三セクター

公共的な事業を行うため、国や地方公共団体と民間企業との共同出資で設立された事業体のこと。

NPO法人

Non Profit Organizationの頭文字をとった名称。民間という立場で公共のサービスを提供し、営利を目的としない団体のうち、特定非営利活動促進法（NPO法）により法人格を取得した団体のこと。

第13講 社会教育と生涯学習

て大きな課題といわざるを得ません。

4 社会教育の施設と職員

1 社会教育施設

　社会教育施設とは、社会教育のための専門的な施設をいい、それは、たとえば公民館や図書館、博物館などがあります。

　社会教育施設では、成人はもちろん子どもや青少年層も含めた地域住民が個人や集団として行う教育・学習・文化・スポーツ・レクリエーションなどの活動に対して、その利用の機会や専門的・技術的な援助やサービス、情報の提供、講座や集会の開催などが行われています。さらに、社会教育に関する専門的な援助が学習者に提供される必要があることから、公民館主事や図書館司書、学芸員などの専門の職員がそれぞれの施設に配置されています。

　また、社会教育では地域住民である学習者自身の自主的な学習活動が尊重されます。したがって、社会教育施設はその利用者や地域住民などの要望や学習ニーズに積極的にこたえていくことが必要となります。この目的のために、公民館運営審議会、図書館協議会、博物館協議会などがそれぞれの施設で設置され、住民参加の機会が設けられています。

　1999（平成11）年に改定された社会教育法では、上にあげたもののうち公民館運営審議会の設置は任意となり、公民館の運営に地域住民が必ずしも参加するわけではないということになりました。一方で、公民館運営審議会の委員は、学校教育、社会教育の関係者や学識経験者のなかから委嘱するようにと改められており、さらに2001（平成13）年の同法改定で家庭教育の向上に関わる活動を行ってきた人のなかから委嘱するようにと改められました。このことで、公民館の運営に際して社会教育が学校教育、家庭教育とより密接に連携することができるようになった、といえます。

2 社会教育職員

　社会教育の専門的職員として、社会教育主事（教育委員会に配置）や公民館主事、図書館司書、学芸員（博物館に配置）のほか、社会教育指導員などがあります。ここで、社会教育主事とは社会教育を行う人に専門的で技術的な助言などを行う職員のことで、住民の学習活動を支援するうえで中心的な役割を担っています。なお、この社会教育主事の資格要件は2001年に緩和され、社会教育に関係のある民間の人材、たとえばボーイスカウトのリーダーや青年海外協力隊の隊員などを社会教育主事に積極的に登用できるようになりました。

　また、地域住民のニーズを社会教育行政に直接反映させるために、都道府県、市町村の教育委員会に社会教育委員が任意で置かれています。その職務は、社会教育に関する諸計画の立案、教育委員会の諮問に応じて意見

を述べること、必要な研究調査を行うことです。また、市町村の社会教育委員は、青少年教育に関する特定の事項について社会教育関係団体や社会教育指導者などに助言と指導をすることもできます。

社会教育委員は、前述の1999年に改定された社会教育法で、学校教育、社会教育の関係者や学識経験者のなかから委嘱されるものとし、2001年の同法改定でさらに家庭教育の向上に関わる活動を行ってきた人も加わりました。これにより、公民館運営審議会の事項でもふれましたが、社会教育が学校教育、家庭教育とより密接に連携できるようになったともいえます。

3 社会教育の現状

それでは、社会教育の現状はどうなっているのでしょうか。ここでは、文部科学省が示したデータをもとに具体的にみていきましょう。

図表13-1は、社会教育施設、そのなかで公民館、図書館、博物館の最近10年間の推移を示しています。この表からは、図書館、博物館はどちらもこの10年間で館数が増えていますが、逆に公民館は10年前から3,300館あまり、比率にすると実に20％近くも減少していることがわかります。また、その利用者数もかなり減少しています。

次に図表13-2は、社会教育の専門的職員（ここでは社会教育主事、図書館司書、学芸員）と社会教育委員の最近10年間の人数の推移を示しています。この表からも、図書館司書は実に50％近く、そして博物館の学芸員も25％以上も増えている一方で、教育委員会で社会教育に関する業

図表13-1　社会教育施設の10年間の推移

	施設名	平成17年10月現在	平成27年10月現在	増減（%）
施設数	公民館	17,143館	13,777館	−3,366館（−19.6%）
	図書館	2,979館	3,336館	357館（+12.0%）
	博物館	5,614館	5,683館	69館（+1.2%）
	施設名	平成16年度間	平成26年度間	増減（%）
利用者数	公民館	2億3,312万人	1億9,310万人	4,002人（−17.2%）
	図書館	1億7,061万人	1億8,138万人	1,077人（+1.06%）
	博物館	2億7,268万人	2億7,791万人	523人（+0.02%）

文部科学省「人々の暮らしと社会の発展に貢献する持続可能な社会教育システムの構築に向けて　論点の整理」（2017年）

図表13-2　社会教育の専門的職員、社会教育委員の10年間の人数の推移

	職員名	平成17年10月現在	平成27年10月現在	増減（%）
専門的職員	社会教育主事	4,119人	2,048人	−2,071人（−50.3%）
	図書館司書	1万2,781人	1万9,016人	6,235人（+48.8%）
	学芸員	6,224人	7,814人	1,590人（+25.5%）
社会教育委員		平成13年10月	平成23年10月	増減（%）
		3万6,709人	2万272人	−16,437人（−44.8%）

文部科学省「人々の暮らしと社会の発展に貢献する持続可能な社会教育システムの構築に向けて　論点の整理」2017年

務を担う社会教育主事は2,000人以上も減少し、10年前のわずか50％弱に留まっていることがわかります。

また、地域住民の学習ニーズを社会教育行政に反映させる役割をする社会教育委員も1万6,000人以上も減少しています。

5 公民館

1 公民館とは

公民館は、地域社会で社会教育を推進することを目的とした施設です。近年では生涯学習センターなどのように「生涯学習」に関連した名称に改称されている場合も多くみられます。その目的は社会教育法で次のように定められています。

> 【「社会教育法」第20条】
> 公民館は、市町村その他一定区域内の住民のために、実際生活に即する教育、学術及び文化に関する各種の事業を行い、もつて住民の教養の向上、健康の増進、情操の純化を図り、生活文化の振興、社会福祉の増進に寄与することを目的とする。

それでは、公民館は具体的にどのような事業を行っているのでしょうか？ 社会教育法では次のように規定されています。

> 【「社会教育法」第22条】
> 公民館は、第20条の目的達成のために、おおむね、左の事業を行う。但し、この法律及び他の法令によつて禁じられたものは、この限りでない。
> 1 定期講座を開設すること。
> 2 討論会、講習会、講演会、実習会、展示会等を開催すること。
> 3 図書、記録、模型、資料等を備え、その利用を図ること。
> 4 体育、レクリエーション等に関する集会を開催すること。
> 5 各種の団体、機関等の連絡を図ること。
> 6 その施設を住民の集会その他の公共的利用に供すること。

地域住民は日常生活のなかで公民館に集います。そこで自分自身やグループの興味や関心、学習ニーズに基づいて、あるいはさまざまな社会的なニーズに対応するために公民館で知識や技術などを学びます。公民館には、学習室や会議室、図書室、調理室、和室や茶室、託児施設、視聴覚室などが整備されています。

また、減少傾向にあるとはいえ、公民館は2015（平成27）年現在、全国に13,777館（図表13-1参照）あり、この数は中学校（およそ1万校）

プラスワン

公民館
公民館は、コミュニティ学習センターのモデルとして、海外から大きく注目されている。

を上回ります。公民館には、小学校や中学校などの学校、他の社会教育施設、各種の社会教育団体やNPO/NGO、関係する行政機関など、地域のさまざまな機関、団体とネットワークを形成しています。そして、ネットワークをもとにした連携を通じて地域の教育・学習活動や文化的活動の振興に寄与しているのです。

2　公民館の現況

それでは次に、公民館について地域住民や利用者がどのような認識やニーズをもっているのかを、少し古いデータですが、2010（平成22）年度に実施されたアンケート調査をもとにみていきましょう。

図表13-3は、居住している市区町村にある、公民館を含めた社会教育施設の認知度について質問した結果です。「施設の具体的な役割・活動内容を知っている」への回答は、公民館が 39.8％、図書館65.1％、博物館25.4％でした。そして、「施設の存在は知っているが、役割・活動内容は知らない」への回答は、公民館が 47.2％、図書館が 26.2％、博物館が21.2％となっています。

ここでは、特に公民館は50％に近い人たちが公民館という施設の存在は知っているものの、公民館が具体的にどのような事業を行っているのかを実際には知らないと回答している点が注目されます。

図表13-4は、社会教育施設の使用状況について質問した結果です。年に数回以上使用している（「ほぼ毎月使用している」「年に数回は使用している」の合計）と回答した人の割合は、公民館が25.8％、図書館46.6％、博物館11.1％でした。他方で、「一年以上使用したことはない」の回答者は、公民館が62.6％、図書館42.4％、博物館74.5％となっています。

また、ここでは図を示していませんが、公民館については、自治体の人

図13-3　社会教育施設の認知度

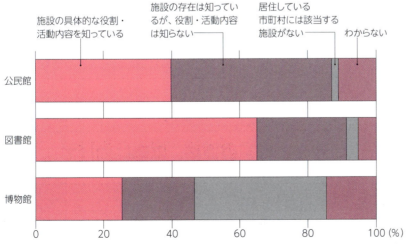

文部科学省「社会教育施設の利用者アンケート等による効果的社会教育施設形成に関する調査研究報告書」2011年

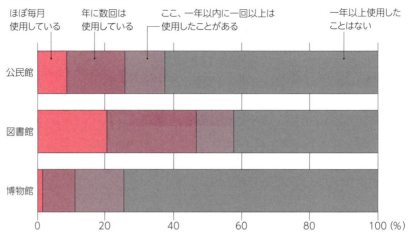

図13-4 社会教育施設の使用状況

文部科学省「社会教育施設の利用者アンケート等による効果的社会教育施設形成に関する調査研究報告書」2011年

□規模が大きいほど、年に数回以上使用している住民の割合は低いという傾向もみられます。

　一方で、このようなデータもあります。図表13-5は学習内容別にみた場合の社会教育施設の利用状況を示した結果です。ここからわかる通り、公民館の利用率は、他の施設に比べ総じて高めであるといえます。

　今日、カルチャーセンターなどの多くの民間教育事業者があり、また、大学も社会貢献が教育、研究と並ぶ重要な役割として考えられるようになり、公開講座が数多く開設されています。このように多様な学習機会が提供されているなかで、公民館をはじめとする社会教育への需要は一定程度高い、といえるでしょう。

　最後に、社会教育施設への要望について質問した結果です。ここでは、公民館についてのみその上位のものをあげておきます。最も多かったのは「気軽に立ち寄れる雰囲気を作って欲しい」（22.9％）で、順に、「学習活動の種類を増やして欲しい」（14.5％）、「もっと家に近い場所にあると良い」（14.0％）、「様々な学習機会や施設の活動に関する情報提供を充実して欲しい」（12.2％）となっています。

　図表13-5の「学習内容別の利用状況」の結果と同じく、やはり、学習活動での公民館への期待は大きいといえます。

6 学校教育との連携、協働に向けて

1 「生きる力」と学校、地域の連携

　2002（平成14）年度から学校週5日制が完全実施され、この年度から実施された学習指導要領では「生きる力」*の育成が求められるようになりました。それは2020年度実施の学習指導要領でも引き続き重視されて

語句説明

「生きる力」

変化の激しいこれからの社会を生きるための、確かな学力、豊かな心、健やかな体という知・徳・体のバランスのとれた力。

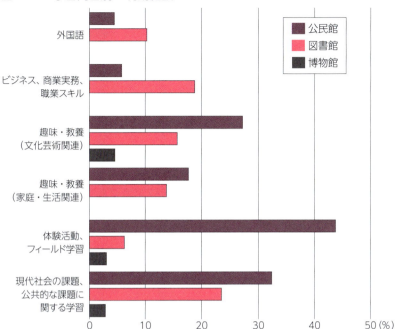

図13-5 学習内容別の利用施設

文部科学省「社会教育施設の利用者アンケート等による効果的社会教育施設形成に関する調査研究報告書」2011年

います。こうした動向のなかで強調されてきたのが、学校と地域の連携、協働です。これにより社会教育と学校教育の関係のより一層の強化が図られることにもなりました（→第14講参照）。

こうした学校と地域の連携、協働をより一層すすめていくうえで期待されてくるのが社会教育です。2006年に教育基本法が戦後はじめて改定されましたが、そのなかで学校、家庭、地域住民等の相互の連携協力の重要性が条文として次のように盛り込まれました。

【「教育基本法」第13条】
学校、家庭及び地域住民その他の関係者は、教育におけるそれぞれの役割と責任を自覚するとともに、相互の連携及び協力に努めるものとする。

これをもとに社会教育法が2008年に改定されました。そこでは、「放課後子供教室」や「学校支援地域本部」で地域住民などが実際に活躍をしていけるように、彼らが社会教育で学んだ成果を学校などの教育活動で活用する機会を提供することが、教育委員会の新たな職務として追加されています（第5条第15号）。

2 学校との連携・協働に向けて

さらに2015（平成27）年の中央教育審議会答申「新しい時代の教育や地方創生の実現に向けた学校と地域の連携・協働の在り方と今後の推進方

策について」では、学校と地域が連携、協働することで地域全体でこれからの子どもたちの成長を支える、そして地域を創生する取り組みとして、地域学校協働活動が提言されました。この活動をすすめていく組織が地域学校協働本部です。従来の学校支援地域本部など学校と地域の連携体制をもとにしてより多くの幅広い地域住民や団体などが参画してネットワークを形成し、地域学校協働活動を推進していくことになります。

　ここで想定されているのは「地域とともにある学校」です。地域でどのような子どもたちを育てるのか、何を実現していくのかという目標やビジョンを学校が地域住民などと共有し、学校は地域と一体となって子どもたちを育むことが求められているのです。

　このために、社会教育法が改定され、2017年度から施行されています。ここでは地域と学校が連携、協働するうえでの社会教育の機能のより一層の強化が図られました。具体的には、地域学校協働活動をすすめていくうえでの地域住民などと学校との連携協力体制を整備すること、また、地域学校協働活動推進員を設けることが教育委員会の職務として新たに規定されました。

　地域学校協働活動推進員とは地域と学校をつなぐコーディネーターの役割を担うもので、これを担当する人材には公民館などの社会教育施設の関係者をはじめとして、PTA関係者・経験者、退職した学校教職員、自治会・青年会などの関係者といった人々があげられます。

　現在では、学校運営協議会（→第14講参照）の委員のなかに、地域学校協働活動推進員が加わることになりました（地方教育行政法の改定、同じく2017年度施行）。学校運営とそのために必要な支援を協議し、それを踏まえてさまざまな地域学校協働活動をコーディネートすることになります。

　地域学校協働活動では子どもたちに多様で豊かな学習の機会を提供することを通じて子どもたちの「生きる力」を育むことが求められています。そのためには、公民館や図書館、博物館はもちろん、地域住民や保護者、PTA、社会教育施設・団体、文化団体、スポーツ団体、企業、NPOなどの「地域」と学校をつなぐことが求められます。こうした点で、社会教育の果たすべき役割は今後もより一層大きくなっているといえるでしょう。

ディスカッションしてみよう！

各教科や「総合的な学習の時間」のなかで、地域と連携したり、地域のいろいろな資源を活用したりして行う学習にはたとえばどのようなものがあるでしょうか？ 学習指導要領などをもとに皆で考えてみましょう。

たとえば・・・

第13講 社会教育と生涯学習

知っておくと役立つ話

復習や発展的な理解のために

学校と社会をつなぐ学社連携

　学社連携とは、学校教育と社会教育の連携を意味しています。本文でもみたように、社会教育は社会教育法で「学校の教育課程として行われる教育活動を除き、主として青少年及び成人に対して行われる組織的な教育活動（体育及びレクリエーションの活動を含む）」として規定されていて、学校と地域で子どもの健全な育成を図るという点で、学校教育と社会教育の連携と協力は不可欠です。

　第二次世界大戦後、アメリカのコミュニティ・スクール運動の影響を受けて、日本でも地域の課題に基づいた学習や地域の教材化などに取り組む地域社会学校の実践が一部で展開されていました。そして以後は、この学社連携という考え方が一般化し、地域の教育資源の学校教育での活用や、学校施設の地域住民への開放、公民館などの社会教育施設での子どもを対象とした学習活動や体験活動の開催、学校長の社会教育委員や公民館運営審議会委員への就任などで、学校教育と社会教育の連携が図られていきました。

　さらに、「総合的な学習の時間」の創設や学校週5日制、「開かれた学校づくり」のもとでのさまざまな取り組みのなかで、両者のより強固な連携と協力のあり方として「学社融合」という考え方も提起されました。

　そして現在は、各学校とその地域における「地域学校協働活動」の推進に関わって学校教育と社会教育の連携のより一層の強化が図られていくことになります。

ちゃんとわかったかな？

復習問題にチャレンジ

（筆者作成）

> 生涯学習に関する次の文章のなかで誤っているものはどれか。すべて選び、記号で答えよ。

①1965年にフランスで開かれたユネスコ成人教育推進国際委員会で生涯学習を提唱したのはポール・ラングランである。

②1980年代には、中央教育審議会の答申のなかで「生涯学習体系への移行」がこれからの教育改革の方針の1つとして提言された。

③生涯学習振興法が1990年に制定され、生涯学習の取り組みを全国的にすすめていくための体制が整備された。

④2006年に改正された教育基本法では、その第2条に「生涯学習の理念」が盛り込まれた。

理解できたことをまとめておこう！

ノートテイキングページ

各教科や「総合的な学習の時間」のなかで、地域と連携したり、地域の資源を活用して行う学習にはどのようなものがあるか、調べてみましょう。

第13講　社会教育と生涯学習

第14講 地域社会と学校

理解のポイント
本講では、地域と学校の連携について学びます。最初にその3つの「タイプ」を紹介したうえで、地域と学校が連携するうえでの具体的な制度の概要を前半は解説します。後半では、「地域学校協働活動」という今後の重要な動きについてみていきます。

1 地域と学校の連携

学校と地域の「連携」とは具体的にどんなことなのでしょうか？

1 地域と学校の連携

2002（平成14）年度からの学校週5日制への移行、そして近年ますます深刻となってきた少子化の進展、さらには、あとでみる「生きる力の育成」の重視などにともなって、学校は家庭だけではなく地域社会とも連携することがより一層重要視されるようになってきました。こうした学校と地域の連携には一般的には次の3つのタイプがあります。

① 学校の教育活動への地域住民の協力
地域の人材や保護者を教室に招き、ボランティアや非常勤講師として教育活動に協力してもらうことや、学習活動の場として地域の施設や自然環境などを活用することがあげられます。このことで、学校は地域の特色を生かした教育課程を編成し、教育活動を展開することができます。

② 地域社会への学校施設などの開放
学校の校庭や図書室、体育館、特別教室などを地域住民が利用することや、空き教室を地域住民が活動の場として活用することがあげられます。また、学校の教員が公開講座の講師として地域住民の学習ニーズにこたえることもあげられます。

③ 学校運営への地域住民の参加
校長の学校運営のプロセスに地域住民や保護者の意向を反映させたり、学校の教育活動に関するさまざまな情報を地域住民や保護者に公開したり、説明することがあげられます。これらはあとでみる学校評議員制度やコミュニティ・スクール（学校運営協議会制度）として制度化されています。

2 近年の学校と地域の連携の取り組み

①「生きる力」と学校、地域の連携
2002年度に学校週5日制が完全実施されたことに加えて、同年度から

実施された学習指導要領（→第8講参照）では「生きる力」の育成が重要視されるようになりました。これは、2020年度から実施される次期学習指導要領でも継続されます。

具体的には、2002年度の学習指導要領で新たに設けられた「総合的な学習の時間」などを活用して、各教科などの学習で習得した知識をさまざまな体験活動のなかで理解することや、学び方や考え方、探究する力を身につけることなどがこの「生きる力」の育成で重視されています。

そして、そうした力を子どもたちに身につけさせるうえで、学校と地域の連携による教育活動が求められるのです。

② 学校と地域の連携を促すさまざまな取り組み

図表14-1に、学校と地域の連携に関わる文部科学省のさまざまな施策や法律の改定を一覧でまとめています。21世紀に入る頃から今日に至るまで、学校が地域と連携するための数々の取り組みが積極的に実施されてきたことがわかります。その特徴として次の3点があげられます。

第1に、1999（平成11）年度から「生きる力」を子どもたちに身につけさせるために全国子どもプランが実施され、地域社会や家庭で生活体験や社会奉仕体験、自然体験、交流活動をさせるなど、地域での子どもたちの体験活動の充実を図る取り組みがすすめられてきました。また、放課後や週末の子どもたちの安全を図る取り組みや、2016年度から実施されている、経済的な理由や家庭の事情で家庭での学習が難しい、または学習習慣が十分に身に付いていない子どもたちを対象として地域住民が学習支援をする取り組みなどもあげられます。

第2に、地域住民が学校の教育活動を支援する組織として学校支援地域本部が2008（平成20）年度から推進されてきました。これは学校と地域が連携するための具体的な仕組みといえるものです（第3節で詳述）。2013（平成25）年の第2期教育振興基本計画では、この学校支援地域本部と放課後子供教室などの取り組みが充実するための体制を全国の小・中学校区につくることが目標とされました。

最後にあげられるのが、学校と地域のこうした連携を促す法律の改定です。2006（平成18）年には教育基本法が戦後はじめて改定され、そのなかで学校、家庭、地域住民等の相互の連携協力の重要性が条文として盛り込まれることになりました。それは次の通りです。

【「教育基本法」第13条】
学校、家庭及び地域住民その他の関係者は、教育におけるそれぞれの役割と責任を自覚するとともに、相互の連携及び協力に努めるものとする。

この条文を受けて、2008年に改定された社会教育法では、放課後子供教室や学校支援地域本部の活動を前提として、地域住民が社会教育での学習成果を学校などの教育活動に活用する機会を提供することが教育委員会の新たな事務とされています（同法第5条第15号）。

第14講 地域社会と学校

169

図表14-1　学校と地域の連携に関わる近年の文部科学省の取り組み

年度	取り組み名称	概要
1999年	「全国子どもプラン」	体験活動の充実
2002年	「新子どもプラン」	
2004年	「地域子ども教室推進事業」	
2006年	教育基本法改定	学校、家庭、地域住民等の相互の連携協力について規定
2007年	「放課後子供教室」（文部科学省と厚生労働省「放課後子どもプラン」）	放課後や週末等の子供たちの安心・安全な居場所、すべての子供に学習や体験・交流活動等の機会を提供
2008年	社会教育法改定	社会教育の学習成果を学校での教育活動に活かす機会の提供などを教委の事務に規定
	「学校支援地域本部」の推進	地域が学校と連携するための活動組織で、地域住民等の参画で学校の教育活動を支援
2013年	第2期教育振興基本計画	「学校支援地域本部」、「放課後子供教室」等の取組体制を全国の小・中学校区に構築することを施策目標に設定
2014年	「放課後子ども総合プラン」（文部科学省、厚生労働省策定）	女性の活躍推進、共働き家庭等の「小1の壁」の改善などのため、子供が安心・安全な放課後を過ごし、多様な体験・活動ができるよう、一体型または連携型の「放課後子供教室」と「放課後児童クラブ」を計画的に推進
	土曜日の教育活動の推進	子供たちが多様な技能や経験をもつ社会人と出会える機会の拡充
2015年	「地域未来塾」	さまざまな事情で家庭での学習が困難または学習習慣が未定着の子供への地域住民等の学習支援

2 地域と学校の連携のための制度

1 コミュニティ・スクール（学校運営協議会制度）、学校評議員制度

　学校と地域の連携、「開かれた学校づくり*」をより一層すすめるために、2000（平成12）年に学校評議員制度が創設されました（学校教育法施行規則の改定）。さらに2004（平成16）年には学校運営協議会制度が導入されています（地方教育行政法の改定）。学校運営協議会が設置されている学校のことをコミュニティ・スクールといい、2017（平成29）年4月現在、3,600校となっています。

　2つの制度の概要は図表14-2、14-3で示す通りです。

　学校評議員はその学校の教職員ではない者で、教育についての理解や識見をもつ人物に委嘱されます。また、学校運営協議会の委員は、地域住民、当該学校・園に在籍する生徒や児童、幼児の保護者、その他教育委員会が必要と認める者のなかから教育委員会が任命することに加えて、2017年の地方教育行政法の改定では新たに地域学校協働活動推進員が委員に追加されることになりました。これらのメンバーには、学校への地域住民、地

語句説明

開かれた学校づくり

家庭や地域社会と連携・協力する学校のことで、1990年代後半から提唱されている。具体的には、連携の3つの「類型」（第1節）の取り組みが行われる。

図表14-2 学校評議員制度の概要

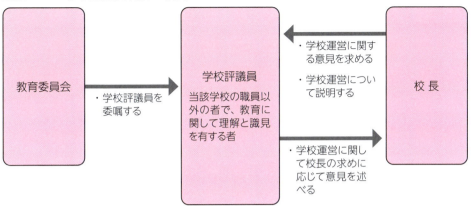

図表14-3 地域学校協働活動

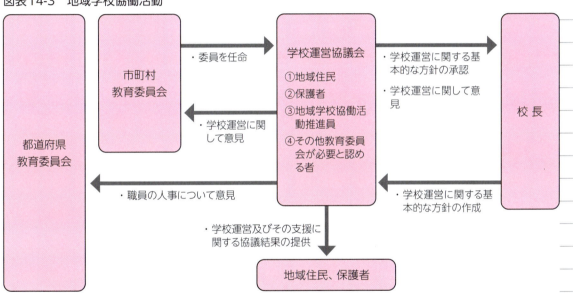

域のニーズや保護者の要望を学校運営に一定程度、反映させることが期待されます。

　なお、学校運営協議会は、学校運営やそのための支援に関して協議した結果を地域住民、保護者などに積極的に提供するように努めることが新たに求められることになっています。

　また、学校評議員は、校長の求めに応じて学校運営に関して意見を述べるという役割を担っています。他方で、学校運営協議会は合議制の機関であり、委員の合議によってものごとを決定します。具体的には、学校運営協議会は、（1）教育課程の編成など、校長が作成した学校運営の基本的な方針を承認する、（2）学校の運営に関して校長や教育委員会に対して意見を述べる、（3）学校の教職員の人事に関して教育委員会に対して意見を述べる、です。このように、学校評議員と比較して学校運営協議会の委員はかなり強い権限をもっています。校長は、学校運営協議会で承認さ

れた学校運営の基本的な方針や学校運営に対する意見をもとに校務を行うことになります。

2 学校評価と学校運営協議会

2007（平成19）年に学校教育法が改定され、学校評価、学校の情報提供に関する規定が新たに設けられました。学校評価は学校運営を改善することを目標としており、各学校がその教育活動を含めた学校運営についての目標を設定し、その達成状況や達成に向けた取り組みが適切であるかを評価することで、学校としての組織的で継続的な改善を図ります。

現在、学校では自己評価と学校関係者評価、第三者評価が実施されており、これらを通じて、教育の質の保証と向上が図られています。

学校関係者評価では、学校としての説明責任を果たすこと、保護者や地域住民からの理解と参画を得て、学校、家庭、地域の連携、協力による学校づくりをすすめることが目指されます。学校関係者評価に関わるのは、保護者、学校評議員、地域住民、青少年健全育成関係団体の関係者、接続する学校（小学校の場合は中学校など）の教職員などの学校関係者です。こうした人々が委員会を構成し、教育活動の観察や意見交換などをもとに、学校教職員自身の自己評価の結果について評価します。現在では、前項で説明した学校運営協議会に学校関係者評価としての機能も担わせることが推奨されています（文部科学省『学校評価ガイドライン』2016年改訂版）。

プラスワン

学校関係者評価、第三者評価
ただし、学校関係者評価は努力義務で、第三者評価は学校、設置者にその実施の判断が委ねられている。

3 地方創生と学校

1 「地域とともにある学校」

2015年12月の中央教育審議会答申「新しい時代の教育や地方創生の実現に向けた学校と地域の連携・協働の在り方と今後の推進方策について」では、これからの学校と地域の目指すべき連携、協働の方向性として次の3点が示されました。

> ① 地域とともにある学校への転換
> ② 子供も大人も学び合い育ち合う教育体制の構築
> ③ 学校を核とした地域づくりの推進

最初にあげられている「地域とともにある学校」とは、「地域の人々と目標やビジョンを共有し、地域と一体となって子供たちを育む」学校です。この答申によって地域と連携、協働するうえでの、今後の目指すべき新たな「学校像」が提示されたととらえられます。

さらに、こうした3つの方向性に基づいて同答申では次の3点が提言されました。

○地域と学校が連携・協働して、地域全体で未来を担う子供たちの成長

を支え、地域を創生する「地域学校協働活動」を推進すること

○この活動を推進するための新たな体制として「地域学校協働本部」を整備すること

○制度面・運営面の改善とあわせ、財政的支援を含めた総合的な推進方策により、コミュニティ・スクールを推進すること

ここで提示された「地域学校協働活動」、「地域学校協働本部」、「コミュニティ・スクールの推進」は、「地域とともにある学校」、つまり、これからの地域と学校の連携、協働におけるキーワードとなるものです。

2 「地域学校協働活動・本部」とコミュニティ・スクール

① 地域学校協働活動

地域学校協働活動とは、地域と学校が連携・協働して、地域の高齢者や成人、学生、保護者、PTA、NPO、民間企業、団体・機関などの幅広い地域住民などが参画することによって、子どもたちの成長や学びを地域全体で支えるというものです。それぞれの地域や学校の実情や特色に応じて、創意工夫を生かしながらさまざまな活動がすすめられます。

具体的には、たとえば登下校の見守りや花壇などの学校環境整備、授業補助などの学校支援活動、さらには、放課後子供教室、土曜日の教育活動、

図表14-4　地域全体で未来を担う子どもたちの成長を支える仕組み

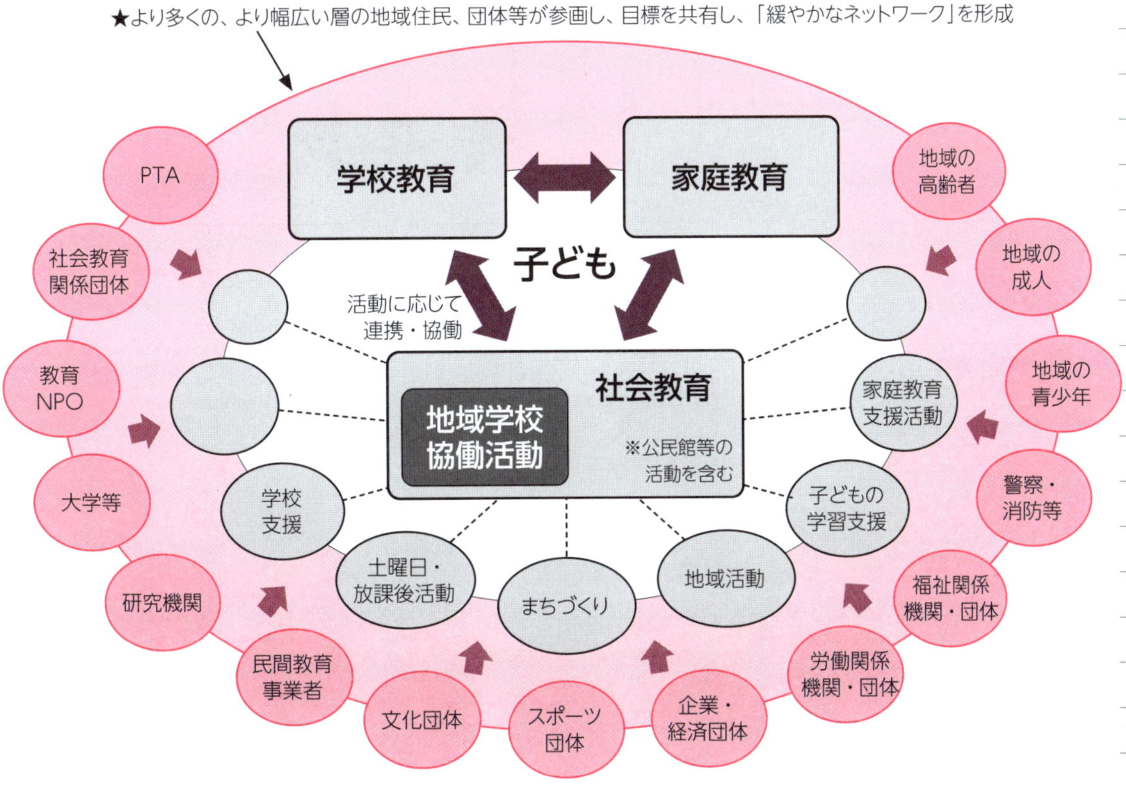

文部科学省・厚生労働省　放課後子ども総合プラン連携推進室 HP「学校と地域でつくる学びの未来」
(http://manabi-mirai.mext.go.jp/kyodo.html) をもとに作成

図表14-5 今後の地域における学校との協働体制（地域学校協働本部）のあり方

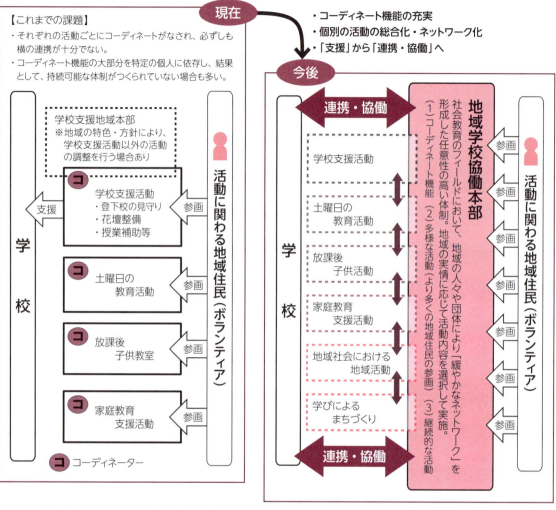

文部科学省・厚生労働省　放課後子ども総合プラン連携推進室HP「学校と地域でつくる学びの未来」
(http://manabi-mirai.mext.go.jp/kyodo.html) をもとに作成

家庭教育支援活動、学びによるまちづくり、地域社会における地域活動などがあげられます。つまり、地域住民などが参画することによって行われるさまざまな活動がこの地域学校協働活動なのです（図表14-4）。

② 地域学校協働本部

　地域学校協働本部とは、従来の学校支援地域本部（第1節）をはじめとする地域と学校の連携体制を基盤として、より多くの幅広い地域住民、団体などが参画して緩やかなネットワークを形成して地域学校協働活動を推進していく体制を指します。

　この組織が実際に地域学校協働活動をすすめていくことになりますが、具体的な活動内容については地域、学校の実情や特色、同本部の発展段階に応じて、それぞれの地域で検討することになるといいます。つまり、子どもたちの成長にとって何が重要であるかについて地域学校協働本部において地域と学校がビジョンを共有したうえで、可能な活動からスタートし

て徐々に活動内容の充実を図っていくことが重要とされています。

③ 地域学校協働本部とコミュニティ・スクール

第2節で説明したコミュニティ・スクール（学校運営協議会制度）は、地域住民、保護者などが一定の権限をもって学校運営に参画するためのシステムでした。答申では、このコミュニティ・スクールを、学校を「地域とともにある学校」にしていくための仕組みとして位置づけています。

学校と地域が一体となって子どもたちを育むために、コミュニティ・スクールと地域学校協働本部が両輪となって一体的に取り組みをすすめるということです。

④ 地域学校協働活動推進員

地域学校協働活動の実施体制を整備するために、社会教育法、地方教育行政法の2つの法律が改定され、2017年度から施行されています。

まず社会教育法をみると、ここでは地域と学校が連携、協働するうえでの社会教育の機能のより一層の強化が図られました。具体的には、地域学校協働活動をすすめていくうえでの地域住民などと学校との連携協力体制を整備すること、また、地域学校協働活動推進員を設けることが教育委員会の職務として新たに規定されました。

このメンバーとなる人物としては、PTA関係者や経験者、退職した学校教職員、自治会・青年会などの関係者、さらには公民館などの社会教育施設関係者らが想定されており、地域住民や保護者、PTA、社会教育施設・団体、文化団体、スポーツ団体、企業、NPOなどの「地域」と学校をつなぐことになります。

地域学校協働活動推進員の重要な機能として、コーディネート機能があります。答申では地域コーディネーターと統括コーディネーターが提言されていますが、地域学校協働活動推進員は前者にあたり、社会教育法では次のように規定されています。

> **【「社会教育法」第9条の7】**
> 教育委員会は、地域学校協働活動の円滑かつ効果的な実施を図るため、社会的信望があり、かつ、地域学校協働活動の推進に熱意と識見を有する者のうちから、地域学校協働活動推進員を委嘱することができる。
> 2　地域学校協働活動推進員は、地域学校協働活動に関する事項につき、教育委員会の施策に協力して、地域住民等と学校との間の情報の共有を図るとともに、地域学校協働活動を行う地域住民等に対する助言その他の援助を行う。

つまり、地域コーディネーターは、地域と学校をつなぐコーディネーターとして、地域住民と学校との情報共有、地域住民などへの助言を行います。

これを踏まえたかたちで地方教育行政法では、学校運営協議会での規定が見直されました。具体的には、教育委員会に対しては学校運営協議会の

設置が努力義務とされています。これにより、現在は学校運営協議会の未設置がかなり目立つ状況の改善が図られたといえるでしょう。

　そして、学校運営への支援を学校運営協議会の協議事項として明確に位置づけること、さらに、学校運営協議会は協議結果に関する情報を地域住民などに提供するよう努めることが盛り込まれました。この学校運営協議会の委員のなかに、前述の「地域学校協働活動推進員」を追加することとされています。つまり、地域学校協働活動推進員は学校運営協議会の委員として学校運営とそのために必要な支援を協議するとともに、それをもとにして多様な地域学校協働活動をコーディネートしていくことになるのです。

　このように、「地域とともにある学校」づくりが今後、各学校においてすすめられていくことになります。

ディスカッションしてみよう！

地域と連携、協力して協働的に教育活動をすすめていくことで、教師の仕事にどのような効果や課題がでてくるでしょうか？　みんなで考えてみましょう。

たとえば・・・

知っておくと役立つ話

復習や発展的な理解のために

地域社会の範囲は?

学校の規模については、小・中学校のいずれも12学級以上18学級以下が標準となっています。ただし、地域の実態などで特別の事情があるときには必ずしもこの限りではないともされています（学校教育法施行規則第41条）。また、通学距離については、小学校ではおおむね4km以内、中学校では同じく6km以内であることが条件として規定されています（義務教育諸学校等の施設費の国庫負担等に関する法律施行令第4条）。これは、学校配置の基準であると同時に、各学校が抱える「地域」の法令上の範囲としても考えられるでしょう。

しかし実際には、過疎地域を抱える自治体では当然のことながら12学級以上18学級以内という学校規模の「標準」を満たすことは難しく、現実には公立の小・中学校のおよそ半数は12学級を下回っています。さらに少子化とともに学校がますます小規模化していく傾向が顕著にみられます。そこで、2015年に学校の適正規模、適正配置などに関する手引きが文部科学省で作成されました（「公立小学校・中学校の適正規模・適正配置等に関する手引きの策定について〈通知〉」）。

この手引きでは、学校規模の標準、学校配置の基準は変わっていません。ただし、小学校では6学級以下、中学校では3学級以下の場合、教育上の課題（クラス替えができない、クラス同士が切磋琢磨する教育活動ができない、クラブ活動や部活動の種類が限定される、集団活動・行事の教育効果が下がる、教員と児童・生徒との心理的な距離が近くなりすぎるなど）が大きいため、学校統合などにより適正規模に近づけることの適否を速やかに検討する必要があるとしています。また、スクールバスなどを活用した通学手段が増加していることもあり、「おおむね1時間以内」が学校の適正配置（通学条件）の一応の目安とされています。

さらに、地理的条件などにより学校の統合が困難な事情がある場合、小規模校のメリットを生かす方策やそのデメリットの解消策や緩和策についてもふれられています。

第14講
地域社会と学校

ちゃんとわかったかな？

復習問題にチャレンジ

(筆者作成)

---

①次の文章の空欄に適切な語句を答えよ。

　地方創生が重要な課題となるなか、2015年12月の中央教育審議会答申では、これからの学校と地域の連携、協働のあり方として「地域とともにある学校」が提言された。これは、「地域の人々と目標や（　a　）を共有し、地域と一体となって子供たちを育む」学校であり、学校を核とした地域づくりを推進するためのものである。

　この答申を受け2017年3月に改定された社会教育法では、「地域学校協働活動」に関して、教育委員会は地域住民等と学校との連携協力体制を整備することとなった。また、教育委員会は地域住民等と学校の情報共有や助言等を行う「地域学校協働活動推進員」を委嘱できることとなった。これは、地域と学校をつなぐ（　b　）の役割を担うこととなる。

　そして、同時に改定された地方教育行政法では、教育委員会に対して（　c　）の設置が努力義務とされた。また、学校運営への支援を（　d　）事項に位置づけたり、委員に「地域学校協働活動推進員」を加えるなどの見直しが行われている。

(筆者作成)

---

②2006年に改定された教育基本法では学校、家庭、地域住民等の連携、協力の重要性が条文として盛り込まれた。次の空欄に適切な語句を答えよ。

（学校、家庭及び地域住民等の相互の連携協力）

　第13条　学校、家庭及び地域住民その他の関係者は、教育におけるそれぞれの（　a　）と責任を自覚するとともに、（　b　）の連携及び協力に努めるものとする。

理解できたことをまとめておこう！

ノートテイキングページ

学校運営と地域の関わりについて、中央教育審議会答申や社会教育法、地方教育行政法の改定の内容を中心に、自分なりにわかりやすく整理してみましょう。

第 **14** 講

地域社会と学校

第15講 現代日本の教育問題

理解のポイント

本講では、学校教育に大きな影響を及ぼしている「現代社会の教育問題」について学習します。まず、社会問題になっている「いじめ・不登校問題」です。次に、悪循環が心配される「子どもの貧困問題」です。そして、急速に進歩している「国際化・情報化への対応」です。最後に、今後の学校教育のもとになる「新しい学習指導要領とこれからの教育」について理解を深めましょう。

1 いじめ・不登校問題と子どもの貧困問題

1 いじめの現状

① いじめとは

「私の学級は落ち着いていて、いじめはないですよ」このような発言をする教師は、いじめについての危機意識が不足しているのではないでしょうか。

2013（平成25）年のいじめ防止対策推進法の施行にともない、「いじめ」については同法の第2条で次のように定義されています。

【「いじめ防止対策推進法」第2条】
この法律において「いじめ」とは、児童等に対して、当該児童等が在籍する学校に在籍している等当該児童等と一定の人的関係にある他の児童等が行う心理的又は物理的な影響を与える行為（インターネットを通じて行われるものを含む。）であって、当該行為の対象となった児童等が心身の苦痛を感じているものをいう。

いじめの定義は時代とともに変わっています。

② いじめの構造

いじめは、被害者と加害者だけの問題ではありません。まわりではやし立てたり、喜んで見ている観衆は、いじめを積極的に是認する存在です。見て見ぬふりをする傍観者も、いじめを暗黙的に支持する存在であり、いじめられている子にとっては、支え（味方）にはなりません。したがって、観衆も傍観者もいじめを助長する存在だといえます。

また、この4つの層は、固定したものではなく入れ替わることもあります。

③ いじめを許さない学校づくり

　学校教育全体を通じて「いじめは人間として絶対に許されない」という意識を児童・生徒一人ひとりに徹底していくことが大切です。また、教師の言動が児童・生徒に大きな影響力をもつことを十分に認識していじめを許さない学校づくりに努めることが重要です。いじめが発生した場合は、学級担任などの特定の教員が抱え込むのではなく、学校全体で組織的に対応することが重要であり、校長のリーダーシップのもと、教職員間の緊密な情報交換や共通理解を図り、一致協力して臨む体制が必要です。また、事実関係の究明にあたっては、当事者だけでなく、保護者や友人関係などからの情報を通じて事実関係の把握を正確かつ迅速に行うことが大切です。

2　不登校の現状

① 不登校とは

　不登校とは、多様な要因・背景により、結果として登校しない、あるいはしたくてもできない状態になっていることです。不登校児童・生徒が悪いという根強い偏見を払拭し、学校・家庭・社会が不登校児童・生徒に寄り添い共感的理解と受容の姿勢をもつことが、児童・生徒の自己肯定感を高めるために重要であり、周囲の大人との信頼関係を構築していく過程が社会性や人間性の伸長につながり、結果として児童・生徒の社会的自立につながることが期待されているのです。

　文部科学省は、不登校の定義について、下記のように示しています。

> 何らかの心理的、情緒的、身体的あるいは社会的要因・背景により、登校しないあるいはしたくてもできない状況にあるために年間30日以上欠席した者のうち、病気や経済的な理由による者を除いた者

② 不登校が生じないような学校・学級づくり

　不登校児童・生徒への支援は、「学校に登校する」という結果のみを目標にするのではなく、児童・生徒自らの進路を主体的にとらえて、社会的に自立することを目指す必要があります。また、児童・生徒によっては、不登校の時期が休養や自分を見つめ直す等の積極的な意味をもつことがある一方で、学業の遅れや進路選択上の不利益や社会的自立へのリスクが存在することに留意しなければなりません。学校は、児童・生徒の不登校が生じないように、次のような点から学校づくりを展開していくことが求められます。

魅力ある学校づくり

　児童・生徒が不登校になってからの事後的な取り組みだけでなく、児童・生徒が不登校にならない、魅力ある学校づくりを目指すことが重要です。

いじめ、暴力行為等問題行動を許さない学校づくり

　いじめや暴力行為を許さない学校づくり、問題行動への毅然とした対応が大切です。また教職員による体罰や暴言など、不適切な言動や指導は許されず、教職員の不適切な言動や指導が不登校の原因となっている場合は、

学校全体としての組織的対応がポイントです。

第15講　現代日本の教育問題

プラスワン

不登校対策
不登校対策は、「未然防止」と「初期対応」に分けることができる。

懲戒処分も含めた厳正な対応が必要です。

児童・生徒の学習状況等に応じた指導・配慮の実施

　学業のつまずきから学校へ通うことが苦痛になるなど、学業の不振が不登校のきっかけの一つとなっていることから、児童・生徒が学習内容を確実に身につけることができるよう、指導方法を工夫改善し、個に応じた指導の充実を図ることが望まれます。

保護者・地域等の連携・協働体制の構築

　地域社会総がかりで児童・生徒を育んでいくために、学校、家庭および地域等との連携、協働体制を構築することが重要です。

将来の社会的自立に向けた生活習慣づくり

　児童・生徒が将来の社会的自立に向けて、主体的に生活をコントロールする力を身につけることができるよう、学校や地域における取り組みを推進することが重要です。

3 子どもの貧困の現状と課題

① 子どもの貧困とは

　子どもの貧困問題は、自分には関係ないと思っていませんか。実際には、大いに関係する問題です。そのことを理解してください。

　「子どもの貧困」とは、子どもが経済的困難と社会生活に必要なものの欠乏状態に置かれ、発達の諸段階におけるさまざまな機会が奪われた結果、人生全体に影響を与えるほどの多くの不利を負ってしまうことです。

　これは、本来、社会全体で保障すべき子どもの成長・発達を、個々の親や家庭の「責任」とし、過度な負担を負わせている現状では解決が難しい重大な社会問題です。

　人間形成の重大な時期である子ども時代を貧困のうちに過ごすことは、成長・発達に大きな影響を及ぼし、進学や就職における選択肢を狭め、自ら望む人生を選び取ることができなくなる「ライフチャンスの制約」をもたらす恐れがあります。子どもの「いま」と同時に将来を脅かすもの、それが「子どもの貧困」です。

② 子どもの貧困における課題

貧困の中心は経済的困難

　貧困の中心にあるのは生活資源の欠乏（＝モノがない）であり、現代の日本においては「お金がない」という経済的困難が重要な位置を占めることになります。経済的問題は、それだけで多くの困難をもたらします。

　貧困概念は多様な側面をもち、容易に定義することは困難ですが、その核にあるのは、「お金」の問題です。

連鎖/複合化する不利

　「お金がない」という問題は、経済的な次元を超えて、さまざまな不利をもたらします。基本的な生活基盤である衣食住をまかなうことから、命・健康を守るための医療、余暇活動・遊び、日常的な養育・学習環境、学校教育などのさまざまな局面において、家庭の経済状況が大きく関係してきます。

これらの不利は、連鎖・複合化し、子どもの能力の伸長を阻み、低い自己評価をもたらし、人や社会との関係性を断ち切っていきます。

ライフチャンスの制約

　貧困がもたらす不利は、年齢とともに蓄積されていき、子どものさまざまな可能性と選択肢を制約します。貧困にある子どもは、「高校卒業」「大学進学」や「正社員としての就職」などの道が閉ざされることが多く、その結果、不安定な労働・生活に陥り、大人になってからも継続して貧困のなかに置かれる可能性があります。

図表15-1　子どもの貧困 関係イメージ図

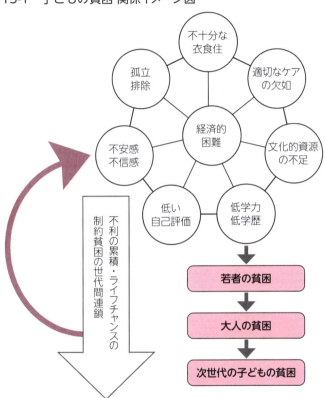

子どもの貧困対策推進法　4つの柱

①教育支援：就学の援助、学資の援助、学習の支援その他の貧困の状況にある子どもの教育に関する支援のために必要な施策

②生活支援：貧困の状況にある子ども及びその保護者に対する生活に関する相談、貧困の状況にある子どもに対する社会との交流の機会の提供その他の貧困の状況にある子どもの生活に関する支援のために必要な施策

③就労支援：貧困の状況にある子どもの保護者に対する職業訓練の実施及び就職の斡旋その他の貧困の状況にある子どもの保護者の自立を図るための就労の支援に関し必要な施策

④経済的支援：各種の手当等の支給、貸付金の貸付けその他の貧困の状況にある子どもに対する経済的支援のための必要な施策

第15講　現代日本の教育問題

今、貧困対策として、キャリア教育に注目が集まっています。

子ども時代の貧困は、子どもの現在の状況に影響を与えるのみならず、長期にわたって固定化し、次の世代へと引き継がれる可能性（**貧困の世代間連鎖**）を含んでいます。

 ## 国際化・情報化とこれからの教育

1　国際化・情報化への対応

① 国際理解教育

意義

　国際理解教育については、第15期中央教育審議会第一次答申において、「国際化が進展するなかにあって、広い視野とともに、異文化に対する理解や異なる文化をもつ人々と共に協調して生きていく態度などを育成することは、子供たちにとって極めて重要なことである」として、「相互依存の関係が深まるこれからの国際社会を考えるとき、このような教育はますます重要なものとなってきており、これからの学校教育においては、国際理解教育の推進についての明確な理念をもって、この面での教育を充実させていく必要がある」と述べられています。

　このように、国際化が急速に進展するなかで、絶えず国際社会に生きているという広い視野をもつとともに、国を超えて相互に理解し合うことは、ますます重要な課題であるといえます。

> 【ねらい】
> ・広い視野をもち、異文化を理解するとともに、これを尊重する態度や異なる文化をもった人々と共に生きていく資質や能力の育成を図ること。
> ・日本人として、また、個人としての自己の確立を図ること。
> ・国際社会において、相手の立場を尊重しつつ、自分の考えや意思を表現できる基礎的な力を育成する観点から、外国語能力の基礎や表現力等のコミュニケーション能力の育成を図ること。

教育課程における位置づけ

　国際理解教育は、各教科、道徳、外国語活動（小学校）、総合的な学習の時間および特別活動のいずれを問わず推進されるべきものであり、各学校が理念、各教育活動の役割やねらいを明確にし、全教員が共通理解をもって取り組むことが重要です。さらに、この教育のねらいを達成するために、単に知識理解にとどめることなく、体験的な学習や課題解決学習などを取り入れて、実践的な態度や資質、能力を育成していく必要があります。

指導上の配慮事項

［小学校］

　わが国の国家・社会の形成者としての心身ともに健全な、立派な日本人

となるための基礎づくりをするのが小学校教育の主たる目的です。ここでいう立派な日本人とは，国際社会にも対応できる国民を目指すものであり，次のような点を配慮することによって，その効果的育成が期待できます。

[中学校]

豊かな人間性と現代の日本国民に要請される公民的資質の育成を基盤として，そのうえに国際社会や異文化についての学習をとおして国際理解を深めるという教育全体に関わる性格をもっています。したがって学校教育全領域にわたり取り組むべきものです。

② 教育の情報化と情報教育

意義とねらい

学校教育において ICT（Information and Communication Technology：情報通信技術）を活用する「教育の情報化」は、次の3つの異なったねらいのもとに構成され、これらをとおして教育の質の向上を目指すものです。

情報教育……児童・生徒の情報活用能力の育成
ICT 活用……各教科等の目標を達成するための効果的な ICT 機器の活用
校務の情報化……教員の事務負担の軽減と子どもと向き合う時間の確保

社会のあらゆる場面で情報化が進展するなかで、情報の表現やコミュニケーションの効果的な手段としての ICT を活用する能力が求められています。また同時に、ネットワーク上の有害情報や悪意ある情報、LINE に代表される SNS（Social Networking Service）をめぐる児童・生徒間のトラブルなど、情報化の陰の部分への対応が喫緊に求められており、学校には情報や情報手段を適切に活用できる能力を育成すること、すなわち児童・生徒の情報活用能力を育成することが求められています。

また、電子黒板やタブレット等の ICT を授業において活用することは、各教科等の目標を効果的に達成するとともに、学習意欲を向上させ、主体的・対話的で深い学び（アクティブ・ラーニング→第8講参照）を実現するうえで有効であり、教科指導等における ICT の活用は今後ますます重要になってきます。

ICT を活用することにより、一斉学習、個別学習、協働学習を効果的に行うことができるようになります。

【ICT の活用による効果】

思考の可視化……距離や時間を問わず児童・生徒の思考の過程や結果を可視化すること

瞬時の共有化……教室やグループでの大勢の考えを、距離を問わずに瞬時に共有すること

試行の繰り返し……観察・調査したデータなどを入力し、図やグラフ等を作成するなどを繰り返し行い試行錯誤すること

第15講 現代日本の教育問題

プラスワン

情報モラル教育
「ネットいじめ」という新たな問題が生じていることから、「情報モラル教育」の重要性が高まっている。

2013（平成25）年6月に閣議決定された「第2期教育振興計画」では、21世紀を生き抜く児童・生徒の「確かな学力」をより効果的に育成するため、ICTの積極的な活用などによる協働的・双方向型の授業革新を推進することが記されており、ICTの活用は教育の質の向上を可能にします。
　教育においてICTを活用する意義はおおむね次の点といえます。

> ・課題解決に向けた主体的・協働的・探究的な学びを実現できる点
> ・個々の能力や特性に応じた学びを実現できる点
> ・離島や過疎地帯等の地理的環境に左右されずに教育の質を確保できる点

2 新しい学習指導要領とこれからの教育

① 新しい学習指導要領の方向性

改訂の基本的な考え方

　新しい学習指導要領で、大きく変わったところはどこでしょうか。
　それは、「総則」です。まず、「第1章 総則」の前に「前文」が入りました。ここでは、新しい学習指導要領の基本理念が述べられています。
　新しい学習指導要領では、教育基本法、学校教育法などを踏まえ、これまでのわが国の学校教育の実践や蓄積を活かし、子どもたちが未来社会を切り拓くための資質・能力を一層確実に育成します。その際、子どもたちに求められる資質・能力とは何かを社会と共有し、連携する「社会に開かれた教育課程*」を重視します。そして、知識および技能の習得と思考力、判断力、表現力等の育成のバランスを重視する現行学習指導要領の枠組みや教育内容を維持したうえで、知識の理解の質をさらに高め、確かな学力

重要語句

社会に開かれた教育課程
→新しい学習指導要領で示された目標で、教育の理念を学校と社会とが共有し、社会との連携および協働により実現を図ることをいう。

図表15-2　学習指導要領改訂の方向性

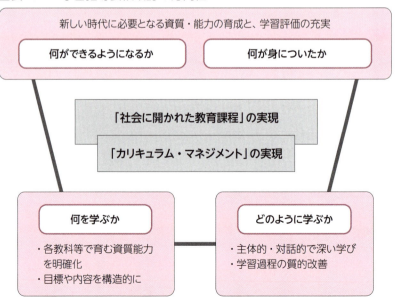

を育成します。また、道徳の「特別の教科化」など、道徳教育の充実や体験活動の重視、体育・健康に関する指導の充実により、豊かな心や健やかな体を育成します。

図表15-2では、新しい学習指導要領のキーワードが示されています。中心に、「社会に開かれた教育課程」があるように、社会のなかの学校が社会と連携・協働しながら教育課程を編成していく必要性が強調されています。上部の「何ができるようになるか」「何が身に付いたか」では、新しい学習指導要領が目指す3つの資質・能力、「知識・技能」「思考力、判断力、表現力等」「学びに向かう力、人間性等」の育成と学習評価の充実を示しています。左下には、新しい時代に必要となる資質・能力を踏まえた学習内容を明確にすることを示しています。そして右下では、「主体的・対話的で深い学び」の視点からの学習過程の改善を求めています。

新しい学習指導要領のキーワードは、「前文」と「総則」の内容を一つの言葉に置き換えたものということが、図表15-3からわかります。

図表15-3　新学習指導要領のキーワード

新学習指導要領「前文」と「総則」の構成		キーワード
前文		社会に開かれた教育課程の実現
第1	小学校（中学校）教育の基本と教育課程の役割	何ができるようになるか
第2	教育課程の編成	何を学ぶか
第3	教育課程の実施と学習評価	どのように学ぶか
第4	児童（生徒）の発達の支援	子どもの発達をどのように支援するか
第5	学校運営上の留意事項	カリキュラム・マネジメントの実現
第6	道徳教育に関する配慮事項	道徳教育の全体計画の作成

社会に開かれた教育課程

「社会に開かれた教育課程」とは、新学習指導要領の前文をまとめると、おおむね以下のようになります。

①よりよい学校教育を通してよりよい社会を創るという理念を学校と社会とが共有し、教育課程を編成する。
②よりよい社会を創るという教育課程の理念に照らして、育むべき子どもたちの資質・能力を明確にする。
③よりよい社会の実現を目指し、学校と社会とが連携し協働して教育課程を実施していく。

①については、学校が社会と接点をもち、多様な人々とつながりを保ちながら学べる「社会のなかの学校」となる、それを目標として教育課程を編成するという意味です。

②は、①の「よりよい社会」を創るうえで、子どもたちにどのような資質・能力を育むかを明確にするという意味です。

③は、学校と社会とが①と②を意識しつつ連携し、協働しながら教育課程を実施していくという意味です。

第**15**講

現代日本の教育問題

プラスワン

学習指導要領「総則」
今回の学習指導要領の改訂で最も大きく変わったところは「総則」だといえる。総則は各教科等を束ねる要としての役割をもっている。また、各学校が教育課程を編成し、各教科等の指導計画を作成する際に求められる共通的な課題が示されている。

カリキュラム・マネジメント

　学習指導要領は、国が示す教育課程の基準であり、法的拘束力をもちます。また、大綱的な性格をもっているため、その趣旨を踏まえつつ、教育課程を編成・実施し、評価・改善していくのは、各学校です。各学校は、子どもたちの姿や地域の実情等を踏まえて、学校教育目標を設定し、その実現のために教育課程を編成します。教育課程を編成して終わり、というわけではなく、それを実施・評価し、改善していくことが求められます。これが、「カリキュラム・マネジメント」（→第10講参照）の考え方です。この計画（Plan）・実施（Do）・評価（Check）・改善（Action）のサイクルを、PDCAサイクルとよんでいます。つまり「カリキュラム・マネジメント」が目指すのは、PDCAサイクルを意識しながら編成される「社会に開かれた教育課程」なのです。

　「カリキュラム・マネジメント」に関する新学習指導要領の記述をまとめると、以下のようになります。

- 児童・生徒や学校、地域の実態を適切に把握し、教育の目的や目標の実現に必要な教育の内容等を教科等横断的な視点で組み立てていくこと（計画・実施）
- 教育課程の実施状況を評価してその改善を図っていくこと（評価）
- 教育課程の実施に必要な人的又は物的な体制を確保するとともにその改善を図っていくことなどを通して、組織的かつ計画的に各学校の教育活動の質の向上を図っていくこと（改善）

図表15-4　学習指導要領の構造とカリキュラム・マネジメントのイメージ

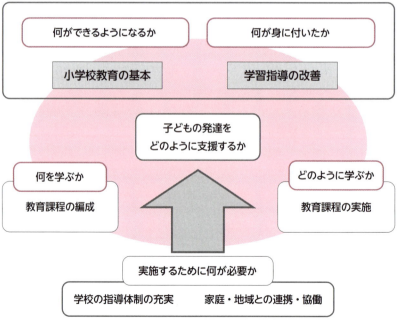

文部科学省　総則・評価特別部会資料（2016年5月23日）をもとに作成

知っておくと役立つ話
復習や発展的な理解のために

論理的思考力を育む「プログラミング教育」

第15講 現代日本の教育問題

　私たちは、自動販売機やロボット掃除機など、身近な生活のなかでコンピュータやプログラミングの働きの恩恵を受けています。これからの時代は、これらの便利な機械が「魔法の箱」ではなく、プログラミングを通じて人間の意図した処理を行わせることができるものであることを理解し、受け止めていく必要があるでしょう。このような背景のなかで、小学校段階で「プログラミング教育」が取り上げられることになりました。

　「プログラミング教育」とは、子どもたちにコンピュータに意図した処理を行うように指示することができるということを体験させながら、将来どのような職業に就くとしても、時代を超えて普遍的に求められる力としての「プログラミング的思考」などを育成する教育です。

　新学習指導要領の方針を示した中央教育審議会答申（2016年12月）では、「プログラミング的思考」を、「自分が意図する一連の活動を実現するために、どのような動きの組合せが必要であり、一つひとつの動きに対応した記号を、どのように組み合わせたらいいのか、記号の組合せをどのように改善していけば、より意図した活動に近づくのか、といったことを論理的に考えていく力」と説明しています。

　小学校の新学習指導要領の「第1章 総則」に、「主体的・対話的で深い学びの実現に向けた授業改善」とあります。これは、児童の「情報活用能力」の育成を図るための学習活動について述べたものです。具体的には、コンピュータ言語を覚えることや、プログラミングのスキルを高めることが直接的な目的ではなく、「プログラミング的思考」を育むことを目的とした授業改善を意味しています。

　そのうえで、プログラミング教育をとおして目指す育成すべき資質・能力について3点示されています。まず、【知識・理解】では、身近な生活でコンピュータが活用されていることや、問題の解決には手順があることに気づくこと。次に、【思考・判断力・人間性等】では、発達の段階に即して、「プログラミング的思考」を育成すること。そして、【学びに向かう力・人間性等】では、発達の段階に即して、コンピュータの働きを、よりよい人生や社会づくりに生かそうとする態度を育むことです。

　小学校においては、教科等における学習上の必要性や学習内容と関連づけながらプログラミング教育を単元に位置づけること、中学校の技術・家庭科技術分野においては、プログラミング教育に関する内容が倍増すること、そして、高等学校における情報科の共通履修科目の新設を通じて、小・中・高等学校を通じたプログラミング教育の充実を図ることとしています。

189

ちゃんとわかったかな？
復習問題にチャレンジ

（筆者作成）

> ①次の文は、小学校学習指導要領（平成29年3月告示）の「前文」の一部である。（　　）に入る適語を選べ。

　これからの学校には、こうした教育の目的及び目標の達成を目指しつつ、一人一人の児童が、自分のよさや可能性を認識するとともに、あらゆる他者を価値のある存在として尊重し、多様な人々と協働しながら様々な（　①　）を乗り越え、豊かな人生を切り拓き、（　②　）の創り手となることができるようにすることが求められる。このために必要な教育の在り方を具体化するのが、各学校において教育の内容等を（　③　）かつ計画的に組み立てた教育課程である。

　教育課程を通して、これからの時代に求められる教育を実現していくためには、よりよい学校教育を通してよりよい社会を創るという理念を（　④　）とが共有し、それぞれの学校において、必要な学習内容をどのように学び、どのような資質・能力を身に付けられるようにするのかを教育課程において明確にしながら、社会との連携及び協働によりその実現を図っていくという、（　⑤　）教育課程の実現が重要となる。

ア.未来を切り拓く　　イ.持続可能な社会　　ウ.課題　　エ.総合的　　オ.学校と社会

カ.社会的変化　　キ.国際社会　　ク.組織的　　ケ.社会に開かれた　　コ.学校と地域

（筆者作成）

> ②次の文は、小学校学習指導要領（平成29年3月告示）の「第1章　総則」の一部である。（　　）に入る適語を選べ。

　豊かな創造性を備え持続可能な社会の創り手となることが期待される児童に、（　①　）を育むことを目指すにあたっては、学校教育全体並びに各教科、道徳科、外国語活動、総合的な学習の時間及び特別活動（以下「各教科等」という。ただし、第2の3の（2）のア及びウにおいて、特別活動については学級活動（学校給食に係るものを除く。）に限る。）の指導を通してどのような（　②　）の育成を目指すのかを明確にしながら、教育活動の充実を図るものとする。その際、児童の発達の段階や（　③　）等を踏まえつつ、次に掲げることが偏りなく実現できるようにするものとする。

（1）（　④　）が習得されるようにすること。

（2）（　⑤　）等を育成すること。

（3）学びに向かう力、（　⑥　）等を涵養すること。

ア.確かな学力　　イ.生きる力　　ウ.学力　　エ.道徳性　　オ.知識及び技能　　カ.資質・能力

キ.関心、意欲、態度　　ク.思考力、判断力、表現力　　ケ.特性　　コ.人間性

理解できたことをまとめておこう！

ノートテイキングページ

「いじめが生じないような学級づくり」で大切なことをまとめてみましょう。

第15講 現代日本の教育問題

復習問題の解答

第1講（→16ページ）

①

解答　(1)エ　(2)オ　(3)ア　(4)ウ　(5)イ

(1) エリクソンのライフサイクル論では発達段階を8つに分け、青年期の発達課題としてアイデンティティの確立をあげた。

(2) ペスタロッチは「生活が陶冶する」と述べ、「頭」「手」「心」を調和的に発展させることが基礎的な人間形成（基礎陶冶）であると考えた。

(3) モレノが開発したサイコドラマ（心理劇）は即興の劇を行うことによる集団心理療法、ソシオメトリー（社会測定法）は小集団の人間関係を測定するための測定法である。

(4) イタールは障害児教育の先駆者として、モンテッソーリにも影響を与えた。

(5) フレーベルが考案した恩物は、子どものための教育的玩具で、日本でも1876（明治9）年に紹介・導入された。

②

解答　③

デュルケームは、教育を一つの社会現象ととらえ、実証的に分析・研究する教育社会学の基礎を築いた。

③

解答　3

1　デュルケームは、『教育と社会学』『道徳教育論』などの著作があり、宗教教育を行わなくても子どもが社会的存在になると論じた。『教育論』はスペンサーの著書である。

2　『教育と社会学』は、デュルケームの著書である。キルパトリックは、デューイの影響の下、プロジェクト・メソッドを展開した。

3　ナトルプは、人間は社会を通して人格を形成するとし、そのためには家庭・学校・社会という段階を経験して社会の一員となることが必要であると唱えた。『社会的教育学』『哲学と教育学』などの著書がある。

4　ドルトン・プランを提唱したのは、パーカーストである。スペンサーは、教育は個人の完全な生活、つまり幸福な生活への準備であるとし、科学こそが最も価値のある知識とした。

5　プロジェクト・メソッドは、生徒自身が計画から立案するもので、わが国の夏休みの自由研究などにも取り入れられている。

第2講（→27ページ）

解答　1：誤　2：正　3：誤　4：正

ポルトマンは、人間は他の哺乳類に比べて未熟な状態で生まれてくるとし、生理的には胎内で過ごすべき乳児期を「子宮外胎児期」と呼んだ。彼は、外界における教育的な関わりをはじめとするさまざまな経験によって、人間の行動は環境に制約されず、世界に開かれたものになると考えた。

第3講 （→38ページ）

① ・・・

解答　③

コンドルセは近代的公教育制度を先駆的に主張し、その理念は現代まで受け継がれていることから、「公教育の父」と称された。

② ・・・

解答　（1）エ　（2）オ　（3）ウ

(1) デューイは、教育を経験の再構成とし、プラグマティズムを背景にした経験主義・実験主義の教育を実践した。

(2) ピアジェは、認知発達理論を提唱し、認知の発達には大きく分けて４つの段階があるとした。また、各段階には、物事を理解するための枠組み（シェマ）があるとした。

(3) ペスタロッチは、人間は生まれつき平等であり、教育も平等であるとした考え方に基づいた教育を実践した。「生活が陶冶する」とし、精神力・心情力・技術力の３つを調和的な発展させることが教育の目的とした。

ア　宗教改革の中心人物の一人で、義務教育の理念を提唱したのはルターである。

イ　「人間は教育によってつくられる」とし、『エミール』を著したのはルソーである。

第4講 （→51ページ）

解答　プラトン

プラトンは、アカデメイアを創設し、天文学、数学、生物学など広範囲にわたった教育を行った。教育史上初の全体的・統一的カリキュラムとされている。

第5講 （→62ページ）

① ・・・

解答　（1）⑤　（2）①　（3）③

1　コメニウスは、事物を使って自然の中で観察力や感覚を養いながら知識を体得させる直観教授を提案した。この方法は、実質陶冶とよばれる。『世界図絵』は、世界初の絵入り教科書とされている。コメニウスの教育システムは「すべての人にすべてのことを教える」というものである。

2　ルソーは児童中心主義者で、子どもが本来もっている自然性をそのまま引き出すことで、立派な人間に成長するという考え方を示した。そして、大人を基準とした教育である積極教育ではなく、子どもの自然な成長段階に合わせて教育する消極教育を主張した。

3　モンテッソーリは、子どもをしっかりと観察し、その特性を客観的にみることを重要視した。子どもの自主性を尊重し、自発的な活動意欲を引き出す教育手法を取り入れるため、子どもが興味をもちそうな教具を準備し、その中から子どもが自由に選んで遊びながら学べるように教育環境を整備した。

② ・・・

解答　③

③はルソーではなく、アリストテレスの説明である。

第6講 (→76ページ)

①・・・

解答　3

A　ペスタロッチは、『隠者の夕暮』のなかで「玉座の上にあっても、木の葉の屋根の蔭に住まわっても、その本質においては同じ人間」と述べ、人間はすべて平等であるとしている。また、貧民を救済するためには経済的自立が必要で、そのためには教育が不可欠であるとした。

B　ルソーは、『エミール』のなかで、5歳までは身体の教育、5〜12歳までは感覚の教育、12〜15歳までは理性の教育、15〜20歳までは心情の教育を特に重視すべきとしている。

C　ヘルバルトは、教育によって得られるものは道徳的品性であるとし、そのために教師は子どもがさまざまな分野に興味をもつよう働きかけていくことが必要であるとした。これを教育的教授という。

D　ケイは、『児童の世紀』のなかで「20世紀は児童の世紀」と述べ、児童中心主義が広がるきっかけとなった。子どもが自分の個性や興味に従って好きな科目を選択し、教科書も試験もない教育を理想としていた。

イ　世界で初めて生涯教育（学習）の考えを提唱したのは、ラングランである。

オ　プラグマティズム哲学を確立し、進歩主義教育運動のリーダーとなったのは、デューイである。

カ　幼稚園の創始者で、恩物を用いたのは、フレーベルである。

②・・・

解答　3

3　学習過程を明瞭・連合・系統・方法の4段階に沿って進める四段階教授法を提唱したのは、ヘルバルトである。ラインはヘルバルトの弟子で、四段階教授法を予備・提示・比較・概括・応用の五段階教授法に改めた。

第7講 (→88ページ)

①・・・

解答　3

3　1885（明治18）年に発足した初代内閣（第一次伊藤内閣）で文部大臣に起用されたのは、森有礼である。井上毅は、第二次伊藤内閣の文部大臣である。

②・・・

解答　4

1　広瀬淡窓は江戸時代の儒学者で、日田（大分県）に咸宜園を開いた人物である。

2　緒方洪庵は江戸時代の蘭学者・医師で、大坂（大阪）に適塾を開いた人物である。

3　池田光政は備前岡山藩の藩主で、藩士や民衆を教育する場としての郷学として閑谷学校を設立した人物である。

4　徳川斉昭は徳川御三家の一つである水戸藩の藩主で、藩校として弘道館を設立した人物である。

5　毛利吉元は長州藩の藩主で、毛利家家臣の子弟を教育するための藩校として明倫館を設立した人物である。

第8講 （→102ページ）

① ･･

解答　問1：1　　問2：5

問1 「教育基本法」第6条は、学校教育についての規定である。第1項では、法律に定められた学校を設置できるものについて規定している。

問2 「教育基本法」第6条第2項では、教育をどのように行うのか、何を重視して行うのかについて規定している。

② ･･

解答　問1：4　　問2：1　　問3：2

問1 「学校教育法」第21条は、義務教育として行われる普通教育の目標を規定している。第21条第一号に掲げられている目標である。

問2 「学校教育法」第21条第八号に掲げられている目標である。

問3 「学校教育法」第21条第十号に掲げられている目標である。

第9講 （→115ページ）

解答　問1：3　　問2：1

「小学校学習指導要領（平成29年3月）」の「総則」第1　小学校教育の基本と教育課程の役割の2の冒頭部分である。

第10講 （→128ページ）

解答　2

「幼稚園、小学校、中学校、高等学校及び特別支援学校の学習指導要領等の改善及び必要な方策等について（答申）」（平成28年12月21日　中央教育審議会）の、「第9章　何が身に付いたか―学習評価の充実―」の「3　評価に当たっての留意点等」である。答申では、「資質・能力のバランスのとれた学習評価を行っていくためには、指導と評価の一体化を図る中で、論述やレポートの作成、発表、グループでの話合い、作品の制作等といった多様な活動に取り組ませるパフォーマンス評価などを取り入れ、ペーパーテストの結果にとどまらない、多面的・多角的な評価を行っていくことが必要である」としている。

第11講 （→141ページ）

解答　(1)f　　(2)c　　(3)h

(1) 「教育公務員特例法」第22条（研修の機会）の第2項である。第1項では「教育公務員には、研修を受ける機会が与えられなければならない」と規定している。

(2) 「学校教育法施行規則」第26条の第1項である。第2項では「懲戒のうち、退学、停学及び訓告の処分は、校長（大学にあっては、学長の委任を受けた学部長を含む。）が行う」と規定している。

(3) 「地方教育行政の組織及び運営に関する法律」第41条（県費負担教職員の定数）の第1項である。

第12講 （→153ページ）

解答　問1：3　問2：1

「教職生活の全体を通じた教員の資質能力の総合的な向上方策について（答申）」（中央教育審議会、平成24年8月28日）の「Ⅰ．現状と課題」の冒頭部分である。現状を挙げて「教育委員会と大学との連携・協働により、教職生活全体を通じて学び続ける教員を継続的に支援するための一体的な改革を行う必要がある」としている。

第13講 （→178ページ）

解答　②、④

② 中央教育審議会ではなく臨時教育審議会である。1980年代、4次にわたる答申の中で、「生涯学習体系への移行」がわが国における重要な課題とされた。

④ 第2条ではなく第3条である。第3条では、生涯学習の理念が「国民一人一人が、自己の人格を磨き、豊かな人生を送ることができるよう、その生涯にわたって、あらゆる機会に、あらゆる場所において学習することができ、その成果を適切に生かすことのできる社会の実現が図られなければならない」と規定されている。

第14講 （→178ページ）

①

解答　a：ビジョン　b：コーディネーター　c：学校運営協議会　d：協議

2015（平成27）年12月の中央教育審議会答申とは、「新しい時代の教育や地方創生の実現に向けた学校と地域の連携・協働の在り方と今後の推進方策について」である。また、この答申を受けて、2017（平成29）年に「社会教育法」や「地方教育行政法」が改正された。

②

解答　a：役割　b：相互

「教育基本法」第14条は第2章　教育の実施に関する基本に含まれている。

第15講 （→190ページ）

①

解答　①カ　②イ　③ク　④オ　⑤ケ

2017（平成29）年に告示された「小学校学習指導要領」前文の一部である。

②

解答　①イ　②カ　③ケ　④オ　⑤ク　⑥コ

2017（平成29）年に告示された「小学校学習指導要領」「第1章　総則」の「第1　小学校教育の基本と教育課程の役割」の3の一部である。

索 引

和 文

■ あ
アイスキュロス 42
アイデンティティ 9
赤い鳥 85
アカデメイア 46, 50
アテナイ 42
アノミー 13
アリストテレス 46

■ い
生きる力 162, 169
いじめ 180
いじめ防止対策推進法 180
イソクラテス 48
一斉学習 109
一斉教授 32, 82
イデア論 45
イニシエーション 8

■ え
『エミール』 55, 56
エリクソン, エリク 9

■ お
オウエン, ロバート 32, 68
横断的個人内評価 122
オーベルラン, ヨハン・フリードリヒ 68

■ か
学習指導案 106
学習指導要領 90, 94, 101, 186
学習指導要領解説 106
学習ノート 110
学制 80
『学問芸術論』 56
学級経営 136, 138
学校 28, 130
学校教育法 97, 134
学校教育法施行規則 97, 98
学校教育目標 132
学校経営 131
学校評価 172
学校評議員 136, 170
学校文化 91
学校方式 29
カリキュラム 91
カリキュラム・マネジメント 124, 188
咸宜園 79
カント, イヌマエル 12, 58

■ き
観念連合 55
機械的連帯 12
義務教育 30
ギャラリー方式 32
キャリアステージ 146
教育 7
教育委員会 157
教育科学 12, 15
『教育学』 59
教育課程 90, 132
教育基本法 33, 96, 130, 154, 156, 163, 169
教育実習 146
教育審議会 86
教育勅語 81
『教育に関する考察』 54
教育の機会均等 34
教育の中立性 33
教育評価 116
教育令 80
教員採用試験 146
教員免許更新制 149
教化 24
教科カリキュラム 92
郷学 79
教材研究 105
教師に求められる資質・能力 144
教授段階論 71
教養（パイディア） 41
近代 6

■ く
クロスカリキュラム 93

■ け
形成 24
形成的評価 118
顕在的カリキュラム 91

■ こ
コア・カリキュラム 93
校外研修 149
公教育 32, 130
校内研修 150
公民館 160
校務分掌 134
公立学校 35
広領域カリキュラム 92
国際学習到達度調査 (PISA) 96
国際理解教育 184
国民学校 86

5段階教授法 84
子ども中心主義 72
子どもの貧困 182
個別学習 109
コミュニティ・スクール（学校運営協議会制度） 170, 175
コメニウス, ヨハネス・アモス 31, 52
ゴルギアス 48
コンドルセ 33
コンドルセ, M・J・A・ニコラ・ド 33

■ さ
澤柳政太郎 83, 85, 87
産業革命 32
産婆術 44

■ し
ジェファーソン, トマス 34
自己評価 119
私塾 78
自然的感情 33
指導計画 99
指導要録 116
市民社会 6
社会化 11
社会教育 154
社会教育委員 158
社会教育施設 158
社会教育主事 158
社会教育法 155, 160, 169, 175
社会に開かれた教育課程 187
就学率 83
自由七科 49
就巣性 19
縦断的個人内評価 122
10年経験者研修 149
授業 104, 114
主体的・対話的で深い学び（アクティブ・ラーニング） 96, 109, 124, 187
生涯学習 156
生涯学習振興法 157
消極教育 56
小集団学習 109
少人数学習 109
助教制 31
職員会議 133
職務 134
初任者研修 147

197

自律……………………………59
進化……………………………22
新教育………………72, 84, 85
診断的評価…………………118

■ す
鈴木三重吉……………………85
スパルタ………………41, 42, 43
スプートニクショック………95
スペンサー, ハーバート……12
スミス, アダム………………32

■ せ
生活綴方教育…………………85
成城小学校………………85, 87
成長……………………………10
生理的早産……………………19
『世界図絵』……………………53
絶対評価………………………121
全国子どもプラン……………169
潜在的カリキュラム……91, 125

■ そ
総括的評価……………………118
相関カリキュラム……………92
相互評価………………………119
相対主義………………………49
相対評価………………………120
ソクラテス……………………43
ソフィスト…………………42, 48
ソフォクレス…………………42

■ た
『第一次アメリカ教育使節団報告
　書』……………………………86
『大教授学』……………………52
第三セクター…………………157
大正自由教育…………………85
他者評価………………………119
タブラ・ラサ…………………54
単元……………………………106
単線型…………………………34

■ ち
地域学校協働活動…………164, 173
地域学校協働活動推進員
　…………………………164, 175
地域学校協働本部……………174
地域教材………………………99
地域とともにある学校…164, 172
中心統合法……………………71
中等学校………………………79

■ つ
通過儀礼………………………8

通知表…………………………116

■ て
手習塾…………………………78
デューイ, ジョン…………73, 93
デュルケーム, エミール……11

■ と
トゥキディデス………………42
陶冶……………………………65
徳（アレテー）………………44, 48
徳育論争………………………81
特別活動………………………138
徒弟方式………………………29
ドルトン・プラン……………85

■ に
日本国憲法…………………96, 155
『人間悟性論』…………………54

■ は
発達……………………………10
発達段階………………………9
発問……………………………112
板書……………………………110
汎知学（パン・ソフィア）……53

■ ひ
評価……………………………113
評価規準………………………122
開かれた学校づくり………99, 170

■ ふ
複線型学校制度………………83
不登校…………………………181
プラトン………………………45
ブルーム, ベンジャミン……118
ブルーナー, ジェローム……75
フレーベル, フリードリヒ・W・A
　…………………………67, 68
プロタゴラス…………………48
文化史的段階理論……………71

■ へ
ペア学習………………………109
ペスタロッチ, ヨハン・ハインリヒ
　…………………………64
ベルクソン, アンリ…………19
ヘルバルト, ヨハン・フリードリヒ
　…………………………12, 84, 70

■ ほ
法定研修………………………149
方法的社会化…………………11
ホモサピエンス………………18
ホモファーベル………………18
ホモルーデンス………………18

ポルトマン, アドルフ………19

■ ま
学び続ける教員像……………142
マン, ホーレス………………35

■ み
ミドルリーダー………………148
ミル, ジョン・スチュアート
　…………………………12, 35
民主教育………………………95

■ め
メトーデ………………………66

■ も
目標に準拠した評価…………121
モニトリアルシステム………31
モラトリアム…………………9
森有礼…………………………81
問答法…………………………44
文部科学省……………………157

■ ゆ
有機的連帯……………………12
融合カリキュラム……………92
ゆとり教育…………………95, 121

■ ら
ライン, ヴィルヘルム……71, 84

■ り
離巣性…………………………19
リュケイオン…………………47, 50

■ る
ルソー, ジャン・ジャック………55

■ れ
レディネス………………105, 117
レトリック……………………41

■ ろ
ロック, ジョン………………54

欧文

■ G
GHQ……………………………86

■ I
ICT……………………………185

■ N
NPO法人………………………157

■ P
PDCAサイクル………………124
PISA……………………………96

参考文献

第1講
エリクソン（著）仁科弥生（訳）『幼児期と社会 I』みすず書房、1977年
デュルケム（著）佐々木交賢（訳）『教育と社会学』誠信書房、1976年
デュルケム（著）（井伊玄太郎訳）『社会分業論（上・下）』講談社、1989年
デュルケム（著）麻生誠・山村健（訳）『道徳教育論』講談社、2010年
石村華代・軽部勝一郎（編）『教育の歴史と思想』ミネルヴァ書房、2013年
今井康雄（編）『教育思想史』有斐閣、2009年
鎌原雅彦・竹綱誠一郎『やさしい教育心理学［第4版］』有斐閣、2015年
木村元・小玉重夫・船橋一男『教育学をつかむ』有斐閣、2009年
柴田義松・竹内常一・為本六花治編『教育学を学ぶ新版』有斐閣、1987年
鈴木剛『ペダゴジーの探究』響文社、2012年
田嶋一・中野新之祐・福田須美子ほか『やさしい教育原理』有斐閣、2011年
眞壁宏幹（編）『西洋教育思想史』慶應義塾大学出版会、2016年

第2講
ベルクソン（著）合田正人・松井久（訳）『創造的進化』筑摩書房、2010年
ポルトマン（著）（高木正孝訳）『人間はどこまで動物か』岩波書店、1961年
安藤寿康『遺伝子の不都合な真実』筑摩書房、2012年
木村元・小玉重夫・船橋一男『教育学をつかむ』有斐閣、2009年
田嶋一・中野新之祐・福田須美子ほか『やさしい教育原理』有斐閣、2011年

第3講
コンドルセほか（著）阪上孝（訳）『フランス革命期の公教育論』岩波書店、2002年
スミス（著）水田洋・杉山忠平（訳）『国富論4』岩波書店、2001年
マン（著）久保義三（訳）『民衆教育論』明治図書、1960年
ミル（著）塩尻公明・木村健康（訳）『自由論』岩波書店、1971年
安彦忠彦・児島邦弘・藤井千春他（編）『よくわかる教育学原論』ミネルヴァ書房、2012年
石村華代・軽部勝一郎（編）『教育の歴史と思想』ミネルヴァ書房、2013年
木村元・小玉重夫・船橋一男『教育学をつかむ』有斐閣、2009年
小松佳代子『社会統治と教育──ベンサムの教育思想』流通経済大学出版会、2006年
田嶋一・中野新之祐・福田須美子ほか『やさしい教育原理』有斐閣、2011年
眞壁宏幹（編）『西洋教育思想史』慶應義塾大学出版会、2016年
渡辺晶『ホーレス・マン教育思想の研究』学芸図書、1981年

第4講
アリストテレス（著）牛田徳子（訳）『政治学』京都大学学術出版会、2001年
カートリッジ（著）新井雅代（訳）『古代ギリシャ　11の都市が語る歴史』白水社、2011年
クセノフォーン（著）佐々木理（訳）『ソークラテースの思い出』岩波書店、1953年
シュベーグラー（著）谷川徹三・村松一人（訳）『西洋哲学史（上）』岩波書店、1939年
プラトン（著）久保勉（訳）『ソクラテスの弁明・クリトン』岩波書店、1927年
プラトン（著）藤沢令夫（訳）『国家（上・下）』岩波書店、1979年
プラトン（著）三嶋輝夫（訳）『ラケス』講談社、1997年
プラトン（著）加来彰俊（訳）『ゴルギアス』岩波書店、1967年
プラトン（著）藤沢令夫（訳）『プロタゴラス』岩波書店、1988年

プルタルコス（著）村川堅太郎（訳）『英雄伝（上）』筑摩書房、1996年

レーブレ（著）広岡義之ほか（訳）『教育学の歴史』青土社、2015年

小野紀明「市民概念に関する一考察」『立命館法学』274号、立命館大学人文科学研究所、2000年

加藤守通「レトリックと教育」今井康雄（編）『教育思想史』有斐閣、2009年

納富信留『ソフィストとは誰か？』筑摩書房、2015年

廣川洋一『ギリシア人の教育』岩波書店、1990年

第5講

今井康雄（編）『教育思想史』有斐閣、2009年

教育思想史学会（編）『教育思想事典』勁草書房、2000年

眞壁宏幹（編）『西洋教育思想史』慶應義塾大学出版会、2016年

山﨑英則・徳本達夫（編）『西洋の教育の歴史と思想』ミネルヴァ書房、2001年

第6講

デューイ（著）市村尚久（訳）『学校と社会・子どもとカリキュラム』講談社、1998年

トレラー（著）乙訓稔（監訳）大沢裕・椋木香子（訳）『ヨハン・ハインリッヒ・ペスタロッチ』東信堂、2015年

レーブレ（著）広岡義之・津田徹（訳）『教育学の歴史』青土社、2015年

今井康雄（編）『教育思想史』有斐閣、2009年

岩崎次男（編）『西洋教育思想史［第4版］』明治図書出版、1993年

梅根悟（監修）世界教育史研究会（編）『世界教育史大系21　幼児教育史Ⅰ』講談社、1974年

小笠原道雄（編）『ドイツにおける教育学の発展』学文社、1984年

乙訓稔『西洋近代幼児教育思想史————コメニウスからフレーベル［第2版］』東信堂、2010年

佐藤康富（編）『［新版］新しい保育原理』大学図書出版、2018年

長尾十三二『西洋教育史［第2版］』東京大学出版会、1991年

藤井千春（編）『時代背景から読み解く　西洋教育思想』ミネルヴァ書房、2016年

眞壁宏幹（編）『西洋教育思想史』慶應義塾大学出版会、2016年

第7講

貝塚茂樹「戦後の教育改革」森川輝紀・小玉重夫『教育史入門』放送大学教育振興会、2012年

唐澤富太郎『図説明治百年の児童史　下』講談社、1968年

久保義三・米田俊彦・駒込武・児美川孝一郎『現代教育史事典』東京書籍、2001年

酒井憲一「成城・玉川学園住宅地」『郊外住宅地の系譜――東京の田園ユートピア』鹿島出版会、1987年

佐藤秀夫「文部官僚としての澤柳政太郎」『澤柳政太郎全集』別巻、国土社、1979年

髙橋敏『江戸の教育力』筑摩書房、2007年

眞壁宏幹（編）『西洋教育思想史』慶應義塾大学出版会、2016年

森川輝紀・小玉重夫（編著）『教育史入門』放送大学教育振興会、2012年

文部省『学制百年史』1972年

山住正己『日本教育小史　近・現代』岩波書店、1987年

山本一生「筆記用具が、勉強のやり方を変える？」井藤元『ワークで学ぶ教育学』ナカニシヤ出版、2015年

山本一生「戦前日本の道徳はどんな教育だったのか？――教科としての「修身」について」井藤元『ワークで学ぶ道徳教育』ナカニシヤ出版、2016年

第8講

柴田義松『教育課程論』学文社、2013年

島田和幸「カリキュラムの編成と開発――SBCDに着目して――」『教育研究実践論集』第3号、四天王寺大学、2017年

文部省『学習指導要領　一般編（試案）』1951年

山田雅彦（編）『教育課程論』学文社、2016年

八尾坂修『学校改革の課題とリーダーの挑戦』ぎょうせい、2008年

安彦忠彦『教育課程編成論──学校は何を学ぶところか』放送大教育振興会、2007年

第9講

大村はま『教えるということ』ちくま学芸文庫、1996年

北九州市教育委員会『教師のしおり』2016年

斎藤喜博『授業の展開』国土社、2006年

恒吉宏典・深澤広明（編）『授業研究重要用語300の基礎知識』明治図書出版、1999年

福岡県教育委員会『若い教師のための教育実践の手引』2017年

第10講

安藤輝次『みんなで「深い学び」を達成する授業──形成的アセスメントで子どもが自ら学びを把握し改善する』図書文化、2018年

田中耕治（編）『新しい教育評価の理論と方法』日本標準、2002年

文部科学省「児童生徒の学習と教育課程の実施状況の評価の在り方について（答申）」2000年

文部科学省「学習評価に関する資料（2018年1月18日 総則・評価部会資料6-2）」

文部科学省HP「全国学力・学習状況調査の概要」

http://www.mext.go.jp/a_menu/shotou/gakuryoku-chousa/zenkoku/1344101.htm

第11講

杉田洋『よりよい人間関係を築く特別活動』図書文化、2009年

文部科学省『生徒指導提要』教育図書、2010年

第12講

教員生活全体を通じた教員育成の在り方検討会「教員生活全体を通じた教員育成の在り方 学び続ける教師のための5つの提言」2015年

高井良健一「生涯を教師として生きる」秋田喜代美・佐藤学（編）『新しい時代の教職入門』有斐閣、2006年

中央教育審議会「新しい時代の義務教育を創造する（答申）」2005年

中央教育審議会「教職生活の全体を通じた教員の資質能力の総合的な向上方策について（答申）」2012年

第13講

鈴木眞理・伊藤真木子・本庄陽子（編）『社会教育の連携論──社会教育の固有性と連携を考える』学文社、2015年

第14講

佐藤晴雄『コミュニティ・スクールの成果と展望──スクール・ガバナンスとソーシャル・キャピタルとしての役割』ミネルヴァ書房、2017年

第15講

「6つの肝で分かる新学習指導要領」『教員養成セミナー11月号』時事通信社、2017年

「ココだけは押さえよう！ 9つのポイント」『教員養成セミナー6月号』時事通信社、2017年

子どもの貧困白書編集委員会（編）『子どもの貧困白書』明石書店、2009年

永富淳一『だれも教えてくれない教師の仕事の流儀と作法』協同出版、2017年

福岡県教育委員会『いじめの早期発見・早期対応の手引 小・中学校編』2007年

福岡県教育委員会『若い教師のための教育実践の手引』2017年

松本伊智朗『子どもの貧困白書』かもがわ出版、2016年

監修者、執筆者紹介

●監修者

森田健宏（もりた たけひろ）
関西外国語大学　英語キャリア学部　教授
博士（人間科学）大阪大学

田爪宏二（たづめ ひろつぐ）
京都教育大学　教育学部　教授
博士（心理学）広島大学

●編著者

島田和幸（しまだ かずゆき）
第8講を執筆
元　四天王寺大学　教育学部長　教授
『やさしく学ぶ特別活動』（共著・ミネルヴァ書房・2018年）
『教育課程論』（共著・学文社・2016年）

髙宮正貴（たかみや まさき）
第1～3講を執筆
大阪体育大学　教育学部　教授
博士（教育学）上智大学
『ワークで学ぶ教職概論』（共著・ナカニシヤ出版・2017年）
『悪という希望——「生そのもの」のための政治社会学』（共著・教育評論社・2016年）

●執筆者（50音順）

浅田昇平（あさだ しょうへい）
第13～14講を執筆
四天王寺大学　教育学部　教授
『社会に開かれたカリキュラム——新学習指導要領に対応した教育課程論』（晃洋書房・2018年）
『現代社会と教育の構造変容』（共著・ナカニシヤ出版・2018年）

岸本智典（きしもと とものり）
第6講を執筆
鶴見大学　文学部　准教授
『西洋教育思想史［第2版］』（共著・慶應義塾大学出版会・2020年）
『ウィリアム・ジェイムズのことば』（編著・教育評論社・2018年）

杉中康平（すぎなか こうへい）
第11講を執筆
四天王寺大学　教育学部　教授
『「動き」のある道徳科授業のつくり方』（共著・東洋館出版・2021年）
『はじめて学ぶ生徒指導・進路指導』（共著・ミネルヴァ書房・2016年）

鈴木宏（すずき ひろし）
第5講を執筆
上智大学　総合人間科学部　准教授
博士（教育学）上智大学
『やさしく学ぶ教育原理』（共著・ミネルヴァ書房・2018年）
『カントの批判哲学の教育哲学的意義に関する研究』（単著・風間書房・2017年）

関根宏朗（せきね ひろあき）
第4講を執筆
明治大学　文学部　准教授
博士（教育学）東京大学
『教員養成を問いなおす——制度・実践・理論』（共編著・東洋館出版社・2016年）
『「甘え」と「自律」の教育学——ケア・道徳・関係性』（共著・世織書房・2015年）

羽原哲男（はばら てつお）
第15講を執筆
志免町　学校教育課　コミュニティ・スクールディレクター
『だれも教えてくれない教師の仕事の流儀と作法——信頼され、敬愛される教育者となるために』（共著・協同出版・2017年）

福本義久（ふくもと よしひさ）
第10講を執筆
四天王寺大学　教育学部　教授
『はじめて学ぶ生徒指導・進路指導』（共著・ミネルヴァ書房・2016年）
『はじめて学ぶ教育課程』（共著・ミネルヴァ書房・2016年）

山本一生（やまもと いっせい）
第7講を執筆
東洋大学　文学部　教授
博士（教育学）東京大学
『ワークで学ぶ教職概論』（共著・ナカニシヤ出版・2017年）
『青島の近代学校——教員ネットワークの連続と断絶』（単著・皓星社・2012年）

余公裕次（よこう ゆうじ）
第9講、第12講を執筆
活水女子大学　健康生活学部　准教授
『子どもの豊かな明日を育む教育原理』（共著・光生館・2020年）
『道徳教育の理論と実践』（共著・大学教育出版・2018年）

編集協力：株式会社桂樹社グループ
イラスト：植木美江、寺平京子
本文フォーマットデザイン：中田聡美

よくわかる！教職エクササイズ ①
教育原理

| 2018 年 10 月 20 日　初版第 1 刷発行 | 〈検印省略〉 |
| 2024 年 12 月 10 日　初版第 7 刷発行 | |

定価はカバーに
表示しています

監 修 者	森田	田	健	宏
		爪	宏	二
編 著 者	島	田	和	幸
	高	宮	正	貴
発 行 者	杉	田	啓	三
印 刷 者	藤	森	英	夫

発行所　株式
　　　　会社　ミネルヴァ書房
607-8494　京都市山科区日ノ岡堤谷町 1
電話代表（075）581 - 5191
振替口座 01020 - 0 - 8076

Ⓒ島田・髙宮ほか，2018　　　　　　　　　亜細亜印刷

ISBN978-4-623-08176-9

Printed in Japan

森田健宏／田爪宏二 監修

よくわかる！ 教職エクササイズ

B5判／美装カバー

① **教育原理**　　　　島田和幸／髙宮正貴 編著　本体 2200 円

② **教育心理学**　　　田爪宏二 編著　本体 2200 円

③ **教育相談**［第2版］　森田健宏／吉田佐治子 編著　本体 2500 円

④ **生徒指導・進路指導**　安達未来／森田健宏 編著　本体 2500 円

⑤ **特別支援教育**　　石橋裕子／林 幸範 編著　本体 2200 円

⑥ **学校教育と情報機器**　堀田博史／森田健宏 編著　本体 2200 円

⑦ **法規で学ぶ教育制度**　古田 薫／山下晃一 編著　本体 2500 円

⑧ **学校保健**　　　　柳園順子 編著　本体 2500 円

ミネルヴァ書房

https://www.minervashobo.co.jp/